应用型本科院校“十二五”规划教材/经济管理类

Cost Accounting

成本会计

主　编　于　越　尚红岩
副主编　金健萍　李海龙
主　审　田凤萍

哈爾濱工業大學出版社
HARBIN INSTITUTE OF TECHNOLOGY PRESS

内 容 简 介

成本会计是一门专业性很强的实际应用学科，在经济学中起着重要的作用，是高等院校管理类各专业的主干课程之一。为使学生能更好地掌握成本会计基础知识，学会成本会计的计算方法，特编写本教材。

本书共十六章，包括成本会计基本理论、生产要素费用分配、辅助生产费用分配、制造费用分配、生产费用在完工产品与在产品之间的分配、产品成本计算基本方法与辅助方法、成本报表与成本分析以及成本会计创新专题等内容。

本书可作为高等院校本科会计学、财务管理、企业管理、市场营销、财政税务等经济管理类专业的教材，尤其适合应用型、技能型高等院校相关专业的本科教学使用，也可供经济管理人员，特别是财会人员培训和自学用书。

图书在版编目(CIP)数据

成本会计/于越，尚红岩主编. —哈尔滨：哈尔滨工业大学出版社，2014.7(2015.7 重印)
应用型本科院校"十二五"规划教材
ISBN 978-7-5603-4799-8

Ⅰ.①成… Ⅱ.①于…②尚… Ⅲ.①成本会计—高等学校—教材 Ⅳ.①F234.2

中国版本图书馆 CIP 数据核字(2014)第 127453 号

策划编辑　杜　燕　赵文斌
责任编辑　李广鑫
出版发行　哈尔滨工业大学出版社
社　　址　哈尔滨市南岗区复华四道街 10 号　邮编 150006
传　　真　0451-86414749
网　　址　http://hitpress.hit.edu.cn
印　　刷　黑龙江省委党校印刷厂
开　　本　787mm×960mm　1/16　印张 16.5　字数 356 千字
版　　次　2014 年 7 月第 1 版　2015 年 6 月第 2 次印刷
书　　号　ISBN 978-7-5603-4799-8
定　　价　32.00 元

序

哈尔滨工业大学出版社策划的《应用型本科院校"十二五"规划教材》即将付梓,诚可贺也。

该系列教材卷帙浩繁,凡百余种,涉及众多学科门类,定位准确,内容新颖,体系完整,实用性强,突出实践能力培养。不仅便于教师教学和学生学习,而且满足就业市场对应用型人才的迫切需求。

应用型本科院校的人才培养目标是面对现代社会生产、建设、管理、服务等一线岗位,培养能直接从事实际工作、解决具体问题、维持工作有效运行的高等应用型人才。应用型本科与研究型本科和高职高专院校在人才培养上有着明显的区别,其培养的人才特征是:①就业导向与社会需求高度吻合;②扎实的理论基础和过硬的实践能力紧密结合;③具备良好的人文素质和科学技术素质;④富于面对职业应用的创新精神。因此,应用型本科院校只有着力培养"进入角色快、业务水平高、动手能力强、综合素质好"的人才,才能在激烈的就业市场竞争中站稳脚跟。

目前国内应用型本科院校所采用的教材往往只是对理论性较强的本科院校教材的简单删减,针对性、应用性不够突出,因材施教的目的难以达到。因此亟须既有一定的理论深度又注重实践能力培养的系列教材,以满足应用型本科院校教学目标、培养方向和办学特色的需要。

哈尔滨工业大学出版社出版的《应用型本科院校"十二五"规划教材》,在选题设计思路上认真贯彻教育部关于培养适应地方、区域经济和社会发展需要的"本科应用型高级专门人才"精神,根据黑龙江省委书记吉炳轩同志提出的关于加强应用型本科院校建设的意见,在应用型本科试点院校成功经验总结的基础上,特邀请黑龙江省9所知名的应用型本科院校的专家、学者联合编写。

本系列教材突出与办学定位、教学目标的一致性和适应性,既严格遵照学科体系的知识构成和教材编写的一般规律，又针对应用型本科人才培养目标及与之相适应的教学特点，精心设计写作体例，科学安排知识内容，围绕应用讲授理论，做到“基础知识够用、实践技能实用、专业理论管用”。同时注意适当融入新理论、新技术、新工艺、新成果，并且制作了与本书配套的PPT多媒体教学课件，形成立体化教材，供教师参考使用。

《应用型本科院校“十二五”规划教材》的编辑出版，是适应“科教兴国”战略对复合型、应用型人才的需求，是推动相对滞后的应用型本科院校教材建设的一种有益尝试，在应用型创新人才培养方面是一件具有开创意义的工作，为应用型人才的培养提供了及时、可靠、坚实的保证。

希望本系列教材在使用过程中，通过编者、作者和读者的共同努力，厚积薄发、推陈出新、细上加细、精益求精，不断丰富、不断完善、不断创新，力争成为同类教材中的精品。

前　　言

本书以制造企业为背景，以生产要素费用的归集和分配、辅助生产费用的归集与分配、制造费用的归集与分配、生产费用在完工产品和月末在产品之间的分配、产品成本计算的基本方法和辅助方法等为主要内容。

本书符合应用型、技能型本科教育的培养目标，将理论教学和专业技能培养有机地结合在一起。根据我国制造企业生产特点和人才市场需求状况，设计教材内容。通过本教材的学习，使学生理解专业理论知识，重点培养从事本专业实际工作的基本能力和实践技能，并能够适应制造业成本核算的形势发展需要。成本会计及相关知识不仅是会计专业学生的必备知识，同时也是其他经济与管理类专业学生的知识体系的必要补充。

本书的特点如下：

(1)语言精练，表达准确：本书根据学生学习的特点，在设计上力求通俗、简洁，目的性明确，力求以简练精确的语言，清晰地讲述复杂的成本会计理论与成本计算方法，使学生易于接受。

(2)内容全面，体系完整：本书侧重成本会计核算工作，同时还涉及成本的控制与分析，有利于学生掌握成本会计整个理论体系，有重点地学习和训练。同时，对国内外成本会计的新成果、新做法也予以介绍。

(3)应用准则，注重创新：按照 2007 年颁布的企业会计准则、2014 年新颁布的三个企业会计准则、修改的企业会计准则和《企业会计准则解释第 1 号》至《企业会计准则解释第 6 号》等文件的内容编写本书，并反映最新的增值税、消费税、营业税等有关税收调整内容，力求在内容上有所提高、有所创新。

(4)注重学生实践能力的培养：本书在设计上由浅入深、循序渐进，使学生在学习每一章节内容后都有所收获，突出对学生专业知识和实践技能的培养。在各章理论阐述后，添加配套的实务训练习题，设计了实训操作，对将学生的专业知识转换为实践技能是十分必要的。

本书由于越任第一主编，尚红岩任第二主编，金健萍、李海龙任副主编，王惠、朱冠瑾、李婧、郑彩飞参编。具体分工如下：第一章由王惠（哈尔滨剑桥学院）编写；第三章由李婧（黑龙江省商业职工大学）编写；第二、四章由金健萍（哈尔滨远东理工学院）编写；第五、六、七章由李海龙（哈尔滨石油学院）编写；第八、九、十章由于越（东方剑桥教育集团）编写；第十一、十二、十三章由尚红岩（哈尔滨剑桥学院）编写；第十四、十六章由朱冠瑾（哈尔滨剑桥学院）编写；第十五章由郑彩飞（哈尔滨石油学院）编写。由于越博士负责总体框架设计，并对全书进行总纂定稿。本教材由哈尔滨剑桥学院田凤萍担任主审，并对教材的体例、撰写内容等提出了宝贵意见。

本书在编写过程中，借鉴了国内一些成本会计优秀教材和相关资料，在此向有关参考文献的编者表示谢意！

由于时间仓促，书中难免存在疏漏和不足，我们真诚期望同行及读者批评指正。

编者

2014 年 6 月

目　　录

第一章

Chapter 1

总 论

【学习要点与目标】

成本会计作为会计学的分支,在企业生产经营管理活动中发挥着重要作用。本章以讲授成本会计的基本理论为核心,对成本及成本会计的基本概念、内容、职能和任务等基本知识进行阐述。通过本章学习,应当了解成本的含义和作用,了解成本会计的产生与发展,理解理论成本与实际成本的联系与区别,以及支出、费用和成本的概念、内容和三者之间的关系,掌握成本会计的概念、内容和主要任务,熟悉成本会计工作组织的主要内容。

【案例导入】

陈西和林珊在大学时是同一宿舍的好朋友,大学毕业以后,由于对玩具很感兴趣,就合伙开办了一家玩具厂,专门生产玩具,销往国外。根据需要,他们选定了厂址后,购置了一批新型的生产设备,招聘了20多名技术工人和管理人员。玩具厂开张后,摆在两人面前的第一道难题就是,在设厂之前,他们每天只记流水账,就能知道每天发生的费用,可是,现在玩具厂正式建立之后,每天因为产品生产会有各种成本费用的发生,只靠登记流水账,根本无法分清各种类别、不同型号的玩具成本分别是多少,很难控制每个月的成本费用,到底如何计算产品成本,产品定价又是多少,如何做好成本的核算工作,以及如何设置成本核算岗位,这些都让他们感到很茫然。怎样才能解决这些问题呢?

第一节 成本概述

一、成本的含义

(一)成本的经济内涵

美国会计学会与标准委员会对成本的定义表述为:成本是为了一定目的而付出的(或可

能付出的)用货币测定的价值牺牲。成本作为一个价值范畴,是商品价值的组成部分。概括地说,企业进行生产经营活动或为达到一定的目的而消耗一定人力、物力和财力等资源,将其所耗的资源以货币计量,并予以对象化就是成本。成本所涵盖的范围非常广泛,在会计学、投资学、工程学等领域都是一个十分重要的范畴,包括产品成本、期间成本、变动成本、重置成本、沉没成本、差别成本和机会成本等各种具体概念。

随着市场经济的深入发展,出现了许多新的成本概念,成本的内涵和外延也都处于变化发展之中。成本的外延除了产品成本的概念与内容,还包括劳务成本、工程成本、开发成本、资金成本、质量成本和环保成本等。所以,加强成本控制与管理,降低成本费用,提高企业效益是一个永恒的话题。

(二)理论成本

商品价值取决于生产上耗用的社会必要劳动量,而成本是商品价值的主要构成部分。马克思在《资本论》中对成本的概念进行了界定,他在科学地分析了资本主义商品生产后指出“按照资本主义生产方式生产的每一个商品 w 的价值,用公式表示是 $w=c+v+m$,如果我们从这个产品价值中减去剩余价值 m,那么,在商品中剩下来的只是一个在生产要素上耗费的资本价值 $c+v$ 的等价物或补偿价值”。“商品价值的这个部分,即补偿所消耗的生产资料价格和所使用的劳动力价格部分,只是补偿商品使资本家自身耗费的东西,所以对资本家来说,这就是成本价值。”在上述论述中,马克思既从耗费角度,指明了成本是由物化劳动和活劳动中必要劳动的价值所组成;同时,又从补偿角度指出了成本是补偿商品使资本家自身耗费的东西。由此可知,成本是商品价值的最重要组成部分,是耗费和补偿的统一体,它既是生产中耗费的反映,又是生产过程中补偿的尺度。

在我国市场经济条件下,社会商品的使用价值和价值是统一的,作为与商品经济相联系的成本,仍然是作为一个经济范畴而存在的。马克思的成本价格理论,其基本原理同样适用于社会主义市场经济。只是其内涵由于所有制的不同有了新的含义。社会主义市场经济条件下的商品价值由以下三部分组成:一是生产经营过程中耗费的物化劳动价值(c),即已耗费的生产资料转移价值;二是劳动者为自己劳动所创造的价值(v),即活劳动消耗中的必要劳动部分(即归个人支配的部分,主要是以工资形式支付给劳动者的劳动报酬等);三是劳动者为社会劳动创造的价值(m,即归社会支配的部分,包括税金和利润等)。产品价值的前两部分是形成产品成本的基础,是成本包括内容的客观依据。所以,产品成本就其实质来说,是产品价值中的物化劳动的转移价值和劳动者为自己劳动所创造价值的货币表现。这就是社会主义制度下的成本经济内涵,也称为“理论成本”。

(三)实际成本

从理论上说,产品成本应是产品价值中的前两部分,即物化劳动的转移价值和劳动者为自己劳动所创造的价值。但在实际工作中，对于一个实行经济核算制的企业来说，必须以生产经营过程中的收入来弥补支出，补偿生产经营中的资金耗费。因此，在实际工作中，从资金的补偿角度，把某些不构成产品成本的支出，也列入了成本中，这就是产品成本的实际内容，一般将其称为成本开支范围。这有助于加强企业经营成本管理，有利于企业的经济核算。

1. 计入产品成本的项目

为了加强对成本的管理，防止滥挤成本，成本开支范围应当由国家统一规定，各企业必须严格遵守。产品成本开支范围是以产品成本的实质为基础，同时又考虑了加强企业经济核算、进行生产耗费的补偿，把一部分与产品价值无关的费用也列入产品成本中。这样有助于充分发挥成本在加强企业生产经营管理和经济核算上的积极作用。目前为成本开支范围设定一个统一的具体规定，其基本内容在基本会计准则、具体会计准则及相关的会计制度中都有体现。

产品成本也称生产成本或制造成本，是企业在一定时期内为生产一定产品所支出的生产费用，包括为生产产品所发生的各项直接费用和间接费用。其中直接费用包括直接材料费用、燃料及动力和直接人工费用等；间接费用包括生产单位为组织和管理生产而发生的各项间接费用。

2. 不计入产品成本的项目

为了严肃财经纪律，加强成本管理，会计制度还明确规定，下列各项开支不得列入产品成本：

(1)应予以资本化的支出：如购置和建造固定资产、无形资产和其他长期资产的支出。这些支出应计入资产的价值，而不能计入产品成本。

(2)对外投资的支出以及分配给投资者的利润支出：如企业购买交易性金融资产、进行长期股权投资等支出，应于购买金融资产(包括交易性金融资产、持有至到期投资、长期股权投资等)时，计入各项金融资产的投资成本，不能计入产品成本；企业对投资人支付利润和现金股利时，应对净利润进行分配。

(3)应列入营业外的支出：如企业被没收的财物，支付的滞纳金、罚款、违约金、赔偿金，以及企业赞助、捐赠等支出，应在发生时计入营业外支出中，而不能计入产品成本。

(4)期间费用：对于企业在生产经管过程中发生的期间费用，是与产品生产活动没有直接联系的成本。期间费用不计入产品成本，而是直接归入当期损益的本期费用。期间费用包括销售费用、管理费用和财务费用三项。

(四)支出、费用和产品成本的关系

成本是按照现行的会计法律法规规定的成本开支范围，以正常生产经营活动为前提，根据生产过程中实际消耗的物化劳动的转移价值和活劳动所创造价值中纳入成本范围的那部分价值的货币表现；支出是指在企业生产经营活动的过程中，为达到特定的目的而由经济主体(企

业)的支付行为而导致的资源减少;费用是指企业在日常活动中发生的、会导致所有者权益减少的、与向所有者分配利润无关的经济利益的总流出;生产费用是指产品生产过程中发生的物化劳动和活劳动的货币表现,如直接材料、直接人工和制造费用等;产品成本是指企业为生产一定种类和数量的产品所发生的各种耗费的总和。支出、费用、成本之间既有联系,也有区别。

二、成本的分类

为了适应成本计算、成本控制和成本计划的需要,寻求进一步降低成本的途径,成本可按各种不同标准加以分类。

(一)按计算产品成本和确定损益为目的的分类

1. 按成本的经济用途或职能分类

成本按其经济用途或职能可划分为制造成本和非制造成本两大类。

(1)制造成本。

制造成本(又称生产成本或工厂成本)是指产品在制造过程中所发生的各项成本。将制造成本划分为直接材料、直接人工和制造费用等若干成本项目。

①直接材料是指加工后直接构成产品实体或主要部分的原料、主要材料、外购半成品,以及有助于产品形成的辅助材料等。例如,原棉是生产棉纱构成其实体的原料,木材是制造家具构成其实体的主要材料,染料、漂白粉是有助于印染色布用的辅助材料。但应指出,某些有助于产品形成的材料,如果占产品成本比重较小,为了简化产品成本核算,可将其并入制造费用。例如,制造家具用的胶剂、铁钉等就采用这种处理方式。

②直接人工是指在生产中对材料进行直接加工制成产品所耗用的人工工资、奖金和各种津贴、社会保险费、提取的福利费等货币性与非货币性的职工薪酬。

③制造费用是指在生产过程中所发生的那些除了直接材料及直接人工以外的各种费用,具体是指企业各个生产单位(分厂、车间)为组织、管理生产所发生的费用,以及生产单位房屋、建筑物、机器设备等的折旧费、机物料消耗、设计制图费、试验检验费、劳动保护费、季节性和修理期间的停工损失等费用。

(2)非制造成本。

非制造成本(又称非生产成本)是指与产品制造过程没有联系的非生产性成本耗费。它包括销售费用、管理费用和财务费用三类。非制造成本也称为期间费用。

成本最基本的分类是按经济用途划分的。按照这种分类,可以了解制造成本中各成本项目的金额,分析各成本项目的金额是否合理,寻求降低成本的途径;可以按照不同成本项目的特点,采用不同的方法将费用在各种产品当中进行分配;确定了非制造成本的类别,由于其直接计入当期损益,所以,对于确定损益具有重要意义。

2. 按成本同特定产品的关系或分配方式分类

按成本与特定产品关系或分配方式分类,可分为直接成本与间接成本。

(1)直接成本。

直接成本是指与某一特定产品之间具有直接联系、能够经济而又方便地直接计入该产品的成本。在企业的产品生产过程中,许多费用都是为了直接生产某一种产品而发生的,如领用某种材料直接生产某一种产品,而其他产品并不使用这种材料,这时材料费用就可以直接计入到该种产品的成本中;某些生产工人专门生产某一种产品,并不生产其他产品,这时,这些生产工人的工资就可以直接计入到该种产品的成本当中。

(2)间接成本。

间接成本是指与某一特定产品之间没有直接联系或者是虽有联系但不能经济而又方便地记录各种产品的成本。间接成本需要按适当的标准分配计入各种产品的成本。例如,几种产品所消耗的直接材料和计时直接人工成本以及制造费用等,由于是多种产品所耗用,不能准确地确认是由哪种产品所耗用的,因此,通常是采取按一定的标准分配计入各有关产品成本中。

区分直接成本与间接成本,并非单纯按成本项目或费用的性质来决定,还应考虑以下几点:

第一,该项成本占产品成本比重的大小。假若占产品成本比重很微小,即使同特定产品具有直接联系,也不值得花费很大精力将其追溯到各产品。

第二,计算技术水平。例如某些费用在手工操作状态下,很难直接进入特定产品,但是采用计算机进行数据处理后,可以简便地作为直接成本处理。

第三,生产设备布局。如果一组生产设备专门用于生产某一特定产品,那么该组生产设备的相关费用均可作为直接成本。

第四,生产工人工资制度和原材料利用方式。生产工资可以采用计件工资和计时工资制度,假若是前者则属于直接成本,如果是后者就属于间接成本。原材料有一料一用和一料多用两种利用方式。用于生产某一特定产品的原材料,可以直接追溯计入该产品成本;几种产品共同耗用的原材料则需采用分配方式计入各产品成本。

第五,企业生产特点。在生产单一产品的企业,产品制造过程中所发生的各项成本都是直接成本;假若企业生产联产品,则制造过程中全部成本均属间接成本。

将成本划分为直接成本和间接成本,对于正确计算产品成本是十分重要的。凡是直接成本必须根据原始凭证直接计入该种产品的成本,这样不但可以准确地计算每种产品的成本,而且还简化了成本计算的工作量;对于间接成本则要选择合理的分配标准和方法分配给相关产品。分配标准是否恰当,将直接影响成本的正确性。直接成本和间接成本的区分,可以使成本计算更加准确、简便。

3. 按成本计算的时间分类

成本按其计算的时间不同进行分类,可分为两类:一类需要事前计算的成本,称为预计成本;一类需要事后计算的成本,称为实际成本。

预计成本是指在成本计算对象的费用发生之前,根据有关资料和预测决策情况计算的成本,包括计划成本、定额成本、标准成本。实际成本是根据成本计算对象实际发生的费用计算的成本。

将成本划分为预计成本和实际成本,有利于成本控制,以实际成本反映企业经营管理状况,是会计客观性原则的要求。但是实际成本会随时间的推移而成为历史成本,不能尽快提供企业生产经营过程中所需的成本资料,会影响成本核算与成本控制的及时性。所以,为有效地控制成本,就必须制定预计成本,以此作为成本管理的目标。在企业经营管理过程中,据此衡量各部门、各项费用的耗费情况,并对节约或超支进行反馈,分析原因,及时采取有效措施,使成本按着预计的方向发展。同时,预计成本也是分清经济责任、考核管理绩效的重要标准。

(二)以规划成本和控制成本为目的的分类

成本习性是指成本总额与业务量(产量或销量)变化的依存关系。成本按其习性可分为变动成本、固定成本和混合成本。

1. 变动成本

变动成本是指其总额随着业务量(可用产量,也可用直接人工小时或机器小时表示)的变化而呈正比例增减变化的成本。例如,生产产品中使用的材料费用就属于变动成本,它是随着产量的增减而呈正比例变动的,但这种变动是就其费用总额而言的,就单位产品中的成本而言,则是不变的。直接材料、直接人工中的计件工资等都属于变动成本。但变动成本同业务量之间呈正比例变动的关系的是有一定范围的,超过一定范围,变动成本同业务量之间的比例关系可能就会改变。

2. 固定成本

固定成本是指在一定期间和一定业务量范围内,其总额不随业务量增减变动而变动,保持相对固定的成本。例如,企业厂房的折旧费,它是根据厂房的原值、使用年限等资料计算的,与产量无关。因此不论生产多少件产品,其折旧费是固定不变的。这里所说的固定不变也是指其费用总额而言的,至于单位产品中的固定成本则随着业务量增减变化而呈反比例变动,如厂房的折旧费,随着产量的增加,单位产品中的折旧费是逐渐降低的。属于固定成本的还有房屋建筑物的租金、保险金、企业管理人员工资、机器设备的折旧费等。

固定成本还可进一步分为半变动成本和半固定成本两类,其中,半变动成本是指这种成本通常有一个基数,相当于固定成本,在这个基础之上,业务量增加了,成本也会相应增加,又类似变动成本。如电话费、电费等,这种费用一般都包括一个基数,不管是否使用都必须支付一定费用,这部分属于固定成本性质。除此之外,根据用量多少,按比例交纳费用,这部分属于变动成本性质。而半固定成本是指当业务量在一定范围内增长时,其发生额固定不变,但在业务量增长超过一定限度时，其成本就会跳跃上升，然后在新业务量的一定范围内又保持不变，直到出现新一次的跳跃。所以，它是逐渐增加的成本，如同阶梯式递增形态。例如，化验员、检验员的工资，当产量增加超过一定限度，就要增加人员，从而使这些人员工资跳跃增加。

3. 混合成本

混合成本是指其总额虽受业务量变动的影响，但其变动幅度并不同业务量的变动保持严格比例变动的成本。

按照这种分类，成本分为固定成本、变动成本和混合成本。在会计实务中，可利用的方法较多，如高低点法、回归分析法等，将混合成本分解为变动成本和固定成本。所以这个方法实际是将成本分为变动成本和固定成本两大类，对于进行成本预测、决策和分析，特别是对于控制和寻求降低成本途径具有重要作用。由于变动成本一般是受消耗定额执行情况的影响，因而控制和降低单位产品的变动成本，主要应从控制和降低单位产品消耗量入手。单位产品的固定成本往往同时受产量和费用发生额增减的影响，所以要控制和降低固定成本，应从控制并降低其支出绝对额和提高业务量来实现。

三、成本的作用

在市场经济条件下，成本在经济管理中具有极其重要的作用。具体体现在以下方面。

（一）成本是生产耗费的补偿尺度

为保证企业再生产的正常进行，企业生产中的耗费必须从商品销售收入中得到补偿。整个补偿数额的多少，是以成本作为衡量尺度的。只有按成本数额得到足额补偿，才能保证再生产的正常进行，否则，企业正常生产就会受到威胁。另外，企业除了用收入补偿耗费外，还必须有盈余，这样才能满足企业简单再生产和扩大再生产的需要，进而满足社会的需要。企业盈余的多少，主要取决于成本的高低。在产品销售价格不变的情况下，降低成本，就会使企业的盈利水平上升。因此，成本作为补偿尺度对确定企业经营损益，正确处理企业和国家之间的分配关系，也具有重要的意义。

（二）成本是反映企业工作质量的一个综合指标

由于成本是生产耗费的综合（货币）反映，所以产品设计的好坏，生产工艺是否合理，企业劳动生产率的高低，固定资产利用的好坏，原材料费用的利用程度，费用开支的节约和浪费，产品质量的好坏，管理工作和生产组织的水平高低，以及供产销环节是否衔接协调等，也就是说，企业全部工作的好坏，最终都会在成本指标的高低上反映出来。因此，成本是衡量企业生产经营活动质量的综合指标。由于成本的高低涉及企业所有部门和全体职工，是一项综合性的经济指标，因此，需要所有部门和全体职工的共同努力，才能使成本水平不断降低。

（三）成本是制定产品价格的重要依据

产品的价格是产品价值的货币表现。产品价格的制定，固然要考虑价格政策和市场供求关系，以制定具有竞争力的价格，但也必须考虑企业实际承受能力，即产品实际成本水平。因为成本是产品价格制定的最低经济界限。如果商品的价格低于它的成本出售，企业生产经营费用就不能全部由商品销售收入中补偿。因此，成本就成为制定产品价格的一个重要依据。

（四）成本是进行经营预测、决策和分析的重要依据

在市场经济条件下，市场竞争异常激烈。企业要在激烈的市场竞争中取胜，就要面向市场，对生产计划的安排、工艺方案的选择、新产品开发等，都采用现代化的、科学的手段进行经营预测，从而做出正确的决策。同时为了更好地对企业的生产经营活动进行管理和控制，还必须定期与不定期地对企业的生产经营情况进行分析，从而采取有效措施，促使企业完成各项计划任务。只有及时地提供准确的成本资料，才能使预测、决策和分析等活动建立在可靠的基础之上。所以，成本指标就成为进行经营预测、决策和分析的重要数据资料。

（五）成本是企业竞争的重要手段

随着中国市场经济的发展，企业要在更加广泛的范围内参与竞争，就要走出国门，加入国际间竞争，而成本指标是企业融于世界贸易市场的重要指标。如果企业产品的成本较低，进入国际市场后，就会有较强的竞争力。否则，就会失去竞争的能力。

企业效益大小、竞争能力强弱，也在很大程度上取决于成本的高低，若一个企业的个别成本低于社会平均成本，则该企业在竞争中就占有绝对优势。

第二节　成本会计的对象

在成本会计产生至今的一百多年时间里，经历了不断地发展和完善。不同阶段的成本会计，其内容和核算对象存在着差异。

一、成本会计的产生与发展

成本会计的产生与发展是与商品经济的发展相联系的，是基于企业生产发展的需要而逐步形成和发展起来的。至于成本会计是在什么年代产生的，学者们的观点并不一致。但多数学者的观点认为，1880～1920年是成本会计奠基时期，成本会计随着社会经济发展，先后经历了早期成本会计、近代成本会计、现代成本会计和战略成本会计四个阶段。成本会计的方式和理论体系，随着发展阶段的不同而有所不同。

(一)早期成本会计阶段(1880~1920年)

成本会计起源于英国,后来传入美国及其他国家。随着企业生产规模进一步扩大,市场竞争日趋激烈,生产成本越来越得到重视。随着英国产业革命完成,用机器代替了手工劳动,用工厂代替了手工工场,会计人员为了满足企业管理上的需要,起初是在会计账簿之外,用统计的方法来计算成本。此时,成本会计出现了萌芽。从成本会计的方式来看,在早期成本会计阶段,主要是采用分批法或分步法成本会计制度;从成本会计的目的来看,计算产品成本以确定存货成本及销售成本。所以,初创阶段的成本会计也称为记录型成本会计。

早期成本会计阶段,成本会计实务方面取得了以下进展:

(1)建立了材料核算和管理办法。如设立材料账户和材料卡片,标明“高库存量”和“低库存量”,确保材料既能保证生产需要,又节约使用资金;实行材料管理“永续盘存制”,采取领料单制度控制材料耗用量,按先进先出法计算材料耗用成本。

(2)建立了工时记录和人工成本计算方法。对人工使用卡片,记录工作时间和完成产量;将人工成本先按部门归集,再分配给各种产品,以便控制和准确计算人工成本。

(3)确立了间接费用分配方法。随着生产设备大量增加,间接费用也快速增长,并先后提出了按实际数额进行分配和按间接费用正常分配理论。

(4)根据制造业生产工艺特点,选择分批计算产品成本或分步骤计算产品成本。

(5)成本会计著作出版。(第一部成本会计著作——H. 梅特卡夫(H. Metcalfe)著,《制造成本》,1885;19世纪最著名、最有影响的成本会计专著——E. 加克(E. Garcke)和J. M. 费尔斯(J. M. Fells)合著的《工厂会计》,1887。)

(6)建立了专门成本会计组织。1919年,美国成立全国成本会计师联合会,英国成立成本和管理会计师协会,他们对成本会计进行了系列研究,奠定了成本会计的理论基础,对完善成本会计方法做出了重大贡献。当时的成本会计仅限于用来确定产品生产成本和销售成本,所以又称记录型成本会计。

早期研究成本会计的会计专家劳伦斯(W. B. Lawrence)对成本会计作过如下的定义:“成本会计就是应用普通会计的原理、原则,系统地记录某一工厂生产和销售产品时所发生的一切费用,并确定各种产品或服务的单位成本和总成本,以供工厂管理当局决定经济的、有效的和有利的产销政策时参考。”

(二)近代成本会计阶段(1921~1945年)

19世纪末20世纪初在制造业中发展起来的以泰勒为代表的科学管理,对成本会计的发展产生了深刻的影响。标准成本法的出现使成本计算方法和成本管理方法发生了巨大的变化,成本会计进入了一个新的发展阶段。近代成本会计主要采用标准成本制度和成本预测,为生产过程的成本控制提供条件。

成本会计理论和方法取得了进一步的完善与发展，主要内容集中于：

1. 标准成本制度实施

19 世纪末 20 世纪初泰勒的科学管理思想对成本会计发展产生了深刻影响，1906 年美国会计师 J. Whtmore 第一次提出标准成本的概念，为生产过程中的成本控制提供了条件。实行标准成本制度后，成本会计不只是计算产品生产成本和销售成本，还要事先制定成本标准，并据以控制日常生产消耗和定期分析成本。这样，成本会计增加了事前控制。新职能形成了管理成本会计雏形，标志着成本会计已经进入新阶段。

2. 预算制度的完善

制定标准成本外，还有预算编制（弹性预算和固定预算）。预算控制开始采用固定预算方法即根据预算期间某业务量确定相应预算数，1928 年美国西屋公司的会计师和工程师根据成本与产量关系，设计了一种弹性预算方法，分别编制固定预算和弹性预算，使相关费用项目实际数与预算数更具有可比性，而且企业合理地控制同属性费用支出，便于有效地控制成本与考核经营者工作业绩。所以，弹性预算是近代成本会计的重大进步，也是节约间接费用的好办法。

3. 成本会计的应用范围更广泛

这一阶段，成本会计的应用范围从原来的工业企业扩大到各行业，并深入应用到企业内部各主要部门，特别是应用到企业经营的销售环节。

4. 形成了独立的成本会计学科

成本会计应用范围扩大，不少成本会计名著出版，如 J. L. 尼科尔森（J. L. Nichlson）与F. D. 罗尔巴克（F. D. Rohrback）合著的《成本会计》，J. L. 陀耳（J. L. Dohr）著的《成本会计原理和实量》等，从而使成本会计具备了完整的理论和方法，形成了完全独立的学科。

这一时期成本会计的定义，可引用英国会计专家 J. 贝蒂（J. Batly）的表述："成本会计是用来详细地描述企业在预算和控制它的资源（指资产、设备、人员及所耗的各种材料和劳动）利用情况方面的原理、惯例、技术和制度的一种综合术语。"

（三）现代成本会计阶段（1945 ~ 1980 年）

第二次世界大战后，科技迅速发展，跨国公司不断涌现，生产自动化程度迅速提高，企业规模急剧扩大，市场竞争日益激烈，管理日趋现代化，运筹学、系统工程和电子计算机广泛应用于成本会计，形成了新型的注重管理的经营型成本会计，主要内容集中在于：①开展成本的预算和决策；②实行目标成本计算；③实施责任成本计算；④实行变动成本计算法；⑤推行质量成本计算；⑥作业制成本计算法的应用；⑦成本会计对电子计算机的应用。

"现代成本会计"的概念：20 世纪 50 年代起，西方国家的社会经济进入了新的发展时期。现代成本会计是成本会计与管理的直接结合，它根据成本核算和其他资料，采用现代数学和统计的原理和方法，建立起数量化的管理技术，用来帮助人们按照成本最优化的要求，对企业的生产经营活动，进行预测、决策、控制、分析、考核，使企业生产经营实现最优化运转，以提高企业的市场适应和竞争能力。

随着管理现代化，运筹学、系统工程和电子计算机等各种科学技术成就在成本会计中得到广泛应用，从而使成本会计发展到一个新的阶段，即成本会计发展重点已由如何对成本进行事中控制、事后计算和分析转移到如何预测、决策和规划成本，形成了新型的以管理为主的现代成本会计。

（四）战略成本会计阶段（1981 年以后）

20 世纪 80 年代以来，计算机技术的进步，生产方式的改变，产品生命周期的缩短，以及全球性竞争的加剧，大大改变了产品成本结构与市场竞争模式。成本管理的视角也由单纯的生产经营过程管理和重股东财富，扩展到与顾客需求及利益直接相关的，包括产品设计和产品使用环节的产品生命周期管理，更加关注产品的顾客可察觉价值；同时要求企业更加注重内部组织管理，尽可能地消除各种增加顾客价值的内耗，以获取市场竞争优势。此时，战略相关性成本管理信息已成为成本管理系统不可缺少的部分。

现代成本会计范围更广，向经营型发展，与财务会计、管理会计共同形成企业会计的三分局面。

伴随成本会计的发展，成本管理的发展过程也相应可以划分为四个阶段，见表 1.1。

表 1.1 成本管理的发展过程

第一阶段 成本核算阶段	第二阶段 全过程成本管理阶段	第三阶段 精细成本核算阶段	第四阶段 动态成本管理阶段
特点：重点是通过一定的成本核算方法进行归集与分析，完成对产品成本与单位成本核算	特点：从成本预测、核算、控制、分析等建立完整体系；突出差异分析，寻找原因	特点：引入成本动因的概念，强调通过作业成本方法科学化成本核算方法	特点：订单贡献毛益分析，制造批准日成本计算；突出的是管理支撑的时效性问题

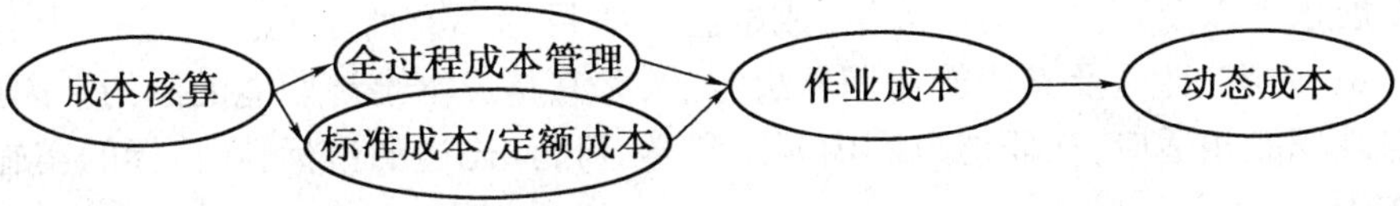

以满足财务会计的报表输出为基点	管理会计的思想全面融入成本管理	对管理会计的思想进行深化	对管理会计的思想进行升华

二、现代成本会计的概念和对象

(一)成本会计的概念

成本会计的发展历程说明,成本会计是随着社会生产的不断发展而形成并逐渐完善的,只有不断地研究新理论、新方法,成本会计的理论和实务才能不断地发展和创新。现代成本会计是运用会计的基本原理和一般原则,以货币为主要计量单位,采用一定的技术方法,对企业生产经营过程中发生的各项耗费和产品(劳务)成本进行连续、系统、全面、综合的核算和监督的一种管理活动。

成本会计有广义和狭义之分,其中狭义的成本会计是指进行成本核算与分析的会计;广义的成本会计则是指进行成本预测、成本决策、成本计划、成本控制、成本核算、成本分析、成本考核及成本检查等具体内容的会计。

(二)成本会计的对象

成本会计的对象是指成本会计核算和监督的内容。工业企业成本会计的对象是工业企业在产品生产过程中的生产成本和期间费用。商品流通企业、交通运输企业、施工企业等其他行业企业在生产经营过程中所发生的各种费用,其中,有一部分形成各该行业企业的生产经营业务成本,另一部分作为期间费用直接计入当期损益。因此,成本会计的对象可以概括为:各行业企业生产经营业务的成本和有关期间费用,从这个意义上说,成本会计实际上就是成本、费用会计。

第三节　成本会计的目标、职能与任务

一、成本会计的目标

成本会计的目标是指成本会计工作应达到的目的和要求。成本会计目标是一定政治、经济和社会环境的产物,具有历史性、时代性,反映特定环境对成本会计的要求。不同历史时期、不同经济发展水平以及不同社会制度下,成本会计的目标亦有所不同。这是由特定环境下成本会计的对象、内容、性质及其职能作用所决定的,尤其是成本会计职能的制约。因此,成本会计目标应与其职能相适应,在职能范围内制定科学、可行、先进的目标,在目标的实施过程中体现其功能作用。

(一)成本会计的基本目标

成本会计的基本目标是指成本会计的长期性、根本性、终极性目标,公认的观点是经济效益。成本会计正是从费用成本的计量、记录、计算及监督等方面着手,为提高经济效益服务,并以经济效益为最高目标。成本会计的产生、发展,正是基于对费用成本的反映与监督,基于对经济效益的关注和追求,与经济效益具有密不可分的关系。

(二)成本会计的具体目标

成本会计的具体目标是指成本会计实践中向谁提供会计信息,提供哪些会计信息,怎样提供会计信息。

(1)成本会计信息的服务对象。众所周知,财务会计是一种对外报告会计,其服务对象主要是企业所有者、债权人及国家政府有关部门。成本会计是一种对内报告会计,这是由社会主义市场经济环境所决定的。

(2)成本会计信息的服务内容。成本会计信息的服务对象不同,所需求的会计信息也不同。服务对象的层次越高,所需求的成本会计信息越具综合性、全面性,反之亦然。其次,在企业内部管理过程中,有关管理部门可能随时要求成本会计提供特定的成本会计信息,其内容具有一定的不确定性。客观地讲,成本会计所提供的日常成本信息,从不同角度进行组合、分类后,可以形成全然不同的成本信息,以满足不同目的需要。对此可从成本费用分类和成本会计报表中得到答案。

(3)成本会计信息的服务方式。成本会计一是通过凭证、账簿、报表,提供直接材料、直接人工、制造费用、期间费用及其细节的账内成本会计信息,这些信息一般是定期、定向提供的。二是通过账外的统计、计算提供,如变动成本、固定成本、加工成本和边际成本等。这些信息一般是不定期、不定向提供的。三是通过专题报告形式向特定对象提供有关成本信息。四是通过口头汇报方式向有关方面提供成本信息,如年终决算后对职代会的成本费用报告,回答有关政府机构、企业所有者的成本费用咨询等。

成本会计目标是成本会计理论的最高层次,对成本会计假设、成本会计原则等具有方向性、根本性的影响。

由于成本会计是一种以对内服务为主的会计分支,不存在企业间的横向比较,因而不存在可比性原则。其次,成本会计的核心在于成本费用的计量,不在于损益的确认,因而不存在配比性原则。

二、成本会计的职能

成本会计的职能,是指成本会计作为一种管理经济的活动,在生产经营过程中所能发挥的作用。由于现代成本会计与管理紧密结合,因此,它实际上包括了成本管理的各个环节。现代成本会计的基本职能有反映职能与监督职能两项,而成本会计的主要职能有:成本预测、成本决策、成本计划、成本控制、成本核算、成本分析和成本考核七项。

(一)成本会计的基本职能

成本会计的基本职能为反映职能和监督职能。其中反映职能是成本会计的首要职能。成本会计的反映职能,就是从价值补偿的角度出发,反映生产经营过程中各种费用的支出,以及生产经营业务成本和期间费用等的形成情况,为经营管理提供各种成本信息的功能。就成本会计反映职能的最基本方面来说,是以已经发生的各种费用为依据,为经营管理提供真实的、可以验证的成本信息,从而使成本分析、考核等工作建立在有客观依据的基础上。

成本会计的监督职能,是指按照一定的目的和要求,通过控制、调节、指导和考核等,监督各项生产经营耗费的合理性、合法性和有效性,以达到预期的成本管理目标的功能。成本会计的监督,包括事前、事中和事后监督。

成本会计的反映和监督两大职能是辩证统一、相辅相成的。没有正确、及时的反映,监督就失去了存在的基础,就无法在成本管理中发挥制约、控制、指导和考核等作用;而只有进行有效的监督,才能使成本会计为管理提供真实可靠的信息资料,使反映的职能得以充分的发挥。可见,只有把反映和监督两大职能有机地结合起来,才能更为有效地发挥成本会计在管理中的作用。

(二)成本会计的主要职能

现代成本会计的主要职能,包括成本预测、成本决策、成本计划、成本控制、成本核算、成本分析和成本考核。

(1)成本预测是指根据与成本有关的各种数据及其各种技术经济因素的依存关系,采用一定的程序、方法和模型,对未来的成本水平及其变化趋势做出科学的推测。成本预测的目的在于寻找降低产品成本的途径,挖掘降低成本的潜力,提高成本管理的科学性与预见性。

(2)成本决策是指在成本预测的基础上,按照既定或要求的目标,运用专门的方法,在若干个与生产经营和成本有关的方案中,选择最优方案,据以制定目标成本。做出最优化的成本决策是编制成本计划的前提,也是提高企业经济效益的重要途径。

(3)成本计划是根据成本决策所制定的目标成本,具体规定在计划期内为完成生产任务所需支出的成本、费用,确定各种产品的成本水平,并提出为达到目标成本水平所应采用的各种措施。成本计划是进行成本控制、成本分析和成本考核的依据。

(4)成本控制是指在生产经营过程中,根据成本计划具体制定原材料、燃料、动力和工时等消耗定额和各项费用定额,对各项实际发生的成本、费用进行审核、控制,并及时反馈实际费用与标准之间的差异及其原因,进而采用措施,以保证成本计划的执行。成本控制包括事前控制、事中控制和事后控制,通过成本控制可以保证成本目标的实现。

(5)成本核算是根据一定的成本计算对象,采用适当的成本计算方法,按规定的成本项目,通过各种要素费用的归集和分配,计算出各该对象的总成本和单位成本。

成本核算一般是对企业的计划成本执行情况进行事后的反映。企业通过产品成本核算，一方面可以进行审核各项生产费用和管理费用的支出，分析和考核产品成本计划的执行情况，使企业降低成本和费用；另一方面，还可以为计算利润、进行成本和利润预测提供数据，有利于提高企业生产技术和经营管理水平。

(6)成本分析是根据成本核算所提供的成本数据和其他有关资料，通过与本期计划成本、上年同期实际成本、本企业历史先进成本水平，以及国内外先进企业的成本等进行比较，分析成本水平与构成的变动情况，研究成本变动的因素和原因，并分清单位与个人的责任，提出合理建议，以便采取有效措施，达到降低成本的目的。

(7)成本考核是定期对成本计划及其有关指标实际完成情况进行考察和评价，以监督和促使企业加强成本管理责任制，提高成本管理水平。它是评价企业成本管理成本工作的成绩、检验成本管理目标是否实现的一项重要工作。成本考核一般是以责任部门、单位或个人为成本责任对象，以可控成本为前提，按照责任的归属来考察其成本指标的完成情况。成本考核一般与奖惩制度结合，以调动各责任人努力完成目标成本的积极性。

另外，还有成本检查。成本检查是会计检查的重要组成部分，它通过对各项生产经营费用和商品产品成本的审核，检查企业费用支出的合法性、合理性(效益性)和真实性，以及产品成本计算的正确性。通过成本检查，可以促使企业遵守国家财经纪律、法律法规和各项规章制度，正确划分成本和盈利的界限；同时，可以发现企业费用成本管理中存在的漏洞及违法违规行为等。成本检查既可由企业内部工作人员执行，也可由企业外部有关机构进行，既可以定期检查，也可以突击检查。

以上八个方面的内容相互联系、相互依存，构成企业成本会计工作的有机整体。成本预测是成本决策的前提，成本决策又是成本预测的结果。成本计划是成本决策所确定的成本目标的具体化，同时又是企业进行成本控制、成本分析和成本考核的重要依据。成本控制是对企业成本计划的执行情况进行监督，保证成本决策目标实现的手段。成本核算是通过对企业发生的各项费用和形成的产品成本进行核算，可以反映成本计划的执行情况，检验成本决策目标是否实现。成本核算和成本计划资料是成本分析的依据，成本分析可以查明企业成本计划的完成情况和实际脱离计划的原因。成本考核依据企业成本计划、成本核算和成本分析的资料对相关责任者进行考核和评价，是实现成本决策目标、强化成本核算作用的重要手段。成本检查是成本核算的继续和延伸，是保证企业成本核算资料的真实性、合法性、合理性的重要手段。

三、成本会计的任务

成本会计是会计的一个重要分支，是企业经营管理的重要组成部分，因此，成本会计的任务决定于企业经营管理的要求，并受制于成本管理的要求。按照社会主义市场经济的要求，成本会计的根本任务是促使企业产品成本不断降低，经济效益不断提高。具体说，成本会计的任务主要是：

(1)进行成本预测、成本决策,编制成本计划和各项费用预算,为改善企业经营管理、提高企业经济效益服务。

(2)审核、控制企业发生的各项费用,减少各种浪费和损失,促进企业降低成本、节约费用。

(3)核算各种生产费用、期间费用,采用适当的方法计算产品成本,并为企业生产经营管理提供所需的成本、费用数据。

(4)定期或不定期进行成本分析,考核企业的经营成果,为企业经营决策提供依据。

第四节 成本会计的工作组织

为发挥成本会计的作用,完成成本会计的任务,必须科学地组织成本会计工作。成本会计工作的组织主要包括以下几个方面的内容。

一、设置成本会计组织机构

成本会计的组织机构是指在企业中直接从事成本会计工作的机构,是处理成本会计工作的职能部门。企业应根据其规模、业务繁简和成本管理的要求来设置成本会计机构,在大中型企业,一般在厂部的会计部门设置成本会计科负责企业的成本会计工作,在分厂或车间等二级单位配备专职成本会计人员,负责分厂或车间的成本会计工作。在小型企业,通常在会计部门设置成本核算组或专职成本核算人员负责成本核算工作。

成本会计组织机构的分工包括成本会计机构内部的组织分工和企业内部各级成本会计机构之间的组织分工。其中成本会计机构内部的组织分工既可以按成本会计的职能分工,亦可以按成本会计的对象分工。按职能分工,可分为成本核算、成本计划、成本控制、成本分析与评价等工作岗位;按对象分工,可分为产品成本、期间费用等核算岗位。各级成本会计机构之间的组织分工有集中工作和分散工作两种方式。

(一)集中工作方式

集中工作方式是指企业成本会计中的成本核算和分析等方面的工作,主要由厂部成本会计机构集中处理。采用这种方式,分厂、车间等生产单位一般不设置专门的成本会计机构,只配备专职或兼职的成本核算人员,负责有关原始凭证的填写、审核、整理和汇总,为厂部的成本核算和成本分析提供资料。采用集中工作方式的优点是:可以减少成本会计机构的层次和成本会计人员的数量,有利于企业厂部集中使用计算机对成本数据进行处理,及时、全面掌握企业的成本信息。但在大中型企业,采用这种方式不利于基层生产单位及时了解成本信息,不利于贯彻成本管理经济责任制,不利于全体职工降低成本的积极性。

(二)分散工作方式

分散工作方式指企业成本会计中的成本核算和分析等方面的工作,由各分厂、车间等生产单位、其他有关部门和厂部的成本会计机构或人员分别进行。厂部成本会计机构除负责对各生产单位和有关部门的成本会计机构和人员进行指导和监督外,还负责成本数据的汇总和成本预测、成本决策等工作。采用分散工作方式的优点是:有利于分厂或车间等基层生产单位及时了解成本信息,有利于成本费用的分级管理和责任成本的核算,有利于调动企业上下各方面和全体职工增产节约、降低成本的积极性。

二、配备成本会计人员

成本会计人员是指在会计机构或专设成本会计机构中所配备的工作人员。成本会计人员应根据成本会计的要求,做好成本核算、成本预测、成本决策、成本计划、成本控制、成本分析和成本考核等工作。企业的成本会计机构中,配备足够数量、能够胜任工作的成本会计人员,是做好成本会计工作的关键。成本核算是企业核算工作的中心内容,成本指标是企业各项工作质量的综合表现。为保证成本信息质量,成本会计人员在工作中要做到以下几点:一是要认真履行职责,遵守职业道德,坚持原则,遵纪守法,正确行使自己的职权;二是努力学习会计专业知识,掌握成本会计理论,提高自身业务素质,练就扎实的成本会计基本功;三是深入实际,调查研究,熟悉企业生产经营的流程和工艺过程,为降低消耗、节约开支出谋划策,为企业管理当局决策服务。

三、建立健全成本会计的法规和制度

成本会计的法规和制度是组织和从事成本会计工作必须遵守的规范,是会计法规和制度的重要组成部分。企业成本会计机构和会计人员严格按照有关法律、行政法规和规章制度的规定组织成本核算,实施会计监督。与成本会计工作有关的法律、行政法规和规章制度可以分为以下三个层次。

(一)中华人民共和国会计法

《中华人民共和国会计法》(以下简称《会计法》)是我国会计工作的根本大法,是会计行为的最高法律规范。《会计法》起草于1980年8月,1985年1月21日第六届全国人大常委会第九次会议审议通过了《会计法》,时任国家主席李先念以第二十一号主席令公布,自1985年5月1日起施行,这是新中国第一部《会计法》。

由于我国经济发展的需要,对《会计法》进行了两次修改。第八届全国人大常委会第五次会议于1993年12月29日通过了第一次修改的《会计法》,时任国家主席江泽民以第十七号主席令公布，自公布之日起施行。1999 年 10 月 31 日，第九届全国人大常委会第十二次会议审议通过了第二次修订的《会计法》，时任国家主席江泽民发布第二十四号主席令，公布修订后的《会计法》自 2000 年 7 月 1 日起施行。

《会计法》是我国会计工作应遵循的基本法律，是会计人员工作的规范，是制定会计其他法律、行政法规和规章制度等的依据。

企业成本会计机构和人员，必须依据《会计法》办理会计事务。如《会计法》第二十五条规定，公司、企业必须根据实际发生的经济业务事项，按照国家规定确认、计量和记录资产、负债、所有者权益、收入、费用和利润；第二十六条规定，公司、企业不得随意改变费用、成本的确认标准或者计量方法，虚列、多列、不列或者少列费用、成本等。所有这些，都是企业在开展成本核算时应当严格遵守的。

（二）企业会计准则、企业财务通则、企业会计制度

2006 年 2 月 15 日，财政部发布了 39 项会计准则，包括修订的 1992 年发布的基本准则和 38 项具体准则。企业会计准则自 2007 年 1 月 1 日起在上市公司中实施，同时鼓励其他企业执行。新的企业会计准则体系，既有居于第一层次、统领驾驭的基本准则，又有位于第二层次、针对性强的具体准则，还有处于第三层次、操作性强的应用指南。2014 年财政部对原《企业会计准则第 9 号——职工薪酬》《企业会计准则第 30 号——财务报表列表》等进行了修订。同时，又增加三个企业会计准则，分别是《企业会计准则第 39 号——公共价值计量》《企业会计准则第 40 号——合营安排》和《企业会计准则第 41 号——在其他主体中权益的披露》。

2006 年 12 月 4 日，财政部颁发了新的《企业财务通则》，并于 2007 年 1 月 1 日起正式实施。该通则第五章“成本控制”明确了成本控制的政策和方法、项目经费控制和薪酬控制等内容。

企业会计制度主要指以营利为目的进行生产、经营、服务业务的企业法人进行的会计核算规范。为贯彻《会计法》和《企业财务会计报告条例》，2000 年 12 月 29 日财政部发布了适用于不同行业和不同经济成分的《企业会计制度》，自 2001 年 1 月 1 日起暂在股份有限公司范围内执行；2001 年 11 月 27 日，颁布了《金融企业会计制度》，自 2002 年 1 月 1 日起暂在上市的金融企业范围内实施；2004 年 4 月 27 日颁布了《小企业会计制度》，自 2005 年 1 月 1 日起在小企业范围内执行。除此之外，2004 年，财政部还发布了《民间非营利组织会计制度》《村集体经济组织会计制度》等。随着会计准则体系的不断完善，会计准则可操作性不断增强，我国的会计制度将逐渐被具体会计准则所取代。

企业会计准则、企业财务通则和企业会计制度是指导企业会计核算的统一规范，企业开展成本核算、成本控制、成本监督、成本会计机构设置和成本会计人员配备等工作，均应当遵循《企业会计准则》《企业财务通则》和《企业会计制度》等法律法规的相关规定。

(三)企业内部的成本会计制度

尽管《会计法》《企业会计准则》《企业财务通则》和《企业会计制度》等财务会计法规中涉及企业成本核算、成本控制、成本监督等方面的规定,但这些规定一般具有概括性、指导性、原则性等特征,系统性和可操作性不强。为加强成本管理,保证企业成本会计工作的顺利开展,企业应根据国家的指导性规定,结合企业生产经营特点和管理要求,来设计一套适合企业具体情况的企业内部成本会计制度。

从广义的角度说,企业内部的成本会计制度主要包括成本预测、决策制度,计划成本编制制度,成本核算制度,成本控制制度,成本分析、考核制度;从狭义的角度说,企业内部与成本会计有关的规章制度主要包括计量验收制度、定额管理制度、考勤制度、质量检查制度、设备管理与维修制度、材料收发与物资盘存制度、费用审批制度等。

应当指出,企业制定的成本会计制度,必须符合《会计法》和《企业会计准则》等法律法规的要求,必须适应企业生产经营的特点和管理要求,必须满足企业加强成本管理和成本监督的要求。

本章小结

成本作为一个价值范畴,在社会主义市场经济中是客观存在的。理解成本的概念,可以从理论成本和实际成本两个角度进行。产品成本是指企业为生产一定种类和数量的产品所发生的各种耗费的总和。

成本会计是运用会计的基本原理和一般原则,以货币为主要计量单位,采用一定的技术方法,对企业生产经营过程中发生的各项耗费和产品(劳务)成本进行连续、系统、全面、综合的核算和监督的一种管理活动。现代成本会计的职能有基本职能和主要职能两大类。

狭义的成本会计是指进行成本核算与分析的会计,成本会计是会计的一个重要分支,是企业经营管理的重要组成部分。因此,成本会计的任务决定于企业经营管理的要求,并受制于成本管理的要求。

成本会计工作的组织主要包括:设置成本会计机构,配备成本会计人员,建立健全成本会计法规和制度等。

复习思考题

1. 什么是理论成本?什么是实际成本?
2. 什么是成本会计的对象?成本会计的任务有哪些?
3. 什么是直接成本?什么是间接成本 ?
4. 成本的经济实质是什么?

第二章

Chapter 2

成本核算的基本要求和一般程序

【学习要点与目标】

本章讲授成本核算的原则、一般程序以及进行成本核算使用的会计科目。在掌握相关基本理论的同时，理解成本核算的原则要求；熟练掌握一级成本核算和两级成本核算体制下成本明细账的核算程序；重点掌握成本核算中正确划分各种成本的界限、成本核算的一般程序及其账务处理，为进一步学习成本核算打好基础。

【案例导入】

小李是刚毕业的会计专业本科生，应聘到一家大型重型机械厂当车间成本会计员。上班的第一天，车间会计主管向他介绍说："我们厂是一家大型企业，主要为建筑施工企业生产大型机械设备，企业规模较大，成本核算采用两级成本核算制，你的工作主要在第一基本车间负责生产费用的核算。"有关的成本核算制与生产费用核算的问题，小李在学校学过会计专业知识和相关的课程，但对有关一级核算制和二级核算制的程序以及相关问题，还是不十分清楚。希望通过这一章的学习，能帮助小李弄清楚有关成本会计核算的基本问题。

第一节　成本核算的基本要求

一、成本核算的作用和意义

（一）成本核算的作用

成本核算是成本管理工作的重要组成部分，它是将企业在生产经营过程中发生的各种耗费按照一定的对象进行分配和归集，据以计算产品总成本和单位成本。成本核算的正确与否，直接影响企业的成本预测、计划、分析、考核和改进等控制工作，同时，也对企业的成本决策和经营决策的正确与否产生重大影响。

企业成本核算过程,是对企业生产经营过程中各种耗费如实反映的过程,也是为更好地实施成本管理进行成本信息反馈的过程。因此,成本核算对企业成本计划的实施、成本水平的控制和目标成本的实现起着至关重要的作用。

(二)加强成本核算的意义

产品成本是企业在生产某种产品过程中发生的各种费用的总和。企业通过生产费用的汇集和分配,并将生产费用在完工产品和在产品之间进行分配后,即可计算出各种产品的总成本与单位成本。所以,加强产品成本的核算,对于反映和监督各项消耗定额及成本计划的执行情况,促进企业改善经营管理、降低产品成本、开展成本分析均具有十分重要的意义。同时,产品成本资料也是编制成本报表,制定产品价格,进行成本预测、决策的依据。

二、成本核算的原则

(一)实际成本计价原则

生产产品所耗用的原材料、燃料、动力要按实际耗用数量的实际单位成本计算,完工产品成本的计算要按实际发生的成本计算。虽然企业对原材料、燃料、产成品的核算,可按计划成本,(或定额成本、标准成本)计量,但应当根据实际成本与计划成本的差异,最终调整到实际成本,即加上或减掉成本差异。

(二)成本分期原则

企业为了取得一定期间所生产产品的成本,必须将周而复始的生产活动按一定阶段(如月、季、年)划分为各个时期,分别计算各期产品的成本。成本核算的分期,必须与会计年度的分月、分季、分年相一致,这样有利于各项成本工作的开展,也有利于经营成果的计算。

产品成本的计算期是对产品负担生产费用所规定的起止期,它受生产类型的影响,可以与会计期间一致,也可以与各批或各件产品的生产周期一致。产品成本的分期核算与产品的生产类型无直接关系,它是指成本的具体核算工作,包括费用的归集和分配,计算和报告产品成本,都必须按会计期间进行,并于期末对成本计算账户的发生额进行汇总,据以及时计算完工产品成本。

(三)合法性原则

合法性原则是指计入成本的费用都必须符合法律、法规、企业会计准则和制度等的规定。实际工作中,为了加强成本核算管理,防止乱挤乱摊成本,成本费用的开支范围均由国家统一规定。它是企业计算产品成本的重要依据,凡是不符合规定的费用,就不能计入产品成本。企业应当严格执行成本开支的有关规定,划清应计入产品成本的费用与期间费用、列入资产价值支出、列入营业外支出的界限，只有这样才能保证成本信息的准确和可靠。

（四）重要性原则

重要性原则是指对于成本有重大影响的项目应作为重点，力求精确，详细反映。而对于那些不太重要的非重要项目，则可以从简处理，或与其他项目合并反映。例如构成产品实体的原料及主要材料、生产工人的薪酬一般应直接计入产品成本明细账，而对于为加工产品所发生的各项间接费用，则是以综合项目予以合并反映。但是对于某项加工费用，如果其在产品成本中所占比重较大，也可在产品成本明细账中设置专项单独反映。

（五）一贯性原则

成本核算所采用的方法，前后各期必须一致，以使各期的成本资料有统一的口径，前后连贯，互相可比，不得随意变更。如因需要确有必要变更的，应当在会计报表附注中加以披露，并说明此项变更对企业财务状况与经营成本的影响。

（六）权责发生制原则

权责发生制原则是指应由本期成本负担的费用，不论是否已经支付，都要计入本期成本；不应由本期成本负担的费用（即已计入以前各期的成本，或应由以后各期成本负担的费用），虽然在本期支付，也不应计入本期成本，以便正确提供各项成本信息。在企业会计核算时，必须遵循权责发生制原则，正确处理好跨期费用，不能人为地调整成本费用。否则，会使各期的成本资料失去其合理性和真实性。

三、成本核算的基本要求

（一）严格执行国家规定的成本开支范围和费用开支标准

企业应严格遵守国家成本开支范围和费用开支标准。成本开支范围是根据企业在生产过程中发生的生产费用的不同性质以及成本管理的要求，由国家综合经济管理部门在有关财经法规中予以规定。企业发生的费用是多样化的，而这些不同的费用应由不同的渠道开支。例如，企业为生产产品所发生的各项生产费用应当计入产品成本；而企业进行的长期资产投资等与经营活动无关的活动所发生的费用支出，不能计入产品成本，应当视不同情况分别计入投资成本、期间费用、资产价值及营业外支出等。

费用开支标准是对某些费用支出的数额、计算比例以及方法等所做出的规定。例如，企业固定资产与周转材料中的低值易耗品的划分标准、计提固定资产折旧的比例和方法，都应当根据国家规定的标准开支。

(二)正确划分各种产品成本的界限

1. 正确划分生产费用与非生产费用的界限

正确划分计入产品成本与不计入产品成本的界限,确定成本费用的范围。企业发生的费用有很多项目,凡为生产产品过程中消耗的各种材料、人工和其他费用都应计入产品生产成本;否则,就不能计入基本生产成本。如支付的各种滞纳金、赔款、捐赠、赞助款等应计入营业外支出。支付股利应计入利润分配;管理费用、财务费用等均不应计入基本生产成本,而应计入期间费用;而使资产达到预计可使用状态前所发生的各项支出,则应计入相关资产的价值等。

2. 正确划分生产费用与期间费用的界限

在企业发生的各种费用支出中,凡应该计入本月份由当月份负担的费用,应进一步区分产品成本和期间费用的界限。凡在产品生产中发生的费用,属于产品成本,应该记入“基本生产成本”账户,产品完工后再转入“库存商品——产成品”账户,销售后再转入“主营业务成本”账户,期末结转本年利润。凡在非生产领域中发生的管理费用、销售费用和财务费用都属于期间费用,其处理方法比较简单,在期末一次全部转入“本年利润”账户,一次冲减当期损益。

3. 正确划分各月份的生产费用的界限

根据分期原则,为了及时反映和考核费用开支情况,需要定期分月进行成本计算。根据权责发生制原则,发生的费用应该按受益原则分配到有关的月份中去。

4. 正确划分各种产品的生产费用界限

如果企业只是生产一种产品,那么所发生的全部生产费用,都是直接费用,都应由这一种产品负担,全部计入该产品的成本。但一般的企业都不只生产一种产品,这就需要把全部基本生产成本在几种产品之间进行分配,凡能分清应由哪种产品负担的费用,应直接计入该种产品的成本。凡由几种产品共同负担的费用,则要采用恰当的标准进行分配,最终把各种产品的成本计算出来。

5. 正确划分完工产品与在产品的生产费用界限

企业生产的产品,若月末产品都已完工,这种产品的各项生产费用之和就是这种产品的完工产品成本;若产品均尚未完工,这种产品的各项费用之和就是这种产品的月末在产品成本;若存在部分产品完工、部分尚未完工,则月末需要将生产费用按照一定的方法,在完工产品与在产品之间进行分配。且为保证各期成本指标的可比性和完整性,计算方法一经确定,不得随意改变。

(三)建立健全责任制

企业的规章制度是以责任制为核心的。责任制度就是规定企业内部各个单位、各类人员的工作范围和权限、应负有的权利和责任的制度。企业建立的内部经济责任制,是把岗位责任制、内部管理和按劳分配三者有机结合的责任制度,有利于调动企业各方面的积极性。

(四)做好成本核算的各种基础工作

1. 建立健全定额管理制度

定额是对生产经营活动中消耗的人力、物力、财力所规定应遵守和达到的数量标准。定额是成本管理的基础,是企业预测、决策、计划、分析、考核和控制的依据,也是衡量企业经营成果的尺度。

定额管理是以定额为依据进行计划和组织生产的。加强定额管理对于正确编制成本计划、计算产品成本、实行全面经济核算、落实经济责任制、节约原材料和能源消耗、提高劳动生产率、降低产品成本都具有十分重要的意义。企业常用的定额有:

(1)物资消耗定额。物资消耗定额主要有原材料、燃料、辅助材料消耗定额,包括单位产品的消耗定额、分车间按产品类别确定的消耗定额、零部件的消耗定额、设备修理消耗定额等。

(2)动力消耗定额。动力消耗定额包括单位产品的消耗定额,按车间分别耗用的水、电、风、汽的定额,各车间、部门耗用的取暖用电、照明用电的消耗定额等。

(3)劳动消耗定额。劳动消耗定额包括单位产品的工时定额、分车间按产品工序的工时定额、车间科室人员的编制定额、机械设备台时定额等。

(4)设备利用定额。设备利用定额包括设备需要量定额、设备利用率定额等。

(5)费用定额。费用定额包括办公费、差旅费、劳动保护费、广告费、职工培训费等费用开支标准。

2. 建立和健全材料物资的计量、收发、领退和盘点制度

企业财产物资在领发、领退,在产品、半产品的内部转移和产成品的入库填制相应的凭证做到:思想上提高认识,设立专职质检机构,确保仪器处于良好状态,定期盘点、清查。

3. 建立和健全原始记录制度

原始记录是按规定的格式,对企业生产经营活动中的具体事实所做的最初的记载。例如,机器设备等固定资产的转移单,报废清理单,工程竣工验收单,材料物资验收入库、发放领用、多余退库的原始记录,职工录用调动等有关劳动工资的原始记录,等等。

4. 做好厂内计划制订和修订工作

对材料、半成品和厂内各车间相互提供的劳务,如修理、运输等,制定厂内计划价格,作为内部结算和考核的依据。内部价格的制定方法有:①以生产单位的计划成本作为企业内部价格;②在生产单位的计划成本的基础上加上一定的内部利润作为内部价格;③由供需双方临时协商一致的价格作为内部价格。

（五）选择适当的成本计算方法

企业在进行成本核算时，应根据企业的具体实际情况，选择适合于本企业的成本计算方法进行成本计算。同时还应考虑企业的生产类型的特点和管理的要求等方面，在同一个企业，企业可以采用一种成本计算的方法，也可采用多种成本计算的方法。企业的成本计算方法一经采用，不得随意变动。

第二节　成本核算的内容和一般程序

一、成本核算和成本项目

（一）成本与费用的关系

费用是企业日常活动中发生的、会导致所有者权益减少的、与向所有者分配利润无关的经济利益的总流出，构成产品成本的基础。产品成本是为了生产某种产品而发生的各种耗费的总和，是对象化的费用。

成本与费用的区别在于：费用的涵盖面较宽，包括企业生产各种产品发生的各种耗费，既有当前的，也有以前期间发生的费用，既有甲产品的，也有乙、丙等其他产品的费用，既有完工产品的，也有未完工产品的费用；费用着重于按会计期间进行归集，一般以生产过程中取得的各种原始凭证为依据；而产品成本只包括为生产一定种类或数量的产品的完工产品的费用，不包括未完工产品成本的生产费用和其他费用；成本着重于按产品进行归集，一般以成本计算单或成本汇总表及产品入库单等为依据，产品成本是费用总额的一部分，不包括期间费用和期末未完工产品的费用等。

（二）成本项目

1. 成本项目的概念

为具体反映计入产品生产成本的生产费用的各种经济用途，还应将其进一步划分为若干个项目，即产品生产成本项目，简称为产品成本项目或成本项目。产品成本项目一般是将计入产品成本的费用按经济用途划分的项目，是对产品成本构成内容所作的分类。

设置成本项目可以反映产品成本的构成情况，满足成本管理的目的和要求，有利于了解企业生产费用的经济用途，也便于企业分析和考核产品成本计划的执行情况。

2. 成本项目的设置

成本项目的设置应根据管理上的要求确定，对于工业企业而言，一般可设置“直接材料”

“燃料及动力”“直接人工”和“制造费用”等项目。

(1)直接材料。直接材料是指企业在生产产品和提供劳务过程中实际耗用的、直接用于产品生产、构成产品实体的原材料、辅助材料、备用配件、外购半成品、燃料、动力、包装物、低值易耗品和运输、装卸、整理等费用。

(2)燃料及动力。燃料及动力是指直接用于产品生产的外购和自制的燃料和动力。

(3)直接人工。直接人工是指企业在生产产品和提供劳务过程中为获取直接从事产品生产人员提供的服务而给予各种形式的报酬以及其他相关支出,其中包括职工劳动报酬计时工资、计件工资、奖金、津贴与补助、加班加点工资以及特殊情况下的工资等;其他相关支出包括职工福利费、社会保险费、住房公积金、工会经费与职工教育经费、非货币性福利、辞退福利和股份支付等。上述直接费用应根据实际发生数进行核算,并按成本核算对象进行归集,根据原始凭证或原始凭证汇总表,填制记账凭证直接计入成本。

(4)制造费用。制造费用是指企业生产车间或部门为生产产品和提供劳务而发生的各项间接费用,包括车间管理人员的工资及提取的福利费等职工薪酬、车间房屋建筑物和机器设备的折旧费、租赁费、修理费、机物料消耗、水电费、办公费、劳动保护费、设计制图费、实验检验费、季节性和修理期间的停工损失、信息系统维护费等。不能根据原始凭证及原始凭证汇总表直接计入成本的费用,需要按照一定的标准分配计入成本核算对象。

由于生产的特点、各种费用支出的比重及成本管理和核算的要求不同,各企业可根据具体情况,增设“废品损失”等成本项目。

二、成本总分类核算的一般程序

成本核算程序是指从生产费用发生开始,到算出完工产品总成本和单位成本为止的整个成本计算的步骤。成本总分类核算程序一般分为六个步骤。具体包括:

(一)确定成本计算对象和成本项目,开设产品成本明细账

企业的生产类型不同,对成本管理的要求不同,成本计算对象和成本项目也就有所不同,应根据企业生产类型的特点和对成本管理的要求,确定成本计算对象和成本项目,并根据确定的成本计算对象开设产品成本明细账。

(二)生产要素费用的分配

首先,审核生产经营过程发生的费用,将要素费用按发生的地点和用途进行归集和分配。应根据国家、上级主管部门和本企业的有关制度、规定进行严格审核,以便对不符合制度和规定的费用,以及各种浪费、损失等加以制止或追究经济责任。

然后,对发生的各项要素费用进行汇总,编制各种要素费用分配表,按其用途分配计入有关的基本生产成本明细账。对能确认某一成本计算对象耗用的直接计入费用,如直接材料、直

接人工，应直接记入“基本生产成本”账户及其有关的产品成本明细账；对于不能确认某一费用，则应按其发生的地点或用途进行归集分配，分别记入“制造费用”“辅助基本生产成本”和“废品损失”等成本费用账户。

（三）辅助生产车间制造费用的分配

对于生产多种产品或提供多种劳务的辅助生产车间，需将辅助生产车间发生的制造费用，记入“制造费用”账户中。月终，采用一定的分配方法将其在辅助生产车间各种产品或劳务中进行分配。

（四）辅助生产费用的分配

由于辅助生产车间是为基本生产车间和行政管理部门提供产品或劳务的，所以，辅助生产车间所发生的辅助生产费用，应当根据其提供劳务的数量、发生的费用和各部门耗用产品或劳务的数量，采用适当的方法进行分配。

（五）制造费用的分配

基本生产车间如果生产多种产品，则应将基本生产车间所发生的各项间接费用，记入“制造费用”明细账中。月末，采用一定的方法，将该生产车间所发生的制造费用在所生产的产品之间进行分配。

（六）月末，生产费用在完工产品与在产品之间分配

通过要素费用、辅助生产费用和制造费用等各项生产费用的分配，所发生的各项生产费用均已归集在“基本生产成本”账户及有关的产品成本明细账中。在没有在产品的情况下，产品成本明细账所归集的生产费用即为完工产品总成本；在有在产品的情况下，就需将产品成本明细账所归集的生产费用按一定的划分方法在完工产品和月末在产品之间进行划分，从而计算出完工产品成本和月末在产品成本。

三、成本明细分类核算的一般程序

产品成本总分类核算的程序，只能提供成本费用的总括情况。实际工作中，生产费用还需要按照一定的方法，在所生产的产品之间进行归集和分配，提供各种产品成本详细资料，这就是产品成本的明细核算。

进行产品成本的明细核算，要根据企业的规模大小和生产的特点，采用不同的成本明细核算制度。在规模比较小的企业中，因其各生产车间的规模也比较小，成本核算不需要分车间、部门进行，一般实行一级成本核算制。一级成本核算制是指成本核算工作完全集中在厂部财务部门进行的核算方式。

而在规模比较大的企业中,因其各生产车间的规模也比较大,成本核算需要分车间、部门进行。同时,成本管理上也要求提供各车间的详细资料,所以一般实行两级成本核算制。两级成本核算制是指成本核算工作由厂部和车间两级财务部门进行的核算方式。在两级成本核算制下,各车间配有专职的成本核算人员,计算各车间产品的制造成本;厂部财务人员则将各车间的成本进行汇总,计算出全厂各种产品的总成本和单位成本。

(一)一级成本核算制下明细核算的程序

1. 一级成本核算制下明细账的设置

实施一级成本核算制的企业,应当设置"基本生产成本明细账""产品成本计算单""辅助生产成本明细账"和"制造费用明细账"等。

(1)基本生产成本明细账。

在基本生产成本总账科目下,根据生产的产品登记生产成本明细账。"基本生产成本明细账"可以设置直接材料、燃料及动力、直接人工、制造费用等项目,其格式见表2.1。

表2.1 基本生产成本明细账

2014年1月

单位:元

月	日	摘要	直接材料	燃料及动力	直接人工	制造费用	合计
1	1	月初在产品成本	10 000	1 000	6 000	3 000	20 000
1	31	分配材料费	80 000				80 000
1	31	分配职工薪酬			14 000		14 000
1	31	分配辅助生产费用		4 000			4 000
1	31	分配制造费用				7 000	7 000
1	31	本月合计	80 000	4 000	14 000	7 000	105 000
1	31	生产费用合计	90 000	5 000	20 000	10 000	125 000
1	31	结转完工产品成本	70 000	3 500	16 000	8 000	97 500
1	31	月末在产品成本	20 000	1 500	4 000	2 000	27 500

(2)产品成本计算单。

为了计算各种产品的实际成本,企业还应在基本生产成本明细账下,按照产品品种设置"产品成本计算单",其格式见表2.2。

表 2.2　产品成本计算单

产品名称:甲产品　　　　2014 年 1 月　　　　单位:元

摘　要		直接材料	燃料及动力	直接人工	制造费用	合计
月初在产品成本		1 800	600	1 000	700	4 100
本月发生生产费用		24 600	8 750	7 580	3 920	44 850
生产费用合计		26 400	9 350	8 580	4 620	48 950
产品产量/件	完工产品产量	100	100	100	100	—
	在产品约当产量	20	10	10	10	—
	合计	120	110	110	110	—
单位成本		220	85	78	42	425
结转完工产品成本		22 000	8 500	7 800	4 200	42 500
月末在产品成本		4 400	850	780	420	6 450

(3)辅助生产成本明细账。

辅助生产成本明细账可以按照车间或部门设置,并按费用项目的内容登记发生的费用。其格式见表 2.3。

表 2.3　辅助生产成本明细账

车间名称:供电车间　　　　2014 年 1 月　　　　单位:元

日期		凭证	摘　要	材料费	燃料及动力	职工薪酬	折旧费	修理费	办公费	差旅费	其他	合计	转出	余额
月	日													
1	2	5	分配材料	500								500		
1	5	36	分配动力		1 900							1 900		
1	10	44	分配水电费						2 000	4 500		6 500		
1	15	56	分配薪酬费			48 000						48 000		
1	22	63	分配其他费用								3 600	3 600		
1	25	77	分配修理费					3 000				3 000		
1	31	96	分配折旧费				7 500					7 500		
1	31		本月合计	500	1 900	48 000	7 500	3 000	2 000	4 500	3 600	71 000		
1	31		本月转出										71 000	0

(4)制造费用明细账。

企业为了将生产产品及提供劳务所发生的制造费用进行归集和分配,应登记“制造费用明细账”，并按费用项目登记发生的费用，其格式见表 2.4。

表 2.4　制造费用明细账

车间名称：一车间　　　　2014 年 1 月　　　　单位：元

日期		凭证	摘　要	材料费	燃料及动力	职工薪酬	折旧费	运输费	办公费	劳动保护费	其他	合计	转出	余额
月	日													
1	4	7	分配材料	50 000								50 000		
1	9	11	分配动力		1 600							1 600		
1	13	18	分配其他费用						48 000	7 500	3 400	58 900		
1	18	45	分配薪酬费			58 200						58 200		
1	25	44	分配运费					8 000				8 000		
1	31	72	本月折旧费				37 800					37 800		
1	31		本月合计	50 000	1 600	58 200	37 800	8 000	48 000	7 500	3 400	214 500		
1	31		本月转出										214 500	0

2. 一级成本核算制下明细账的一般程序

实行一级成本核算的企业，生产成本明细核算的程序如下：

(1)凡是用于生产产品的直接材料、直接人工等直接费用，应根据有关凭证或费用分配表记入有关“基本生产成本明细账”和所属的“产品成本计算单”。辅助生产车间发生的费用，应根据有关凭证或费用分配表登记在“辅助生产费用明细账”上。基本生产车间为生产产品和提供劳务而发生的各项制造费用，则应根据有关凭证或费用分配表登记在“制造费用明细账”上。

(2)月末，将辅助生产车间“制造费用明细账”上归集的制造费用，采用适当的方法，在辅助生产车间各种产品和劳务之间进行分配。

(3)月末，将“辅助生产成本明细账”上归集的辅助生产费用进行汇总，按提供劳务（或产品）的数量分配记入“基本生产成本明细账”、基本生产车间的“制造费用明细账”和“管理费用明细账”中。对于分配给基本生产车间用于产品生产的动力费等，还应采用适当的分配标准，在各种产品和劳务之间进行分配，并记入各种“产品成本计算单”中。

(4)月末汇总基本生产车间“制造费用明细账”中所登记的费用总额，采用适当的分配方法，编制“制造费用分配表”，分别记入所生产各种产品的“基本生产成本明细账”和“产品成本计算单”中。

(5)将各种“产品成本计算单”上所归集的费用进行汇总，对于既有完工产品，又有未完工产品的成本计算单，采用适当的方法，计算完工产品成本和在产品成本，并将完工产品的成本汇总，记入“基本生产成本明细账”中，结转完工产品成本。

(6)根据各种“产品成本计算单”中所归集的完工产品成本资料，编制“完工产品成本汇总表”,并据此编制会计凭证,作为产品完工入库的账务处理的依据。

有关一级成本核算制下的成本核算程序如图 2.1 所示。

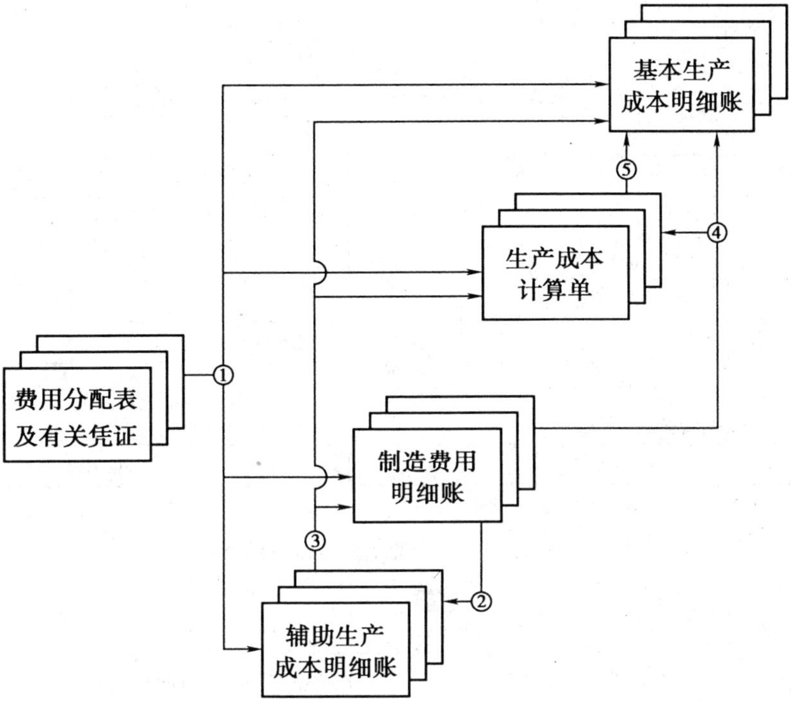

图 2.1　一级成本核算制下的成本核算程序

① 登记有关产品生产的直接材料、燃料及动力、直接人工等费用;② 分配辅助生产车间的制造费用;③ 分配辅助生产费用;④ 分配基本生产车间的制造费用;⑤ 结转完工产品成本

(二)两级成本核算制下明细账的设置

在两级成本核算制下,应由生产车间和厂部两级设置成本费用明细账,进行明细核算。

1. 两级成本核算制下明细账的设置

(1)生产车间成本费用明细账的设置。

各个基本生产车间应设置“基本生产明细账”和“制造费用明细账”。为了计算车间每一种产品的成本,还应在“基本生产成本明细账”下,按产品品种设置“产品成本计算单”;各辅助生产车间应设置“辅助生产明细账”。各种明细账的格式与同一级成本核算制下的有关明细账的格式相同。

(2)厂部成本费用明细账的设置。

厂部财务部门应设置“厂部基本生产成本明细账”“厂部辅助生产成本明细账”和“厂部制

造费用明细账”等。在账户中按车间分别设置专栏,用以控制生产车间成本明细账、内部结转和结余情况。为了汇总全厂完工产品成本,还应设置“完工产品成本汇总单”。厂部设置明细账的格式见表2.5至表2.8。

表2.5 厂部基本生产成本明细账

2014年1月　　单位:元

月	日	摘　要	一车间	二车间	合　计
1	31	月初在产品成本	16 600	12 800	29 400
1	31	分配直接材料	48 600	29 000	77 600
1	31	分配职工薪酬	112 200	100 960	213 160
1	31	分配制造费用	96 000	84 000	180 000
1	31	生产费用合计	273 400	226 760	500 160
1	31	结转完工产品成本	270 000	206 000	476 000
1	31	月末在产品成本	3 400	20 760	24 160

表2.6 厂部辅助生产成本明细账

2014年1月　　单位:元

月	日	摘　要	机修车间	运输车间	合　计
1	31	月初在产品成本	0	0	0
1	31	分配材料费用	36 000	44 800	80 800
1	31	分配职工薪酬	60 000	49 000	109 000
1	31	分配制造费用	24 000	33 000	57 000
1	31	生产费用合计	120 000	126 800	246 800
1	31	结转完工产品成本	84 000	106 000	190 000
1	31	月末在产品成本	36 000	20 800	56 800

表2.7 厂部制造费用明细账

2014年1月　　单位:元

月	日	摘　要	一车间	二车间	机修车间	运输车间	合　计
1	31	分配职工薪酬	60 000	54 000	42 000	36 800	192 800
1	31	分配材料费用	12 000	18 600	8 400	5 600	44 600
1	31	分配办公费	7 200	4 560	1 840	2 260	15 860
1	31	分配折旧费	36 080	45 320	12 600	7 800	101 800
1	31	分配差旅费	20 420	10 680	10 960	8 400	50 460

续表 2.7

月	日	摘 要	一车间	二车间	机修车间	运输车间	合 计
1	31	其他费用	6 000	2 400	3 200	1 600	13 200
1	31	生产费用合计	141 700	135 560	79 000	62 460	418 720
1	31	本月分配转出	141 700	135 560	79 000	62 460	418 720

表 2.8 完工产品成本汇总计算表

2014 年 1 月 单位:元

成本项目	甲产品(产量 1 000 件)		乙产品(产量 200 件)		总成本
	总成本	单位成本	总成本	单位成本	
直接材料	160 000	160	112 000	560	272 000
直接人工	45 000	45	60 500	302.50	105 500
制造费用	65 000	65	33 500	167.50	98 500
成本合计	270 000	270	206 000	1 030	476 000

2. 两级成本核算制下明细账的一般程序

(1)凡是用于生产产品的直接材料、直接人工等直接费用,应按产品分别归集和分配。各生产车间依据设置的“基本生产成本明细账”和“产品成本计算单”,分别将各种产品的直接费用进行登记,同时将本车间发生的各项间接费用,按照费用发生的用途记入“制造费用”;厂部应对各生产车间发生的直接费用和间接费用,按车间进行汇总,分别记入“厂部基本生产成本明细账”“厂部制造费用明细账”;辅助生产车间发生的各项费用,应根据有关凭证或费用分配汇总表,分别记入各辅助生产车间的“辅助生产成本明细账”,同时厂部登记“厂部辅助生产成本明细账”。

(2)月末,将辅助生产车间“制造费用明细账”上归集的制造费用,采用适当的方法,在辅助生产车间各种产品和劳务之间进行分配。

(3)月末,将各辅助生产车间“辅助生产成本明细账”上归集的辅助生产费用进行汇总,按提供劳务(或产品)的数量,编制“辅助生产费用分配表”分配记入各基本生产车间“基本生产成本明细账”和行政管理部门的“管理费用明细账”中,同时厂部按车间汇总,并登记“厂部基本生产成本明细账”和“厂部辅助生产成本明细账”。对于分配给基本生产车间用于产品生产的辅助生产费用,还应采用适当的分配标准,在各种产品和劳务之间进行分配,并登记各种产品的“基本生产成本明细账”和“产品成本计算单”。

(4)月末汇总基本生产车间“制造费用明细账”中所登记的费用总额,采用适当的分配方法,编制“制造费用分配表”,分别记入所生产各种产品的“基本生产成本明细账”和“产品成本计算单”中,并在“厂部基本生产成本明细账”和“厂部制造费用明细账”中予以登记。

(5)经过各项费用的归集和分配,在各车间的“基本生产成本明细账”和“产品成本计算单”上，完成了所有费用的汇总。如果产品存在部分完工、部分未完工的情况，则需采用适当的方法，将生产费用在完工产品和在产品之间进行分配，计算完工产品的成本。并将计算结果在“基本生产成本”和“产品成本计算单”中转出，记入“完工产品成本汇总表”中。

(6)根据各种“完工产品成本汇总表”，在厂部“基本生产成本明细账”中予以结转，汇总计算全部完工产品的总成本，并对完工产品进行账务处理。

有关两级成本核算制下的成本核算程序如图 2.2 所示。

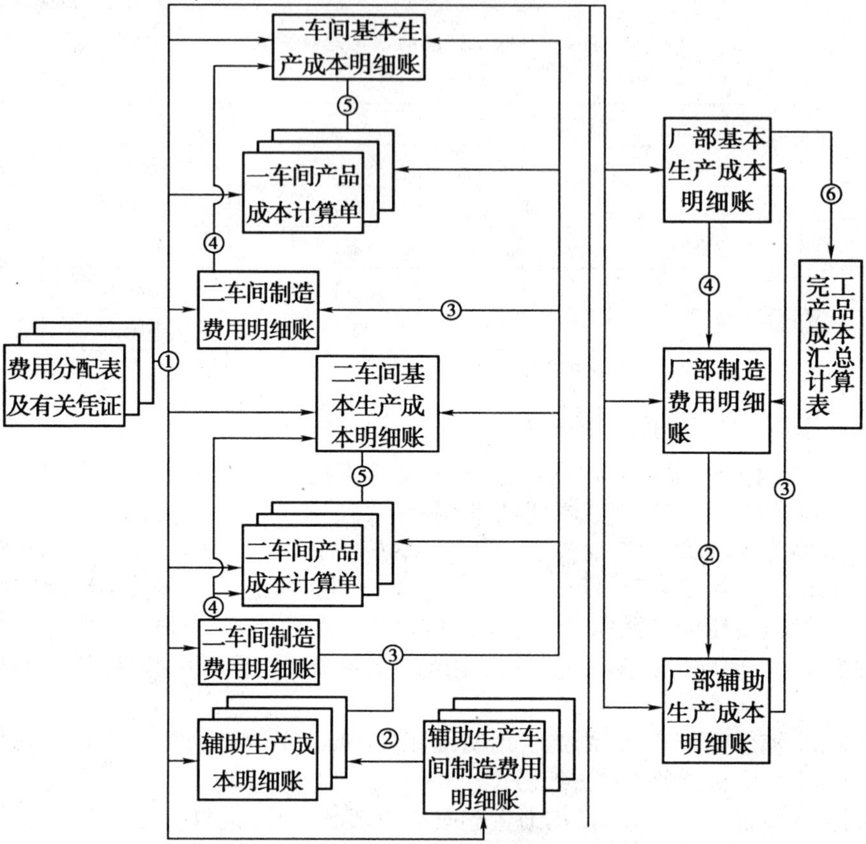

图 2.2　两级成本核算制下的成本核算程序

① 登记有关产品生产的直接材料、燃料及动力、直接人工等费用；② 分配辅助生产车间的制造费用；③ 分配辅助生产费用；④ 分配基本生产车间的制造费用；⑤ 结转完工产品成本；⑥ 厂部财会部门汇总完工产品成本

四、成本核算的会计科目设置

企业成本核算，需要设置“生产成本”（或“基本生产成本”与“辅助生产成本”）“制造费

用”“长期待摊费用”等会计科目。

(一)“生产成本”科目

“生产成本”科目用来核算企业进行工业性生产发生的各项生产费用,包括生产产成品(产成品、自制半成品等)自制材料、自制工具、自制设备等。本科目借方登记发生的直接材料、直接人工以及月末由“制造费用”账户按规定的分配标准分配计入有关成本核算对象的费用。贷方登记月末基本生产车间已经完工并且验收入库的产成品以及自制半成品成本。期末余额在借方,反映企业尚未加工完成的在产品成本。

“生产成本”总账下有两个明细科目:一是基本生产成本,其应按基本生产车间和成本计算对象(如产品的品种、类别、订单、批别生产阶段)设置明细账;二是辅助生产成本,用于核算为生产产品服务的有关生产部门的成本。如果企业的生产车间和辅助生产较多或生产产品较多,可将“基本生产成本”和“辅助生产成本”作为总账科目。

产成品成本的计算问题,是于期末将生产费用在在产品和产成品之间进行分配,并将完工产成品总成本除以总产量,求得单位成本,这样产品成本计算才全部结束。有关生产费用在完工产品与在产品之间的分配问题,将在第七章中详细讲述。

(二)“制造费用”科目

“制造费用”科目是用来核算企业生产车间或部门为生产产品和提供劳务而发生的各项间接费用,包括生产车间发生的机物料消耗、管理人员的工资等职工薪酬、固定资产的折旧费、办公费、修理费、水电费、季节性的停工损失等。本科目的借方登记各项间接费用的发生数,贷方登记分配转出数,期末除季节性生产企业采用年度计划分配率法和累计分配率法外,本科目期末无余额。该科目应按不同的生产车间、部门和不同费用项目,进行明细分类核算。

产品成本由直接材料、直接人工和制造费用三部分组成,其中发生的直接材料和直接人工属于直接费用,直接记入“基本生产成本”科目,发生的制造费用是间接费用,不能直接记入“基本生产成本”科目,而是先在“制造费用”科目中汇集,然后再分配记入各种产品的“基本生产成本”科目。有关制造费用的归集与分配的内容,将在第五章中详细讲述。

对于小型企业而言,也可以将“生产成本”和“制造费用”两个会计科目合并为“生产费用”一个会计科目,下设“基本生产成本”“辅助生产成本”和“制造费用”三个二级明细科目。单独核算废品损失和停工损失的企业,还可以另外增加相应的明细科目。

(三)相关会计科目

1.“长期待摊费用”科目

对于企业已经发生但应由本期和以后各期负担的分摊期限在一年以上的各项费用,可通过“长期待摊费用”科目核算。借方登记企业发生的长期待摊费用,贷方登记摊销的长期待摊费用。一般情况下,余额在借方,反映企业尚未摊销完毕的待摊费用的摊余价值。如企业经营租入固定资产的改良支出,可以通过"长期待摊费用"科目进行核算。

2."废品损失"科目

对于企业在生产过程中发生废品,可通过"废品损失"科目核算。该科目的借方登记不可修复废品的生产成本和可修复废品的修复费用,贷方登记废品残料回收的价值、应收的赔款以及转出的废品净损失,月末应无余额。该科目应按车间设置明细账。

本章小结

成本核算在企业经营管理中起着十分重要的作用。成本核算应遵循实际成本计价原则、成本分期原则、合法性原则、重要性原则、一贯性原则和权责发生制原则;对企业成本核算的基本要求包括严格执行国家规定的成本开支范围、费用开支标准和正确划分各种产品成本的界限、建立健全责任制以及做好成本核算的各种基础工作。

在进行成本总分类核算中需要经过以下六步骤;①确定成本计算对象和成本项目,开设产品成本明细账;②生产要素费用的分配;③辅助生产车间制造费用的分配;④辅助生产费用的分配;⑤制造费用的分配;⑥月末,生产费用在完工产品与在产品之间分配。

在进行明细分类核算时,要根据企业的规模大小和生产的特点,可采用一级或两级成本明细核算制度。在规模比较小的企业中,一般实行一级成本核算制。一级成本核算制是指成本核算工作完全集中在厂部财务部门进行的核算方式;在规模比较大的企业中,一般实行两级成本核算制。两级成本核算制是指成本核算工作由厂部和车间两级财务部门进行的核算方式,在两级成本核算制下,各车间配有专职的成本核算人员,计算各车间产品的制造成本;厂部财务人员则将各车间的成本进行汇总,计算出全厂各种产品成本。

在进行成本核算中,要正确区分成本与费用、成本项目之间的关系。为完成成本核算工作,需要设置"基本生产成本""辅助生产成本""制造费用"等会计科目。

复习思考题

1. 企业正确组织成本核算的重要意义是什么?
2. 进行成本核算时,应遵循哪些基本原则?
3. 在进行成本核算时应正确划分哪几个成本费用的界限?
4. 一级成本核算制下的成本核算程序包括哪些?
5. 两级成本核算制下的成本核算程序包括哪些?
6. 成本核算时应设置哪些会计账户?

第三章

Chapter 3

生产费用要素的核算

【学习要点与目标】

通过本章的学习,了解生产费用的内容,包括材料费用、薪酬费用、固定资产折旧等费用的核算,熟悉职工薪酬的组成内容及核算的原始凭证、生产费用要素分配的一般原则,重点掌握材料费用、外购燃料与动力费用、薪酬费用等生产费用要素的特点、分配方法及账务处理。

【案例导入】

小李是会计学专业毕业生,应聘在生产外贸服饰的服装厂做车间核算人员。这是一家大规模的制造企业,生产车间包括裁剪车间、缝制车间和整理车间。生产产品的材料都是从国外进口的高档面料,柔软且透气,材料在裁剪车间按生产工艺要求裁剪成面料和辅料;缝制车间将裁剪的面料和辅料加工成成衣;整理车间将成衣熨烫、定性、整理和包装。小李所在的车间是裁剪车间,布料的耗用情况由专人负责管理,如何对主要材料和辅助材料进行分配?小李想弄明白,是按材料定额标准,还是按产品产量分配?生产工人的薪酬费用,是按产品产量,还是按机器工时,在生产各种产品之间进行分配?

第一节　生产费用要素概述

一、生产费用要素的内容

会计上将按费用的经济内容或性质不同所做的分类,称为要素费用,包括生产费用要素和期间费用要素。制造企业的生产过程,同时也是生产的耗费过程。其在一定时期内发生的、能够用货币表现的生产耗费,称作生产费用。生产费用不外乎是劳动对象、劳动手段和活劳动中必要劳动消耗等三个方面的费用。而费用要素中任一要素又称为要素费用。

制造企业的生产要素费用一般包括材料费用、燃料费用、外购动力、职工薪酬费用、折旧费和其他费用等。该分类反映了制造企业在一定时期内发生了哪些费用及其金额情况。这有利于分析各时期费用的构成和各要素费用所占的比重，进而分析考核各时期各种要素费用支出的执行情况。

（一）材料费用

材料费用是指企业为进行生产而耗用的一切由企业外购及自制的原料及主要材料、半成品、辅助材料、包装物、修理用备件、低值易耗品等。企业的材料绝大部分是外购的，所以也可将材料费用称为外购材料。

（二）燃料费用

燃料费用是指企业为进行生产而耗用的由企业外购的各种燃料，包括固体燃料、液体燃料、气体燃料。企业的燃料基本上是外购的，所以也称外购燃料，其与外购材料从本质上看基本是相同的，可归为一类。也可根据企业的具体情况，如燃料在成本中所占比例较大的，也可单独作为一类进行核算。

（三）外购动力

外购动力是指企业为进行生产所耗用的由企业外购的各项动力费用。如电力等。

（四）职工薪酬

职工薪酬是指应计入生产费用的职工工资、津贴、奖金、福利费、社会保险费、住房公积金等货币性的和非货币性的薪酬。

（五）折旧费

折旧费是指企业按照一定方法计算的机器、设备、厂房等固定资产的折旧费。

（六）其他费用

其他费用是指不属于以上各项费用要素的各项支出。如办公费、差旅费、设计制图费、试验检验费和通信费用等。

二、费用要素与成本项目的关系

生产费用要素体现费用的经济内容，是费用按经济内容分类的结果；成本项目反映费用的经济用途，是生产费用按经济用途分类的结果。两者内容不同，费用要素是对企业生产经营费用，包括生产费用要素和期间费用的分类，成本项目仅仅是对生产费用的分类。

对于一定的成本计算对象来说，发生的费用无非有两种：一种是直接费用，另一种是间接费用，即共同性的、不是直接为生产对象服务的费用。如果企业只生产一种产品，则直接费用和间接费用并没有差别，都应该直接计入产品成本。但是，企业一般都是生产多种产品。这样，直接费用仍可以直接计入产品成本，而间接费用就必须先要汇集起来，然后再分配摊入各个不同的成本计算对象。这样，需要先单独设置一个账户，即“制造费用”账户，其作用就是汇集各种间接费用，再合理地分配到成本计算对象上去。

第二节　材料费用的核算

材料费用是要素费用中的主要项目，材料费用的核算包括材料的收入和发出的核算。

一、材料的分类及内容

(一)材料的分类

材料是产品生产过程中的劳动对象，材料费用是产品成本的构成要素之一。由于它们在生产中起的作用不同，可将材料分为以下几类。

1. 原料及主要材料

原料及主要材料是指生产过程中构成产品实体的原料和材料。如纺纱用的棉纱，机械制造用的钢材，房地产施工用的水泥、钢筋等。

2. 辅助材料

辅助材料指虽不构成产品的主要实体，但有助于产品实体形成的各种材料。如机械用的润滑剂、服装加工中用的线、家具加工中用的胶等。

3. 外购半成品

外购半成品是指企业购入的已经在外单位加工完成的半成品。如汽车制造企业购入的发动机等。

4. 燃料

燃料是指各种固体、气体和液体等燃料。燃料在生产过程中可以合入辅助材料一类，但随着燃料在经济生活中的地位和作用越来越重要，为加强管理可将燃料单独划分为一类。

5. 修理用备件

修理用备件是指为修理本企业的机械设备和运输工具设备的备用件，如轴承、千斤顶等。此类材料虽然用量不大，但种类较多，它能确保企业设备正常运行。

6. 包装物

包装物是指为包装本企业产品的各种包装物，包括桶、箱、坛、罐、袋等。

7. 低值易耗品

低值易耗品指单位价值较低,容易耗损的各种工具、管理用具、劳保用品等。低值易耗品不是劳动对象,属于劳动资料,但又不具备固定资产的条件,可将其列为一类。

(二)材料核算的内容及会计科目设置

1. 材料核算内容

材料的核算包括材料的收入、发出及材料费用分配的核算,企业核算材料的计价方法可按实际成本,也可按计划成本。

企业收入材料的成本包括购入材料、委托加工材料和自制材料的实际成本;发出材料可采用个别计价法、先进先出法、加权平均法、移动加权平均法计算发出材料成本。在采用计划成本计价时,需根据材料成本差异率计算出实际成本。具体公式为

发出实际成本 = 计划成本 ± 材料成本差异额 = 计划成本(1 ± 材料成本差异率)

2. 材料核算使用的会计科目

为完成材料费用的核算,需设置“原材料”“周转材料”“委托加工物资”等会计科目。

(1)“原材料”科目。

①“原材料”科目是资产类会计科目,该科目核算企业库存的各种材料,包括原料及主要材料、辅助材料、外购半成品、修理用备件、包装材料、燃料等的计划成本或实际成本。该科目的借方登记企业购入、自制以及其他方式增加的材料入库数,贷方登记材料领用出库数,期末借方余额,反映企业库存材料的计划成本或实际成本。

企业收到来料加工的原料、零件等,应当设置备查账簿进行登记;本科目可按材料的保管地点(仓库)、材料的类别、品种和规格等进行明细核算。

②生产经营领用材料,借记“基本生产成本”“辅助生产成本”“制造费用”“销售费用”“管理费用”等科目,贷记本科目。出售材料结转成本,借记“其他业务成本”科目,贷记本科目。发出委托外单位加工的材料,借记“委托加工物资”科目,贷记本科目。采用计划成本进行材料日常核算的,发出材料还应结转材料成本差异,将发出材料的计划成本调整为实际成本。

(2)“周转材料”科目。

①“周转材料”是资产类会计科目,本科目核算企业能够多次使用,并可基本保持原来的形态而逐渐转移其价值的各种周转材料的计划成本或实际成本。企业的包装物、低值易耗品等,通过“周转材料”科目进行核算。本科目可按周转材料的种类,分别“在库”“在用”和“摊销”进行明细核算。该科目借方登记购入、自制、委托外单位加工完成并已验收入库的周转材料,贷方登记周转材料的减少数,期末借方余额,反映企业在库周转材料的计划成本或实际成本以及在用周转材料的摊余价值。

②周转材料的摊销。企业应当根据具体情况对周转材料采用一次转销法、分期摊销法等

方法摊销；采用一次转销法的，领用时应按其账面价值，借记“管理费用”“生产成本”“销售费用”“工程施工”等科目，贷记“周转材料”科目。

周转材料采用计划成本进行日常核算的，领用等发出周转材料时，还应同时结转应分摊的成本差异，将计划成本调整为实际成本。

二、材料费用的分配

（一）材料费用分配对象的确定

通常情况下，原材料费用分配是按用途、部门和受益对象来分配的，要视企业的生产特点和管理要求而定，不能随意确定。材料分配的原则：构成产品实体并能直接确定归属对象的材料费，应直接计入各产品成本明细账的“直接材料”成本项目；对于几种产品共同耗费的间接材料费，应选择适当的分配标准分配计入各产品成本明细账的“直接材料”成本项目。

（二）材料费用分配方法

材料费用的分配方法有定额消耗量比例、产品产量比例、重量比例、体积比例、材料定额费用比例等。材料费用的分配标准有三类：①成果类：重量、体积、产量、产值等；②消耗类：生产工时、生产工人工资、机器工时、原材料消耗或原材料费用；③定额类：定额消耗量、定额费用、定额工时等。材料费用分配的总公式为

费用分配率 = 待分配费用总额 ÷ 分配标准总额

某成本对象应分配的费用 = 该成本对象的分配标准 × 费用分配率

1. 材料定额耗用量比例法

计算公式为

某种产品材料定额消耗量 = 该种产品实际产量 × 单位产品材料消耗定额

材料消耗量分配率 = 材料实际总消耗量 ÷ 各产品材料定额消耗量之和

某种产品应分配材料数量 = 该产品材料定额消耗量 × 材料消耗量分配率

某种产品应分配的材料费用 = 该种产品应分配的材料数量 × 材料单价

这种方法可考核材料消耗定额的执行情况，有利于加强成本管理。为简化核算工作，也可采用按定额消耗量的比例直接分配材料费用的方法。计算公式为

某种产品材料定额消耗量 = 该种产品实际产量 × 单位产品材料消耗定额

材料费用分配率 = 材料实际总消耗量 × 材料单价 ÷ 各产品材料定额消耗量之和

某种产品应分配的材料费用 = 该种产品的材料定额消耗量 × 材料单价

【例 3.1】 2014 年 3 月企业为生产 A、B 两种产品共同耗用甲材料 12 500 千克，单价 8 元，共计 100 000 元。两种产品的投产量分别为 200 件和 400 件。两种产品的甲种材料单耗

定额分别为 40 千克和 30 千克。按定额耗用量比例法在 A、B 两种产品之间分配共同耗用的材料费用。

分析:依据上述计算公式:分别计算 A、B 两种产应分配的材料费用。

A 产品材料定额消耗量 = 200 × 40 = 8 000(千克)

B 产品材料定额消耗量 = 400 × 30 = 12 000(千克)

材料消耗量分配率 = 12 500 ÷ (8 000 + 12 000) = 0.625

A 种产品应分配材料数量 = 0.625 × 8 000 = 5 000(千克)

B 种产品应分配材料数量 = 0.625 × 12 000 = 7 500(千克)

A 种产品应分配材料费用 = 5 000 × 8 = 40 000(元)

B 种产品应分配材料费用 = 7 500 × 8 = 60 000(元)

以上计算也可采用按定额消耗量的比例直接分配材料费用的方法。具体计算如下:

A 产品材料定额消耗量 = 200 × 40 = 8 000(千克)

B 产品材料定额消耗量 = 400 × 30 = 12 000(千克)

材料费用分配率 = 100 000 ÷ (8 000 + 12 000) = 5

A 种产品应分配材料费用 = 5 × 8 000 = 40 000(元)

B 种产品应分配材料费用 = 5 × 12 000 = 60 000 (元)

2. 产品产量比例法

【例 3.2】 2014 年 3 月企业为生产甲、乙两种产品共同耗用 A 材料 10 000 元。两种产品的投产量分别为 200 件和 300 件。按产品量比例法分配共同耗用的材料费用。

材料费用分配率 = 10 000 ÷ (200 + 300) = 20(元/件)

A 种产品应分配材料费用 = 200 × 20 = 4 000(元)

B 种产品应分配材料费用 = 300 × 20 = 6 000(元)

3. 产品重量比例法

【例 3.3】 以例 3.2 为例,2014 年 3 月企业为生产甲、乙两种产品共同耗用 A 材料 10 000 元。两种产品分别为 60 千克和 40 千克。按重量比例法在甲、乙两种产品之间分配共同耗用的材料费用。

材料费用分配率 = 10 000 ÷ (60 + 40) = 100

甲种产品应分配材料费用 = 60 × 100 = 6 000 (元)

乙种产品应分配材料费用 = 40 × 100 = 4 000(元)

4. 材料定额成本比例法

材料定额成本比例法是以产品的定额费用作为分配标准,分配材料费用的一种方法。这种方法适用于生产多种产品耗用多种材料的分配,其中

$$某产品的定额成本 = 产品产量 \times \sum(定额耗用量 \times 单价)$$

【例3.4】　2014年4月企业生产A、B产品共耗用两种材料，分别为甲材料78 000元和乙材料300 000元。材料单价分别为20元和10元。A种产品的定额耗用量分别为40千克和60千克，B种产品的定额耗用量分别为20千克和30千克，本月产量分别为200件和500件。用材料定额费用比例法对材料费用进行分配。

A产品的定额成本＝200 ×[(40×20＋60×10)]＝280 000(元)

B产品的定额成本＝500 ×[(20×20＋30×10)]＝350 000(元)

材料费用分配率＝(78 000＋300 000)÷(280 000＋350 000)＝0.6

A种产品应分配材料费用＝280 000×0.6＝168 000(元)

B种产品应分配材料费用＝350 000×0.6＝210 000(元)

(三)材料费用分配表的编制及其账务处理

1. 材料费用分配表

在实际工作中，材料费用的分配一般是通过“材料费用分配表”(表3.1)进行的，这种分配表应按照材料的用途和材料的类别，根据归类后的凭证编制。如果材料按计划成本核算，还应分配材料成本差异。

表3.1　材料费用分配汇总表

企业名称：中兴公司　　2014年3月　　单位：元

应借账户		成本项目	直接计入	分配计入	费用合计
基本生产车间	A产品	直接材料	75 600	22 680	98 280
	B产品	直接材料	41 700	12 510	54 210
	小计		117 300	35 190	152 490
制造费用	基本生产车间	机物料消耗	2 360		2 360
辅助生产成本	机修车间	机物料消耗	1 410		1 410
	运输车间	机物料消耗	1 100		1 100
	小计		2 510		2 510
销售费用		包装物	500		500
管理费用		其他材料	860		860
合　计			123 530	35 190	158 720

2. 账务处理

企业在生产活动中耗用的材料费用，是根据领退料凭证，按照材料的用途归集和分配的，对于应计入产品成本的生产用材料，应按照产品品种和成本项目归集和分配。用于构成产品实体的原料及主要材料和有助于产品形成的辅助材料，记入"基本生产成本"账户及所属明细账的"直接材料"项目；对于辅助生产车间为加工产品或耗用的材料，应记入"辅助生产成本"账户；用于维护生产设备和管理生产的各种材料，先在"制造费用"账户予以归集，然后分配转入"基本生产成本"账户及其所属明细账的"制造费用"项目。

对于不应计入产品成本而属于期间费用的材料费用，应记入"管理费用""营业费用"账户；对于用于购建固定资产、其他资产方面的材料费用，应计入有关的资产价值，不得列入产品成本或期间费用。

【例3.5】 根据表3.1"材料费用分配汇总表"进行账务处理 。

借：基本生产成本——A产品　98 280
　　　　　　　——B产品　54 210
　辅助生产成本——机修车间　1 410
　　　　　　　——运输车间　1 100
　制造费用——基本生产车间　2 360
　销售费用　500
　管理费用　860
　贷：原材料　158 720

三、燃料费用的核算

燃料费用的核算与材料费用核算基本相同，存货核算中"燃料"可作为"原材料"账户的二级账户进行核算，燃料费用分配可在材料费用分配表中加以反映。

燃料费用若占产品成本比重较小时，产品成本明细账中无需单独设"燃料及动力"成本项目，应将燃料费用直接计入"制造费用"成本项目，来归集生产中耗用的燃料费用，以便于对其使用情况进行分析和考核。若燃料费用占产品成本比重较大时，产品成本明细账中应单独设"燃料及动力"成本项目；对于能够分清是哪一种产品耗用燃料的，则根据有关原始凭证，直接计入该产品的成本计算单中的"燃料及动力"成本项目中；几种产品共同耗用而分不清哪一种产品耗用燃料的，则应采用适当的分配标准，在各种产品之间进行分配。燃料费用采用的分配标准一般为产品的重量、体积、定额耗用量等。

对其他部门耗用的燃料，应分别记入有关成本费用账户。如辅助生产部门耗用的燃料费用，应记入"辅助生产成本"账户；厂部行政管理耗用的材料费用，记入"管理费用"账户；销售产品耗用的材料费用，记入"销售费用"账户等。

第三节　外购动力费用的核算

一、外购动力费的内容

外购动力费包括外购电力费、热力费等。产品成本明细账是否单设“燃料及动力”成本项目,应视情况而定:若外购动力费、燃料费占产品成本比重较大,应单设“燃料及动力”成本项目;若外购动力费、燃料费占产品成本的比重较小,不需单设“燃料及动力”成本项目,外购燃料及外购动力费计入“制造费用”成本项目。

二、外购动力费分配的核算

(一)分配方法

对于外购动力费用的分配,应视具体情况而定:外购动力费的分配,在有仪表的情况下,应根据仪表所示耗用数量及单价计算;无仪表的情况下,先在各部门之间进行分配,然后生产产品耗用的动力费用,可按生产工时比例、定额消耗量比例、机器功率时数比例在各种产品之间分配。其计算公式为

部门耗用外购动力分配率 = 外购动力费用总额 ÷ 各部门耗用动力费用之和

各部门应分配的动力费用 = 各部门耗用动力费用 × 外购动力分配率

外购动力分配率 = 生产产品耗用外购动力费用 ÷ 各产品生产工时之和

各产品应分配的动力费用 = 各产品耗用生产工时 × 外购动力分配率

(二)账务处理

应按外购动力费的用途,将其费用记入相应的成本、费用账户。产品生产耗用的动力费,应借记“基本生产成本”账户;辅助生产耗用的动力费,应借记“辅助生产成本”账户;车间管理耗用的动力费,应借记“制造费用”账户;厂部管理耗用的动力费,应借记“管理费用”账户,贷记“应付账款”(或银行存款)账户。

【例3.6】　2014年3月该企业耗用电力200 000度(1度 = 1千瓦时(kW·h)),单价0.50元,共计100 000元。

其中各部门耗用情况见表3.2。基本生产车间为生产A、B两种产品分别耗用10 000工时和20 000工时,要求以A、B产品生产工时比例分配基本生产车间生产用电费,并根据动力费用分配情况进行账务处理。

表 3.2　外购动力费用分配表

企业名称:中兴公司　　　　2014 年 3 月　　　　单位:元

受益部门		耗用量/度	生产工时/小时	分配计入	动力费用总额
基本生产车间	A 产品	100 000	20 000	50 000	50 000
	B 产品	50 000	10 000	25 000	25 000
	小计	150 000	30 000	75 000	75 000
制造费用	基本生产车间	6 000		3 000	3 000
辅助生产成本	机修车间	30 000		15 000	15 000
	管理费用	6 400		3 200	3 200
	小计	36 400		18 200	18 200
管理费用	管理部门耗用	7 600		3 800	3 800
合　计		200 000		100 000	100 000

根据上述分配表,该企业的账务处理:

借:基本生产成本——A 产品　　　50 000
　　　　　　　——B 产品　　　25 000
　辅助生产成本　　　　　　　15 000
　制造费用——基本生产车间　　3 000
　　　　　——辅助车间　　　　3 200
　管理费用　　　　　　　　　3 800
　贷:应付账款(或银行存款)　　　100 000

值得说明的是:外购动力费一般不是在每月末支付,而是在每月下旬的某日支付。例如电费每月份 21 日支付,那么支付的电费是上月 20 日至本月 20 日期间所耗电费。于是就导致外购动力费用的支付时间与企业外购动力费用的分配时间不一致,且二者金额往往不一致。所以企业应按权责发生制原则的要求进行处理。待实际支付时,借记“应付账款”账户,贷记“银行存款”账户。

第四节　职工薪酬费用的核算

一、薪酬总额的构成

（一）薪酬总额的含义和内容

根据《企业会计准则第 9 号——职工薪酬》第二条规定，职工薪酬是指企业为获得职工提供的服务而给予各种形式的报酬以及其他相关支出；企业因职工提供服务而产生的义务应全部纳入职工薪酬的范围，包括提供给职工的全部货币性和非货币性薪酬；既包括提供给职工本人的薪酬，也包括提供给职工配偶、子女等人的福利费。应付职工薪酬通常包括：

1. 职工工资、奖金、津贴和补贴

职工工资、奖金、津贴和补贴，是指所构成工资总额的计时工资、计件工资、支付给职工的超额劳动报酬和增收节支的劳动报酬，为了补偿职工特殊或额外的劳动消耗和因其他特殊原则支付给职工的津贴，以及为了保证职工工资水平不受物价影响支付给职工的物价补贴等。

企业按规定支付给职工的加班加点工资，以及根据国家法律、法规和政策规定，企业在职工因病、工伤、产假、计划生育假、婚丧假、事假、探亲假、定期休假、停工学习、执行国家或社会义务等特殊情况下，按照计时工资或计件工资标准的一定比例支付的工资，也属于职工工资范畴，在职工休假或缺勤时，不应当从工资总额中扣除。

2. 职工福利费

职工福利费，是指尚未实行医疗统筹企业职工的医疗费用、职工因公负伤赴外地就医路费、职工困难补助费，以及按国家规定开支的其他职工福利费。

3. 医疗保险费、养老保险费、失业保险费、工伤保险费和生育保险费等社会保险费

医疗保险费、养老保险费、失业保险费、工伤保险费和生育保险费等社会保险费，是指企业按照国家规定的基准和比例计算，向社会保险经办机构缴纳的医疗保险金、基本养老保险金、失业保险金、工伤保险费和生育保险费，以及根据《企业年金试行办法》《企业年金基金管理试行办法》[劳社部函(2004)72 号]等相关规定，向有关单位(企业年金基金账户管理人)缴纳的补充养老保险费。此外，以商业保险形式提供给职工的各种保险待遇也属于企业提供的职工薪酬。

4. 住房公积金

住房公积金，是指企业按照国家《住房公积金管理条例》规定的基准和比例计算，向住房公积金管理机构缴存的资金。

5. 工会经费和职工教育经费

工会经费和职工教育经费，是指企业为了改善职工文化生活、提高职工业务素质用于开展工会活动和职工教育及职业技能培训。企业应当按照国家相关规定，分别以职工工资总额的2%和1.5%计提应付职工薪酬(工会经费和职工教育经费)义务金额和应相应计入成本费用的薪酬金额；从业人员技术要求高、培训任务重、经济效益好的企业，可按照国家相关规定，按照职工工资总额的2.5%计量应计入成本费用的职工教育经费。按照明确标准计算确定应承担的职工薪酬业务后，再根据受益对象计入相关资产的成本或当前费用。

《中华人民共和国企业所得税法》(国务院令第512号)(2007年12月11日颁布)第四十一条规定：企业拨缴的工会经费，不超过工资薪金总额2%的部分，准予扣除。第四十二条规定除国务院财政、税务主管部门另有规定外，企业发生的职工教育经费支出，不超过工资薪金总额2.5%的部分，准予扣除；超过部分，准予在以后纳税年度结转扣除。

6. 非货币性福利

非货币性福利，包括企业以自己的产品或其他有形资产发放给职工作为福利、企业向职工提供无偿使用自己拥有的资产，如提供给企业高级管理人员的汽车、住房等，企业为职工无偿提供商品或类似医疗保健的服务等。

7. 其他职工薪酬

其他职工薪酬，比如因解除与职工的劳动关系给予的补偿(又称辞退福利)，即企业在职工劳动合同到期之前解除与职工的劳动关系，或者为鼓励职工自愿接受裁减而提出补偿建议的计划中给予职工的经济补偿。

(二)薪酬费用核算的基础工作

做好薪酬费用的核算，必须要做好职工考勤记录和产品及工时记录等基础工作。这就要求企业根据生产工艺及生产组织和管理的要求，合理设计有关考勤、产品及工时的原始记录的格式及考核流程，使之能够充分反映产量和质量的情况记录情况及完工程度。制造业的薪酬费用核算的原始凭证主要有考勤记录、产量及工时记录等。

1. 考勤记录

考勤记录是反映企业职工出勤和缺勤的记录，它不仅是计算职工工资和分配薪酬费用的依据，而且对于分析和考核职工工作时间利用情况、加强职工劳动管理、提高出勤率和工时利用率等都具有非常重要的作用。

考勤记录分为考勤簿、考勤卡、指纹考勤等形式，考勤簿可一般按车间、部门等设置。对于职工加班、加点以及工伤、病假、产假、探亲假等情况，考勤人员必须根据有关部门开出或签发的证明和原始票据进行记录。每月终了，考勤人员对每位职工出勤、缺勤情况进行汇总，作为支付职工薪酬的依据。同时考勤记录也是企业年终奖、满勤奖发放的重要凭证。

2. 产量及工时记录

产量及工时记录是记载工人和小组在实际工作时间内产品产量完成情况及单位产品耗用工时情况的原始记录。它是考核劳动生产率的重要依据，也是计算计件工资及计算产品成本的依据。不同性质的单位，其产量记录的种类、格式和传递流程均存在差异。制造业的产品及工时记录一般有工作通知单、工序进程单等。

(1)工作通知单，又称为工单或工票。它是根据企业内部各生产单位的生产计划作业，以每个工人或生产小组从事的工作为对象，在工作开始前开设的，用于通知工人年内生产任务的产品产量的原始记录。生产任务完成后，由生产负责人登记完工产品数量级实用工时情况，经检验员验收后签字，据以计算职工个人或小组的计件工资。工作通知单一般适用于加工产品经常变动的生产车间以及偶然发生某些加工任务。而在成批生产的产品核算中一般采用工序进程单和工作班产量和工时报告的形式。工作通知单的格式见表3.3。

表3.3　工作通知单

车间:第二车间　　工段:1　　生产小组:3　2014年3月1日　　　　　　　　　编号:0659

<table>
<tr><td rowspan="2">产品订单号</td><td rowspan="2">零件名称</td><td rowspan="2">零件编号</td><td rowspan="2">工序编号</td><td rowspan="2">工序名称</td><td rowspan="2">工作等级</td><td rowspan="2">计量单位</td><td rowspan="2">单位定额工时</td><td rowspan="2">计件单价</td><td rowspan="2">应制数量</td><td colspan="4">发交材料</td></tr>
<tr><td>编号</td><td>名称</td><td>单位</td><td>数量</td></tr>
<tr><td>011</td><td>彩板</td><td>022</td><td>1</td><td>车床加工</td><td>3</td><td>件</td><td>3小时</td><td>280</td><td>25</td><td>123</td><td>板材</td><td>件</td><td>15</td></tr>
<tr><td rowspan="2">工序</td><td rowspan="2" colspan="2">姓名</td><td rowspan="2" colspan="2">小时工作率</td><td colspan="4">工作开始时间</td><td colspan="4">工作终止时间</td><td rowspan="2">实际工时</td></tr>
<tr><td>月</td><td>日</td><td>时</td><td>分</td><td>月</td><td>日</td><td>时</td><td>分</td></tr>
<tr><td>125</td><td colspan="2">李小伟</td><td colspan="2">5.5</td><td>3</td><td>1</td><td>8</td><td>10</td><td>3</td><td>10</td><td>16</td><td>40</td><td>80小时</td></tr>
<tr><td rowspan="3" colspan="2">交货日期</td><td rowspan="3">交货数量</td><td colspan="6">检验结果</td><td rowspan="3">废品通知单</td><td colspan="3">应负担的人工费</td><td rowspan="3">备注</td></tr>
<tr><td colspan="2">合格</td><td rowspan="2">工废</td><td rowspan="2">料废</td><td rowspan="2">退修</td><td rowspan="2">检验员</td><td rowspan="2">合格品</td><td rowspan="2">废品</td><td rowspan="2">合计</td></tr>
<tr><td>件数</td><td>定额工时</td></tr>
<tr><td colspan="2">3月9日</td><td>15</td><td>13</td><td>63</td><td>2</td><td></td><td></td><td>王娜</td><td>026</td><td>282</td><td>46</td><td>328</td><td></td></tr>
</table>

(2)工序进程单，即加工路线单或跟单。它是以加工产品为对象开设的，并在加工进程中伴随着零件的加工进度，在单内顺序登记每道工序的实际产量和实用工时以及各工序加工产品数量的产品原始记录。它具有有利于监督工艺纪律的遵守情况，也有利于控制各工序加工产品的数量，以及防止零件丢失等优点。但该原始记录也存在着不能全面反映班组的产量的缺点。为此，还需要按班组设置和填制工作班产量报告表。工序进程单格式见表3.4。

表 3.4　工序进程单

编号:0659　　2014 年 3 月 15 日

车间名称	工段	产品型号	零件名称及编号	投产数量
第一车间	第一工段	CG33 - 50	UUA - 086	10

机床编号	工人姓名	任务			任务完成情况					检验情况							工作班产品记录编号
		工序	数量	工时	开工时间		完工时间		实用工时	校验数量	合格数量	返修数量	工废数量	料废数量	短缺数量	检验员	
					日期	时间	日期	时间									
4	王丽	车	10	25	11	8	15	16	100	10	9	1	0	0	0	02	015
5	张平	铆	10	32	16	12	20	15	128	10	1	0	0	0	0	05	016
6	赵山	焊	10	12	18	13	22	9	50	10	10	0	0	0	0	06	017

(3)工作班产量和工时报告,简称工作班报。它是按班组设置并反映班组在工作期内所完成产品数量及工时的记录,是计算小组工人工资的依据。工作班产量报告表,由检验员根据工人送检的产品数量进行验收后登记。工作班产量和工时报告格式见表 3.5。

表 3.5　工作班产量和工时报告

2014 年 3 月 15 日

第一车间第二工段						工作班产量和工时								检验员(编号:36)			
工序	姓名	工序进程编号	产品型号	零件名称	工序名称	检验结果								计件单价	工资		
						校验数量	合格数量	返修数量	工废数量	料废数量	短缺数量	定额工时	实用工时		合格品工资	废品工资	合计
8	张芳	065	C4	Yt1	车	40	38		1	1		560	552	15	570	30	600
9	李伟	066	C5	Yt1	铆	38	37			1		468	460	20	740	0	740

二、职工薪酬的计算

(一)计时工资的计算

实施计时工资制的企业,每月应付给职工的工资数是根据每个职工的工资等级、工资标准、出勤情况和其他有关规定逐一计算的。由于当月职工的出勤情况直到月底才能统计完成，所以实际工作中计算本月职工薪酬，往往是根据上月考勤记录确定应扣缺勤和应付加班工资等来确定。

计时工资的计算有月薪制和日薪制两种方法，在极少数企业中，薪酬的支付采用日薪制。在日薪制下，不考虑各月份的日历天数，而是按天计算薪酬。只要职工干好一天的工作任务，就可以支付一定金额的工资，也可以将月薪制的工资换算成日工资支付，而大多数企业采用的是月薪制。

1. 月薪制薪酬的计算

月薪制的计时工资可以采用应付工资总额扣除缺勤工资的方法计算，也可以采用按实际出勤天数与日工资的乘积来计算，再加上病、事假应支付的比例。如果各月出满勤，其应付工资总额是不变的。

$$\text{应付计时工资}=\text{月标准工资}-\text{事假、旷工天数}\times\text{日工资率}-\text{病假天数}\times\text{日工资率}\times\text{应扣比例}$$

或

$$\text{应付计时工资}=\text{实际工作天数}\times\text{日工资率}+\text{事假、旷工天数}\times\text{日工资率}+\text{病假天数}\times\text{日工资率}\times(1-\text{应扣比例})$$

2. 月薪之下日工资率的计算

计算应付工资上述两种计算方法中都涉及日工资率的问题，关于日工资率的计算具体有三种方法：

(1)按全年平均每月日历天数计算。

$$\text{全年平均每月日历日数}=360\div 12=30(\text{天})$$

其中

$$\text{日工资率}=\text{月标准工资}\div 30$$

【例 3.7】　某人月标准计时工资为 3 600 元，2014 年 3 月共休病假 3 天(含有周六和周日各一天)，事假 2 天(不含有周六和周日)。本企业规定病假不超过 7 天的按 70% 支付工资，事假不超过 3 天的按 50% 支付工资。该人本月还有奖金 280 元、加班工资 170 元、岗位津贴 400 元。要求：按全年平均每月日历天数法计算本月该职工应得的薪酬。

计算分析：

首先，计算日工资率：

$$\text{日工资率}=3\ 600\div 30=120(\text{元})$$

其次，计算应付工资：

$$\text{应付工资}=3\ 600-3\times 120\times(1-70\%)-2\times 120\times(1-50\%)=3\ 372(\text{元})$$

最后，计算应付职工薪酬：

$$\text{应付职工薪酬}=3\ 372+280+170+400=4\ 222\ (\text{元})$$

此方法的特点是节假日照发工资，所以缺勤期间遇有节假日，应照扣工资。该方法计算较简单，易于理解，所以企业普遍采用。

(2)按全年平均每月工作日天数计算。

$$全年平均每月工作天数=(365-104-11)\div 12\approx 20.83(天)$$

其中：365天为全年日历天数，104为全年52周中所含的双休日数，11天为全法定节日数。

$$日工资率=月标准工资\div 20.83$$

此方法的特点是节假日不发工资，所以缺勤期间遇有节假日，应不扣工资。

【例3.8】 仍以例3.7为例，按全年平均每月工作日天数法计算该职工的本月应得薪酬。

计算分析：

首先，计算日工资率：

$$日工资率=3\ 600\div 20.83=172.83(元)$$

其次，计算应付工资：

$$应付工资=3\ 600-1\times 172.83\times(1-70\%)-2\times 172.83\times(1-50\%)=3\ 375.32(元)$$

最后，计算应付职工薪酬：

$$应付职工薪酬=3\ 375.32+280+170+400=4\ 225.32\ (元)$$

(3)按全月满勤天数计算。

按全月满勤天数计算日工资率，各月份之间的差异较大。这种方式下，无论各月的日历天数如何，都是先按实际工作天数计算日工资率，再计算各月应付工资。

$$日工资率=月标准工资\div 满勤天数$$

【例3.9】 仍以例3.7为例，按全月满勤天数法计算该人的本月应得薪酬。

计算分析：

首先，计算日工资率：

$$日工资率=3\ 600\div 23=156.52(元)$$

其次，计算应付工资：

$$应付工资=3\ 600-1\times 156.53\times(1-70\%)-2\times 156.52\times(1-50\%)=3\ 396.52(元)$$

最后，计算应付职工薪酬：

$$应付职工薪酬=3\ 396.52+280+170+400=4\ 246.52(元)$$

值得说明的是：如果例3.7是在2014年2月份，计算应付工资的结果为：2月份的日历天数为28天，双休日8天，春节放假3天，共11天。满勤天数为17天。日工资率＝3 600÷17＝211.76(元)。最终应付职工薪酬为4 174.71元。

此方法的特点是节假日不发工资，所以缺勤期间遇有节假日，应不扣工资。

值得说明的是：实际工作中，许多企业采用第一种方法计算应付工资，因为采用第二种方法时，由于各月之间的法定节假日不同，实际工作的天数会有差异，导致应付工资的差异，甚至差异会很大，尤其是在采用按全年平均每月工作天数和按全月满勤天数下计算的应付工资，所以企业采用具体的薪酬支付方式一经确定，不得随意变更。

（二）计件工资的计算

1. 计件工资的含义

计件工资是指按照合格产品的数量和预先规定的计件单位来计算的工资。它不直接用劳动时间来计量劳动报酬，而是用一定时间内的劳动成果来计算劳动报酬。

2. 计件工资的计算

（1）个人计件工资的计算。

个人计件工资适用于个人能单独操作而且能够制定个人劳动定额的工种。个人计件工资的计算依据主要是计件单价，即工人完成每一件产品的工资额。计算公式为

$$个人计件工资 = \sum（合格品数量 + 料废品数量）\times 计件单价$$

【例 3.10】　某企业二车间职工张宏，本月共生产三种产品：甲产品 50 件，合格 50 件；乙产品 100 件，合格 90 件、工废 8 件、料废 2 件；丙产品 200 件，合格 150 件，工废 50 件，经返修 50 件均合格品，但返修所支付的费用 420 元，按本企业规定 80% 由职工本人负担，从工资中扣除。甲、乙、丙产品的计件单价分别为：10 元、12 元和 8 元。计算张宏本月的应得计件工资总额。

企业应付张宏的计件工资总额 $= 50 \times 10 + 92 \times 12 + 150 \times 8 - 420 \times 80\% = 2\,468$（元）

注：企业在生产产品过程中，工废品和料废品产生的原因是不同的。其中工废品是由于工人加工错误或技术不够熟练导致的，其责任应由工人承担；料废品是由于发、配料错误导致的，车间有专职发、配料人员，其责任不应由工人承担。

实际工作中，计件工资还可以按完成定额工时乘以工时单价（经测算确定的小时工资率）计算：

首先，计算月份内完成的各种产品的定额工时数，公式为

$$完成定额工时数 = \sum（每种产品完成数量 \times 该种产品单位定额工时）$$

其中产品完成数包括合格产品数量和料废品数量。

其次，根据定额工时数和小时工资率计算应付计件工资，公式为

$$应付计件工资 = 完成定额工时数 \times 工时单价（或：小时工资率）$$

【例 3.11】　某企业李丽为四级工人，本月实际工作时间为 156 小时，其小时工作率 18 元/小时，则企业应支付李丽本月计件工资 $= 156 \times 18 = 2\,808$（元）。

实际工作中，个人计件工资的计算方法可以根据实际情况而定。总体上讲个人计件工资计算简单、比较公平，但计算的工作量较大。

(2)集体计件工资的计算。

集体计件工资适用于工艺过程要求集体完成,不能直接计算个人完成合格产品的数量的工种。集体计件工资的计算依据主要是工人等级和工作时间,也可以按照贡献大小进行分配。不同等级的工人,其小时工作率不同,工作时间的多少也是决定集体中每一个职工的计件工资分配的一个主要依据。根据个人计件工资的计算原理,首先是计算集体计件工资总额,然后再采用一定的标准,在集体内部中分配计件工资。其计算公式为

$$集体计件工资总额 = \sum(合格品数量 + 料废品数量) \times 计件单价$$

$$计件工资分配率 = 集体计件工资总额 / \sum(生产工时 \times 小时工资率) = 集体计件工资总额 / 计时工资之和$$

$$某人计件工资 = 生产工时 \times 小时工资率 \times 计件工资分配率$$

【例3.12】 某车间的第三生产小组共有四名工人,本月该小组共生产甲产品980件,乙产品1 000件,均为合格品。产品计件单价分别为10元和6元。计件工资分配见表3.6。

表3.6 计件工资分配表

2014年3月

单位:元

序号	姓名	等级	工资率	实际工作小时	计时工资	分配率	应付计件工资
1	赵一明	1	8	155	1 240	2.5	3 100
2	钱二林	3	10	160	1 600		4 000
3	孙三铁	6	12	140	1 680		4 200
4	李四学	8	15	120	1 800		4 500
合计	-	-	-	575	6 320		15 800

计算分析

$$集体计件工资 = 980 \times 10 + 1\,000 \times 6 = 15\,800(元)$$

$$计件工资分配率 = 15\,800 \div 6\,320 = 2.5$$

$$赵一明计件工资 = 1\,240 \times 2.5 = 3\,100\ (元)$$

其余人员计件工资以此类推。

实际工作中,集体计件工资的计算方法既可以采用上述计时工资作为分配标准,在生产产品的技术水平要求不高的情况下,还可以采用实际工作的天数作为分配标准。总体上讲,集体计件工资计算简单、工作量不大,但公平性差一些。

三、职工薪酬费用的分配

（一）“应付职工薪酬”科目

企业应当通过“应付职工薪酬”科目，核算应付职工薪酬的提取、结算、使用等情况。该科目贷方登记已分配计入有关成本费用项目的职工薪酬的数额，借方登记实际发放职工薪酬的数额；该科目期末贷方余额，反映企业应付未付的职工薪酬。“应付职工薪酬”科目应当按照“工资”“职工福利”“社会保险费”“住房公积金”“工会经费”“职工教育经费”“非货币性福利”等应付职工薪酬项目设置明细科目，进行明细核算。

（二）分配依据和分配方法

1. 职工薪酬费用分配的依据

职工薪酬费用分配的依据主要有“职工薪酬结算单”“职工薪酬结算汇总表”等。表中含应付职工薪酬总额、代发款项、代扣款项、实发金额资料。月末，职工薪酬费用的分配以本月应付职工薪酬总额为准。在实际工作中，职工薪酬费用的分配，一般是通过编制“职工薪酬费用分配表”进行的，编制的依据是职工薪酬结算单。

2. 分配原则与方法

（1）生产工人职工薪酬中的计件职工薪酬，属直接计入费用，应直接记入产品成本明细账；对于生产工人的奖金、津贴则要采用一定的标准分配计入产品成本，分配方法一般是按直接计入产品成本的生产工人职工薪酬额比例进行分配。

（2）生产工人的计时职工薪酬及其他职工薪酬一般属间接计入费用，应在各受益产品之间进行分配。如果只生产一种产品，则直接计入生产成本中。分配标准为产品的生产工时（实际工时或定额工时），分配公式：

生产工人职工薪酬分配率 = 生产工人职工薪酬总额 / 各产品实际（定额）工时之和

各种产品应分配的职工薪酬额 = 各产品实际（定额）工时 × 分配率

【例 3.13】 某企业基本生产车间生产甲、乙、丙三种产品，本月发生的生产工人的计时职工薪酬共计 58 000 元，甲产品完工 1 000 件，乙产品完工 400 件，丙产品完工 450 件，单件产品工时定额：甲产品 1 小时，乙产品 2.5 小时，丙产品 2 小时。试计算分配甲、乙、丙三种产品各自应负担的职工薪酬费用。

计算分析：

职工薪酬分配率 = 58 000/(1 000 × 1 + 400 × 2.5 + 450 × 2) = 20

甲产品应负担的职工薪酬费用 = 1 000 × 1 × 20 = 20 000（元）

乙产品应负担的职工薪酬费用 = 400 × 2.5 × 20 = 20 000（元）

丙产品应负担的职工薪酬费用 = 450 × 2 × 20 = 18 000(元)

(三)账务处理的原则

企业所发生的职工薪酬,应按职工薪酬的用途分别记入有关成本、费用账户,要分清应计入产品成本、计入期间费用以及不应计入产品成本与期间费用的界限。其中,应计入产品成本的职工薪酬,应按产品品种和成本项目进行归集与分配:凡属生产车间直接从事产品生产人员的工资,记入“基本生产成本”账户及所属明细账的“直接人工”项目;企业各生产单位为组织和管理生产所发生的管理人员的职工薪酬,先在“制造费用”账户予以归集,然后分配转入“基本生产成本”账户及其所属明细账的“制造费用”项目;企业行政管理人员的职工薪酬,记入“管理费用”账户;企业专设销售机构人员的职工薪酬,记入“销售费用”账户;在建工程项目人员的职工薪酬,记入“在建工程”账户等。

【例 3.14】 2014 年 3 月份支付职工职工薪酬 212 000 元。其中第一车间生产 A、B 两种产品,其以生产工时的比例分配共耗的职工薪酬。第二车间只生产一种产品——M 产品。要求:对薪酬进行分配并进行账务处理。职工薪酬费用结算汇总表及分配表,详见表 3.7 至表 3.9。

表 3.7 职工薪酬费用结算汇总表

企业名称:中兴公司　　　　2014 年 3 月　　　　单位:元

车间部门	类别	应付薪酬						代扣款项					实际发放
		工资	奖金	津贴补贴	加班工资	缺勤扣款	合计	养老保险	医疗保险	房租	个人所得税款	合计	
第一车间	生产工人	60 000	5 000	2 000	600	300	67 300	300	150	50	100	600	66 700
	管理人员	9 000	2 000	1 800	400	200	13 000	200	100	30	70	400	12 600
第二车间	生产工人	80 000	8 000	3 000	700	500	91 200	250	100	40	30	420	91 280
	管理人员	21 000	4 000	2 200	900	400	27 700	350	180	100	70	700	27 000
小　计		170 000	19 000	9 000	2 600	1 400	199 200	1 100	530	220	270	2 120	197 080
机修车间	生产工人	50 000	2 500	2 000	400	200	54 700	400	300	80	100	880	53 820
	管理人员	20 000	1 500	1 200	300	200	22 800	100	180	120	75	475	22 325
厂部行政	管理人员	90 000	4 000	3 500	200	100	97 600	300	220	220	125	865	96 735
销售机构	管理人员	60 000	2 800	1 700	300	100	64 700	200	150	180	60	590	64 110
合　计		390 000	29 800	17 400	3 800	2 000	439 000	2 100	1 380	820	630	4 930	434 070

表 3.8 职工薪酬费用分配汇总表

2014 年 3 月 单位:元

车间或部门		应分配记入的账户					合计
		基本生产成本	辅助生产成本	制造费用	管理费用	销售费用	
第一车间	生产工人	67 300					67 300
	管理人员			13 000			13 000
第二车间	生产工人	91 200					91 200
	管理人员			27 700			27 700
小计							199 200
机修车间	生产工人		54 700				54 700
	管理人员			22 800			22 800
厂部行政	管理人员				97 600		97 600
销售机构	管理人员					64 700	64 700
合 计		158 500	54 700	63 500	97 600	64 700	439 000

表 3.9 直接人工费用分配表

车间名称:第一车间 2014 年 3 月 单位:元

应借科目	应付职工薪酬——工资		
	生产工时/小时	分配率	应分配直接人工费
基本生产成本——A 产品	4 000	10	40 000
基本生产成本——B 产品	2 730	10	27 300
合 计	6 730	-	67 300

分配职工薪酬的会计分录:

借:基本生产成本——A 产品 40 000

——B 产品 27 300

——M 产品 91 200

辅助生产成本——机修车间 54 700

制造费用——第一车间 27 700

——第二车间 13 000

——机修车间 22 800

管理费用 97 600

销售费用　　64 700

贷:应付职工薪酬——工资　　439 000

(四)职工薪酬的发放与各种代扣款项的账务处理

企业财务人员在计算出职工应付职工薪酬后,在实际发放时财会部门需要根据有关单位和部门转来的扣款通知及有关规定代扣的一些款项,如养老、医疗等社会保险、公房房租费、欠款收回、代扣代缴的个人等,再计算实发薪酬进行发放。依据表3.7“职工薪酬费用结算汇总表”,具体的账务处理如下:

(1)实际发放时:

借:应付职工薪酬——工资　　434 070

贷:银行存款　　434 070

(2)各种代扣款项处理:

借:应付职工薪酬——工资　　4 930

贷:其他应收款——社会保险费——养老保险　　2 100

——社会保险费——医疗保险　　1 380

其他应收款——公房房租费　　820

应交税费——个人所得税　　630

四、关于职工福利费计量与支付的核算

国家(包括省、市、自治区政府)相关法律法规没有明确规定计提基础比例的职工福利费,企业应当根据历史经验数据和自身实际情况,预计应付职工薪酬金额(福利费)和应计入成本费用的薪酬金额,每月资产负债表日,企业应当对实际发生的福利费金额和预计金额进行调整。

根据《关于工资薪金和职工福利费问题的解析》(国税函[2009]3号)文件第四条要求,企业发生的职工福利费,应该单独设置账册,进行准确核算。没有单独设置账册准确核算的,税务机关应责令企业在规定的期限内进行改正。逾期仍未改正的,税务机关可对企业发生的职工福利费进行合理地核定。《中华人民共和国企业所得税法实施条例》(国务院令第512号,2008年1月1日实施)第四十条规定:企业发生的职工福利费支出,不超过工资薪金总额14%的部分,准予扣除。

五、关于社会保险费和住房公积金的计量与支付核算

社会保险费和住房公积金是指企业按照国家规定的基准和比例计算，向社会保险经办机构和住房公积金管理机构缴纳的医疗保险金、养老保险金、失业保险金、工伤保险费、生育保险费和住房公积金，简称“五险一金”。对于医疗保险金、养老保险金、失业保险金、工伤保险费、生育保险费和住房公积金，企业应当按照国务院、所在地方政府或企业年金计划规定标准计量应付职工薪酬义务和应相应计入成本费用的薪酬金额。

【例3.15】 2014年3月，中兴公司当月应付工资总额为2 000万元，各部门职工工资分配情况见表3.10。根据当地政府规定，公司分别按照工资总额的10%、12%、2%和10.5%的比例计提缴纳的医疗保险金、养老保险金、失业保险金和住房公积金，并缴纳给当地社会保险经办机构和住房公积金管理机构。同时按照工资总额的2%和1.5%计提工会经费和职工教育经费。表中的内部系统（即内部存货管理系统）正处在开发阶段，符合《企业会计准则第6号——无形资产》规定的资本化为无形资产的条件。要求：根据对以上业务计算职工薪酬，并进行账务处理。

表3.10　中兴公司职工薪酬明细表

2014年3月　　　　单位：万元

薪酬 / 部门	工资总额	医疗保险（10%）	基本养老保险（12%）	失业保险（2%）	住房公积金（10.5%）	工会经费（2%）	职工教育经费（1.5%）	合计
生产工人	1 000	100	120	20	105	20	15	1 380
车间管理人员	200	20	24	4	21	4	3	276
公司管理人员	360	36	43.2	7.2	37.8	7.2	5.4	496.8
专设销售机构人员	100	10	12	2	10.5	2	1.5	138
建造厂房人员	220	22	26.4	4.4	23.1	4.4	3.3	303.6
内部系统开发人员	120	12	14.4	2.4	12.6	2.4	1.8	165.6
合　计	2 000	200	240	40	210	40	30	2 760

分配职工薪酬的会计分录：

借：基本生产成本　　1 380

　　制造费用　　276

管理费用　　496.8
销售费用　　138
在建工程　　303.6
无形资产　　165.6
贷:应付职工薪酬——工资　　2 000
　　——社会保险　　480
　　——住房公积金　　210
　　——工会经费　　40
　　——职工教育经费　　30

第五节　折旧及其他费用的核算

一、折旧费用的核算

折旧费用的归集通常采用“固定资产折旧计算表”形式进行。而折旧费用的分配一般通过编制折旧费用分配表进行。折旧费用一般应按固定资产使用的车间、部门分别记入“制造费用”和“管理费用”等账户。计提折旧费用总额应记入“累计折旧”账户的贷方。

【例3.16】　中兴公司2014年3月应计提的固定资产折旧费为40 000元,其中基本生产车间26 000元,辅助生产车间6 000元,厂部管理部门8 000元。根据有关单证记账。

会计分录:

借:制造费用——基本生产车间　　26 000
　　——辅助生产车间　　6 000
管理费用　　8 000
贷:累计折旧　　40 000

二、其他费用的核算

其他费用指除上述费用要素以外的费用,一般来说种类较多,发生较频繁,但数额不大。在其发生时,应按费用发生的地点和用途进行归集和分配,分别记入“制造费用”“管理费用”等账户。

【例3.17】　中兴公司2014年3月以银行存款支付的办公费用4 000元,其中基本生产车间940元,辅助生产车间520元,厂部管理部门2 540元。根据有关单证记账。

会计分录:

借:制造费用——基本生产车间　　940

　　　——辅助生产车间　　　　　520
　管理费用　　　　　　　　　2 540
贷:银行存款　　　　　　　　　　4 000

本章小结

会计上将按费用的经济内容或性质不同所作的分类,称为要素费用,包括生产费用要素和期间费用。生产费用要素是指制造业在一定时期内发生的、能够用货币表现的生产耗费,包括材料费用、动力费用、职工薪酬费用、折旧费用等内容。期间费用包括管理费用、销售费用和财务费用。

制造企业的各项生产要素的分配原理是相同的,主要由以下三步进行:一是要素费用的归集,即待分配的费用金额;二是费用分配的标准,即分配的依据;三是费用分配率,即待分配的费用金额 ÷ 费用分配的标准。

生产费用的归集和分配,包括材料费用可采用定额耗用量比例法、产品产量比例法、产品重量比例法和材料定额比例法进行分配;职工薪酬费用包括计时工资、计件工资、日薪、月薪下日薪工资的计算;折旧费用和其他费用的核算。

复习思考题

1. 什么是生产费用要素?它包括哪些内容?
2. 生产费用和成本项目之间有何关系?
3. 材料费用内容、计算和分配方法有哪些?如何进行账务处理?
4. 职工薪酬费用内容、计算和分配方法有哪些?如何进行账务处理?
5. 折旧费用和其他费用的核算内容包括哪些?如何进行账务处理?

第四章

Chapter 4

辅助生产费用的核算

【学习要点与目标】

通过本章的学习,了解辅助生产部门的特点,了解辅助生产车间明细账的设置,掌握辅助生产费用的归集方法,熟练掌握辅助生产费用分配的账务处理,重点掌握辅助生产费用的分配方法。

【案例导入】

小李的父亲在造船厂工作,小的时候他就在船厂附近生活,经常看到父亲及其工友们在海边生产船舶,看见工人们用电焊连接船舶的各部位。听父亲说各用船单位需要船的吨位不同,所以船舶的生产都是按订单进行的,而且成本计算方法采用的是分批法。船舶生产过程中耗用大量的热能和电能,对于这些热能、电能等辅助生产费用究竟采用什么方法在生产的各种产品之间进行分配?辅助生产费用应如何归集与分配?

第一节　辅助生产费用核算概述

一、辅助生产部门及辅助生产费用的概念及内容

(一)辅助生产车间与辅助生产费用

辅助生产部门主要指为基本生产车间、企业行政管理部门等单位提供服务而进行的产品生产和劳务供应,有时也对外销售和服务。例如企业的供电、供水、机修、运输等车间。

辅助生产费用是指辅助生产车间为生产产品或提供劳务而发生的原材料费用、动力费用、工资等职工薪酬等以及辅助生产车间发生的制造费用。

由于辅助生产车间提供的可能是产品,也可能是劳务,所以核算的方法也不太一样。若提供产品,其核算同于基本生产车间的产品,若提供劳务,则应根据辅助生产车间所提供的产品

或劳务的数量及其受益单位和程序等情况的不同采用适当的方法进行分配。

(二)辅助生产费用核算的内容

辅助生产费用按费用发生情况可以分为两部分:一类是应由辅助生产车间直接承担的费用,这部分费用是辅助生产车间直接耗用的各种要素费用,如原材料、燃料、外购动力、低值易耗品、折旧费、工资等薪酬费用、修理费等费用。这些费用能及时地根据各种费用分配表归集到"辅助生产费用"账户中。另一类是辅助生产车间之间产生交叉承担的费用。这部分费用主要是辅助生产车间耗用其他辅助生产车间的产品或劳务而应负担的费用。

由于某种原因辅助生产车间除了为基本生产费用车间提供服务外,还存在着辅助生产车间之间的交叉服务。如供电和运输都需要耗用修理车间的劳务。在这种情况下,任何一个辅助生产车间的产品或劳务的成本都依次是计算其他两个辅助生产车间或劳务成本的条件,它们互为条件,互相制约。所以在这种情况下,辅助生产车间耗用其他辅助生产车间的产品或劳务而应负担的费用在费用发生时不能确定其实际数额,从而也不能归集到"辅助生产费用"账户中,使得辅助生产车间产品成本或劳务成本的计算变得较为复杂。对于这样的交叉承担的费用,需要根据具体的分配方法来确定。

由于辅助生产车间提供的产品或劳务绝大部分是为基本生产车间和企业行政管理部门服务的,极少对外销售。辅助生产费用的高低,直接影响产品成本的准确。因此,需要采用适当的方法对辅助生产费用进行归集和分配。

二、辅助生产费用核算的特点

(一)辅助生产车间的类型

根据辅助生产车间提供劳务与生产产品的情况,可将辅助生产车间分为两类:单一品种辅助生产车间,即供电、供水、机修等;多品种辅助生产车间,即工具、模具等。

(二)辅助生产费用核算的特点

辅助生产费用具有以下特点:

(1)辅助生产费用一般应由企业内部各受益部门负担。由于辅助生产车间是为企业基本车间和行政管理等部门提供产品和劳务的,一般很少对外提供服务,所以辅助生产车间发生的费用,均应按照受益的对象及其受益的多少,进行分配。

(2)辅助生产费用的分配方法应与辅助车间生产的产品和提供劳务的性质密切结合。如果辅助生产车间是加工各种辅助产品的,如自制工具、自制模具等,属于周转材料中的低值易耗品,其产品成本的计算方法与基本生产车间生产产品基本一致,其领用摊销应与低值易耗品的摊销相同;如果辅助生产车间仅是提供劳务的,如供电、供水等,其费用的分配应按照提供劳务的数量在各受益对象之间进行分配。

(3)辅助生产费用是直接构成产品成本的基本内容,采用分配的方法不同,对产品成本的水平有直接的影响。辅助生产费用归集后,按一定顺序和方法在各受益对象之间进行分配,辅助生产费用的高低,直接影响产品成本的高低。所以,应对辅助生产费用采用适当的方法进行分配,以保证产品生产成本的正确性。

第二节 辅助生产费用的核算

辅助生产费用按车间以及产品和劳务类别归集的过程,也是辅助生产产品和劳务成本计算的过程。辅助生产费用核算包括辅助生产费用的归集和分配的核算,正确归集和计算辅助生产各成本计算对象所发生的成本,并按一定的程序和标准正确分配各种辅助生产费用,对于计算产品成本具有十分重要的意义。

一、辅助生产费用的归集

为了归集所发生的辅助生产费用,应设置“生产成本——辅助生产成本”或“辅助生产成本”科目,按辅助生产车间及其生产的产品、劳务的种类进行明细核算。

(一)辅助生产费用的账户设置

在只生产一种产品或只提供一种劳务的辅助生产车间,应按车间分别设置“辅助生产成本明细账”,在账内按规定的成本项目设置专栏;在生产多种产品或提供多种劳务的辅助生产车间,除了要按车间分别设置“辅助生产成本明细账”外,还应按各种产品或劳务分别开设“成本计算单”。辅助生产车间当月发生的直接材料、直接人工等直接成本项目的费用,应分别根据“材料费用分配表”“职工薪酬费用分配表”和有关凭证,记入“辅助生产成本”账户及其明细账的借方 。其他费用可在“制造费用——辅助生产车间”明细账中进行核算,月末再转入“辅助生产成本”账户,并采用适当的分配标准,分配计入有关产品或劳务成本计算单中。

如果辅助生产车间规模较小,制造费用很少,而且辅助生产车间不对外提供商品生产或劳务,因而不需要按规定的成本项目计算产品成本,在编制产品生产成本报表时,为了简化核算工作,辅助生产车间的制造费用也可以不通过“制造成本”账户单独归集,而直接记入“辅助生产成本”账户,计入辅助生产车间的产品或劳务成本。

(二)辅助生产费用明细账户设置

“辅助生产成本”账户一般应按车间,车间下再按产品或劳务种类设置明细账,账中按成本项目或费用项目设立专栏进行明细核算。辅助生产费用明细账的格式见表4.1。

表 4.1　辅助生产成本明细账

车间名称:机修车间　　　　2013 年 8 月　　　　单位:万元

日期	凭证	摘要	职工薪酬	办公费	折旧费	外购电费	消耗材料	其他费用	合计	转出金额	余额
略	略	分配材料费					4 400		4 400		
		分配职工薪酬	22 000						22 000		
		分配折旧费			4 000				4 000		
		分配其他费用		2 000				2 000	4 000		
		外购电力费用				6 000			6 000		
		合　计	22 000	2 000	4 000	6 000	4 400	2 000	40 400		
		本月转出								40 400	0

二、辅助生产费用的分配方法

辅助生产费用的分配,是指按照一定的标准和方法,将辅助生产费用分配到各受益单位或产品上的过程。辅助生产费用的分配方法通常有:直接分配法、一次交互分配法、计划成本分配法、顺序分配法和代数分配法。企业究竟采用哪一种分配方法,应根据其生产经营的特点和管理上的要求确定。辅助生产费用的分配方法一经确定,在一定时间内应保持相对稳定,确需变更的,应在财务报告中予以披露。

(一)直接分配法

直接分配法是指把辅助生产车间所发生的实际费用,在各辅助生产车间之间不进行分配,仅对辅助生产车间之外的各受益单位进行分配。此方法的特点是辅助车间之间相互提供劳务既不转出,也不转入。所以,可将直接分配法简称为不对内分配,只对外分配。其计算公式为

某受益单位应分配的辅助费用额 = 该辅助费用分配率 × 该单位受益数量

【例 4.1】　假定某工业企业设有机修和供电两个辅助生产车间。2013 年 5 月在分配辅助生产车间费用之前,机修车间费用 1 200 万元,按修理工时分配费用,提供修理工时 500 小时,其中,供电车间 20 小时;供电车间发生费用 2 400 万元,按耗用电度数分配费用,提供供电 20 万度,其中,机修车间耗用 4 万度,其他车间劳务量见表 4.2。该企业辅助生产的制造费用不通过“制造费用”科目核算。

表4.2　辅助生产费用分配表(直接分配法)

2013年5月　　单位:万元

辅助生产车间名称		机修车间(单位:小时)		供电车间(单位:度)		合　计
		修理工时	修理费用	供电度数	供电费用	
待分配辅助生产费用及劳务数量		480	1 200	16	2 400	3 600
费用分配率(单位成本)			2.5		150	
基本生产车间耗用(记入“制造费用”)	第一车间	300	750	9	1 350	2 100
	第二车间	120	300	4	600	900
	小计	420	1 050	13	1 950	3 000
行政管理部门耗用(记入“管理费用”)		40	100	2	300	400
销售部门耗用(记入“销售费用”)		20	50	1	150	200
合　　计		480	1 200	16	2 400	3 600

根据上表,编制下列会计分录:

借:制造费用——第一车间　　21 000 000
　　　　　　——第二车间　　9 000 000
　　管理费用　　4 000 000
　　销售费用　　2 000 000
　贷:辅助生产成本——机修车间　　12 000 000
　　　　　　　　——供电车间　　24 000 000

采用直接分配法分配辅助生产费用的优点在于:计算手续简单,分配结构比较直观。但是这种方法也存在很大缺陷。首先,这种方法具有一定的假设性,各辅助生产车间提供的劳务基本上是为基本生产车间和行政管理部门提供劳务的,而辅助生产车间相互之间基本上是不提供劳务的。而实际工作中,辅助生产车间相互之间是提供劳务的,有时甚至还很多,所以这种假设是不符合实际的,由此计算出的辅助生产成本也是不完整、不准确的;其次,这种方法对辅助生产车间的界限划分不明确,不利于各辅助生产车间的管理。

所以,直接分配法适用于企业只用一个辅助生产车间或者各辅助生产车间之间没有相互提供产品或劳务,或者各辅助生产车间之间提供产品或劳务数量很少的企业采用。

(二)一次交互分配法

交互分配法的特点是辅助生产费用通过两次分配完成,第一次是将辅助生产明细账上的合计数根据各辅助生产车间、部门相互提供的劳务数量计算分配率,在辅助生产车间进行交互分配;第二次是将各辅助生产车间交互分配后的实际费用(即交互前的费用加上交互分配转入的费用,减去交互分配转出的费用),再按提供的劳务量在辅助生产车间以外的各受益单位之间进行分配。计算公式为

对内交互分配率 = 辅助生产费用总额 ÷ 辅助生产提供的总产品或劳务总量

对外分配率 =(交互分配前的成本费用 + 交互分配转入的成本费用 - 交互分配转出的成本费用)÷ 对辅助以外的其他部门提供的产品或劳务总量

【例4.2】　承例4.1,采用交互分配法分配辅助生产费用,其辅助生产费用分配表见表4.3。

表4.3　辅助生产费用分配表

(交互分配法)

2013年5月　　　　金额单位:万元

辅助生产车间名称			交互分配			对外分配		
			机修	供电	合计	机修	供电	合计
待分配辅助生产费用			1 200	2 400	3 600	1 632	1 968	3 600
提供劳务数量			500	20		480	16	—
费用分配率(万元/小时、万元/度)			2.4	120		3.4	123	—
辅助生产车间耗用(记入“辅助生产成本”账户)	机修车间	耗用量		4				—
		分配金额		480	480			480
	供电车间	耗用量	20					—
		分配金额	48		48			48
	分配金额小计				528			528
基本生产车间耗用(记入“制造费用”账户)	第一车间	耗用量				300	9	—
		分配金额				1 020	1 107	2 127
	第二车间	耗用量				120	4	—
		分配金额				408	492	900
	小计					1 428	1 599	3 027
行政管理部门耗用(记入“管理费用”)	耗用量					40	2	3
	分配金额					136	246	382

续表 4.3

辅助生产车间名称		交互分配			对外分配		
		机修	供电	合计	机修	供电	合计
销售部门耗用(记入“销售费用”)	耗用量				20	1	—
	分配金额				68	123	191
合 计		48	480	528	1 632	1 968	3 600

注:表中机修车间对外分配的费用 = 1 200 + 480 - 48 = 1 632

表中供电车间对外分配的费用 = 2 400 - 480 + 48 = 1 968

根据上表,编制下列会计分录:

(1)交互分配:

借:辅助生产成本——机修车间　　4 800 000

　　　　　　　　——供电车间　　480 000

　贷:辅助生产成本——机修车间　　480 000

　　　　　　　　　——供电车间　　4 800 000

(2)对外分配:

借:制造费用——第一车间　　21 270 000

　　　　　——第二车间　　9 000 000

　管理费用　　3 820 000

　销售费用　　1 910 000

　贷:辅助生产成本——机修车间　　16 320 000

　　　　　　　　　——供电车间　　19 680 000

一次交互分配法克服了直接分配法的缺陷,即在辅助生产车间内部进行交互分配,使得辅助生产车间的成本计算更加准确,同时也促使各辅助生产车间降低消耗,加强管理。但采用这种分配方法分配辅助生产费用,计算手续比较繁杂,在一定程度上影响成本计算的及时性。所以,这种方法适用于辅助生产车间数量较少的企业采用。

(三)计划成本分配法

计划成本分配法,也称内部结算价格法。其特点是辅助生产为各受益单位提供的劳务,都按劳务的计划单位成本进行分配,辅助生产车间实际发生的费用(包括辅助生产内部交互分配转入的费用)与按计划单位成本分配转出的费用之间的差额采用简化计算方法全部记入“管理费用”账户。如果是超支差,增加管理费用;如果是节约差,则应冲减管理费用。其计算公式为

各受益单位应负担的辅助生产费用 = 该受益单位劳务耗用量 × 计划单位成本

辅助生产实际成本 = 辅助生产费用归集的费用 + 按计划分配率分配转入的费用

辅助生产费用差异 = 实际成本 - 按计划分配率分配转出的费用

【例 4.3】 承例 4.1,假定机修车间每修理工时耗费 25 000 元,供电车间每万度电耗费 0.011 8 元。辅助生产分配见表 4.4。

表 4.4 辅助生产费用分配表

(计划成本分配法)

2012 年 5 月

数量单位:小时、万度

金额单位:万元

辅助生产车间名称			机修车间	供电车间	合计
待分配辅助生产费用			1 200	2 400	3 600
计划单位成本(万元/ 小时、万元/ 度)			2.50	0.011 8	—
辅助生产车间耗用(记入"辅助生产费用"账户)	机修车间	耗用量		40 000	—
		分配金额		472	472
	供电车间	耗用量	20		—
		分配金额	50		50
	分配金额小计		50	472	522
基本生产车间耗用(记入"制造费用"账户)	第一车间	耗用量	300	90 000	—
		分配金额	750	1 062	1 812
	第二车间	耗用量	120	40 000	—
		分配金额	300	472	772
	小 计		1 050	1 534	2 584
行政管理部门耗用(记入"管理费用")	耗用量		40	20 000	—
	分配金额		100	236	336
销售部门耗用(记入"销售费用")	耗用量		20	10 000	—
	分配金额		50	118	168
按计划成本分配金额合计			1 250	2 360	3 610
辅助生产实际成本			1 672	2 450	4 122
辅助生产费用差异			+422	+90	+512

注:表中:

(1)机修车间的实际成本 = 1 200 + 472(= 0.011 8 × 40 000) = 1 672(万元)

机修车间的计划成本 = 500 × 2.5 = 1 250(万元)

机修车间产生的管理费用 = 1 672 - 1 250 = 422(万元)

(2)供电车间的实际成本 = 2 400 + 50(= 20 × 2.5) = 2 450(万元)

供电车间的计划成本 = 200 000 × 0.011 8 = 2 360(万元)

供电车间产生的管理费用 = 2 450 - 2 360 = 90(万元)

根据上表,编制下列会计分录:

(1)按计划成本分配:

借:辅助生产成本——机修车间　　4 720 000
　　　　　　　　——供电车间　　500 000
　制造费用——第一车间　　18 120 000
　　　　　——第二车间　　7 720 000
　管理费用　　3 360 000
　销售费用　　1 680 000
　贷:辅助生产成本——机修车间　　12 500 000
　　　　　　　　　——供电车间　　23 600 000

(2)再将辅助生产费用差异计入管理费用:

借:管理费用　　5 120 000
　贷:辅助生产成本——机修车间　　4 220 000
　　　　　　　　　——供电车间　　900 000

采用计划成本分配法分配辅助生产费用,计算手续简便,计算结果也较准确,这就在加快成本核算的基础上提高了分配的准确性,而且计划成本分配法也有助于考核各辅助生产车间计划成本的完成情况。这种方法适用于辅助生产劳务计划单位成本比较准确的企业。但如果企业的实际成本与计划成本存在较大的差异,计算结果不但不准确,而且还影响当期损益的正确核算。所以,采用计划成本分配法,需要及时修订产品的计划成本,使其与实际成本更接近,以提高产品成本计算的准确性。

(四)顺序分配法

顺序分配法,也称梯形分配法,其特点是按照辅助生产车间受益多少的顺序分配费用,受益少的先分配,受益多的后分配,先分配的辅助生产车间不负担后分配的辅助生产车间的费用。适用于各辅助生产车间之间相互受益程度有明显顺序的企业。

【例 4.4】 仍以例 4.1 为例,由于供电车间耗用的劳务费用(1 200 ÷ 500 × 20 = 48)少于机修车间耗用的劳务费用(2 400 ÷ 20 × 4 = 480),因此,供电车间应先分配费用。具体见表 4.5。

表 4.5　辅助生产费用分配表

（顺序分配法）

2013 年 5 月

数量单位:小时、万度

金额单位:万元

会计科目	辅助生产费用						制造费用				管理费用		销售费用		分配金额合计
车间部门	供电车间			机修车间			第一车间		第二车间						
	劳务数量	待分配费用	分配率	劳务数量	待分配费用	分配率	耗用数量	耗用金额	耗用数量	耗用金额	耗用数量	耗用金额	耗用数量	耗用金额	
	20	2 400		500	1 200										
分配供电费用	-20	-2 400	120	4	480		9	1 080	4	480	2	240	1	120	2 400
	修理费用合计				1 680										
	分配修理费用			480	—	3.5	300	1 050	120	420	40	140	20	70	1 680
				分配金额合计				2 130		900		380		190	3 600

根据上表,编制下列会计分录:

(1)分配供电费用:

借:辅助生产成本——机修车间　　4 800 000

　　制造费用——第一车间　　10 800 000

　　　　　　——第二车间　　4 800 000

　　管理费用　　2 400 000

　　销售费用　　1 200 000

　贷:辅助生产成本——供电车间　　24 000 000

(2)分配修理费用:

借:制造费用——第一车间　　10 500 000

　　　　　　——第二车间　　4 200 000

　　管理费用　　1 400 000

　　销售费用　　700 000

　贷:辅助生产成本——机修车间　　16 800 000

采用顺序分配法分配辅助生产费用计算简便,各种辅助生产费用只计算一次,但这种分配法也存在缺陷,即忽视了耗用其他辅助生产车间费用少的辅助生产车间应承担的那一部分费用。从分配的顺序上看,耗用其他辅助生产车间费用少的辅助生产费用分配在先,而不负担后分配的辅助生产车间的费用,从这一点上看,会影响辅助生产费用的准确性。而且这种方法在确定分配顺序上也有一定的难度。所以,顺序分配法适用于辅助生产车间提供产品或劳务有着明显的顺序,且先分配的辅助生产车间耗用的其他辅助生产车间的产品或劳务较少的企业采用。

(五)代数分配法

代数分配法是运用代数中多元一次联立方程的原理,计算出各辅助车间提供产品或劳务的单位成本,然后再按各车间、部门耗用量计算应分配的辅助生产费用的一种分配方法。采用这种分配方法,应根据各辅助车间相互提供产品劳务数量以及各辅助生产费用单位成本,建立多元一次方程式,而每一方程组都按下列公式建立:

某辅助生产车间提供的产品或劳务 × 该产品或劳务的单位成本 =

该辅助生产车间直接发生的费用 + 某辅助生产车间耗用其他辅助生产车间产品或劳务的数量 × 其他辅助生产车间产品或劳务的单位成本

通过对上式中的产品或劳务的单位成本的未知数的求解,即计算出每一种产品或劳务的单位成本后,即可以将辅助生产费用分配出去。

各车间、部门应分配的辅助生产费用 = 该车间、部门耗用的劳务数量 × 单位成本

【例 4.5】 仍以例 4.1 为例,辅助生产费用分配表见表 4.6。假设 X = 每小时修理成本,Y = 每万度电耗用成本,设立联立方程如下:

(1)$1\ 200 + 4Y = 500X$

(2)$2\ 400 + 20X = 20Y$

解得:$X \approx 3.39$,$Y \approx 123.39$。

表 4.6 辅助生产费用分配表

(代数分配法)

2013 年 5 月

数量单位:小时、万度

金额单位:万元

辅助生产车间名称			机修车间	供电车间	合计
待分配辅助生产费用			1 200	2 400	3 600
供应劳务数量			500	20	—
用代数算出的实际单位成本			3.39	123.39	—
辅助生产车间耗用(记入“辅助生产成本”账户)	机修车间	耗用量		4	—
		分配金额		493.55	493.55
	供电车间	耗用量	20		—
		分配金额	67.74		67.74
	小 计		67.74	493.55	561.29

续表 4.6

辅助生产车间名称			机修车间	供电车间	合计
基本生产车间耗用(记入"制造费用"账户)	第一车间	耗用量	300	9	—
		分配金额	1 016.13	1 100.48	2 126.61
	第二车间	耗用量	120	4	—
		分配金额	406.45	493.55	900
	小　计		1 422.58	1 604.03	3 026.61
行政管理部门耗用(记入"管理费用")	耗用量		40	2	—
	分配金额		135.48	246.77	382.25
销售部门耗用(记入"销售费用")	耗用量		20	1	—
	分配金额		67.74	123.39	191.13
合　计			1 693.54	2 467.74	4 161.28

根据上表,编制下列会计分录:

借:辅助生产成本——机修车间　　4 935 500
　　　　　　　——供电车间　　677 000
　制造费用——第一车间　　21 266 100
　　　　——第二车间　　9 000 000
　管理费用　　3 822 500
　销售费用　　1 911 300
贷:辅助生产成本——机修车间　　16 935 400
　　　　　　　——供电车间　　24 677 400

采用代数分配法分配辅助生产费用,其最大的优点是分配结果正确,它是所有分配方法中计算结果最准确的。但这种方法的缺点在于:当企业的辅助生产车间较多时,未知数也较多,计算工作比较复杂。因此,代数分配法适用于辅助生产车间较少或会计工作已实现电算化的企业采用。

本 章 小 结

辅助生产费用的核算,包括辅助生产费用的归集和分配两部分内容。辅助生产费用的分配,需要通过一定的分配方法。其中分配方法分别是直接分配法、一次交互分配法、计划成本分配法、顺序分配法和代数分配法五种。

(1)直接分配法,不考虑辅助生产车间相互耗用劳务,而将辅助生产车间所发生的费用,分配给辅助生产车间以外的各受益部门的分配方法。这种方法适用于辅助生产车间相互提供的劳务比较小或交互分配的费用相差不大的企业。

(2)一次交互分配法,是指辅助生产费用的分配,需进行对内和对外两次分配。第一次分配也叫对内分配,是指各辅助生产车间之间按相互提供的劳务数量进行交互分配,第二次分配也叫对外分配,是指将辅助生产车间的实际费用,直接分配给辅助生产车间以外的各受益部门的分配的一种方法。这种方法适用于辅助生产车间相互提供的劳务量比较大的企业。

(3)计划成本分配法,是指按辅助生产费用的计划成本和提供的劳务量在各受益部门之间分配辅助生产费用,然后将按计划成本分配的金额与辅助生产车间的实际费用进行比较,其差额一次性记入"管理费用"账户的方法。这种方法适用于计划成本资料比较健全、成本核算工作基础较好的企业。

(4)顺序分配法,是指各辅助生产车间按其相互提供劳务数量的多少排成顺序,受益少的辅助生产车间排在前面先将费用分配出去,先分配的辅助生产车间不负担排在后面的辅助生产车间的费用,这种方法适用于辅助生产车间相互提供的产品或劳务有明显顺序的企业。

(5)代数分配法,是指将辅助生产费用的单位成本设为未知数,应用多元一次联立方程式,通过方程求解,计算出各辅助生产车间劳务的单位成本,再根据各部门实际受益数量与单位成本分配辅助生产费用的一种方法。相对其他方法,代数分配法的计算结果最准确。这种方法适用于辅助生产车间数量不多或财务会计已实施电算化的企业。

企业究竟采用哪一种分配方法,应根据其生产经营的特点和管理上的要求确定。辅助生产费用的分配方法一经确定,不得随意变更。

复习思考题

1. 辅助生产费用核算的特点是什么?
2. 辅助生产费用分配方法有哪些? 各适用范围及其特点是什么?
3. 试述直接分配法的计算程序及如何进行账务处理。
4. 试述一次交互分配法的特点及如何进行账务处理。
5. 试述计划成本分配法的特点及如何进行账务处理。
6. 试比较各种辅助生产费用分配方法的特点。

第五章

Chapter 5

制造费用的核算

【学习要点与目标】

通过本章的学习,要求学生了解制造费用的性质和内容,理解制造费用核算的特点,掌握制造费用归集和分配的方法,重点掌握生产工人工时比例法和年度计划分配率分配法。

【案例导入】

假若你受聘为 ABC 公司设计一套成本制度。你对该企业的制造业务的调查,发现如下事实:①该公司一系列照明装置和灯具,特定产品的原料成本占制造成本的 15% ~60%,取决于制造该产品所使用的金属和结构的种类;②该业务易受大幅度的周期性波动,因为销售量随着新的住房建设而有所增加;③制造业务中的 60% 左右在正常情况下是在年度的第一季度完成的;④全工厂的小时工资率从 12.75 元到 25.85 元不等,然而,在八个车间中每一车间高低工资率间的差距却小于 5%;⑤在所制造的产品中,各产品是经由全部八个制造车间来生产的,但不是成比例地进行;⑥在个别制造车间范围内,制造费用占加工成本的 30% 到 80% 不等。

根据以上信息,你要考虑向该公司董事长准备一份报告或者一封信,说明 ABC 公司的成本制度应如何设置,直接人工费用率的制定方面存在什么问题,制造费用具有明显的季节性,其分配应采用什么方法比较适合,并说明三项建议中支持每一项的理由。

第一节　制造费用概述

一、制造费用的内容

制造费用是指企业各个生产单位(包括基本生产车间和分厂)为组织和管理生产活动而发生的各间接项费用,包括企业各生产单位为组织和管理生产所发生的生产单位管理人员工资、职工福利费、生产单位固定资产的折旧费、机物料消耗、低值易耗品摊销、取暖费、水电费、办公费、差旅费、运输费、保险费、设计制图费、试验检验费、劳动保护费、季节性和修理期间的停工损失等。

为简化成本核算工作,生产车间的固定资产日常修理费,是不符合固定资产后续资本化条件的,应将其在发生时记入"管理费用"科目,而不是"制造费用"科目。

经过辅助生产费用的分配,发生在辅助生产部门的应由制造费用承担的部分辅助生产费用,已转入制造费用。除这部分费用外,企业的基本生产车间和分厂也会发生制造费用,为了保证产品制造成本计算的准确,有效地对制造成本进行管理和控制,有必要对这一部分制造费用进行归集和分配。

要合理、正确地分配制造费用,除了要考虑生产的组织和管理活动的特点、性质,选择合理的分配标准和恰当的分配方法进行分配外,制造费用的正确归集是正确分配的前提条件,归集时要区分清楚直接费用和间接费用、制造费用和管理费用以及不同单位、不同明细项目的费用,切实保证全面、正确地归集制造费用。

二、制造费用核算的意义和任务

间接制造费用是产品成本组成部分,这些费用不能根据原始凭证来确认是哪一种产品发生的,不能按产品制定定额,而只能按车间部分编制费用计划表或预算执行情况采用恰当的方法进行分配,计入相关产品成本中去,以达到正确计算产品成本的目的。在企业损益计算和存货评价,利润规划和成本控制等方面,都对企业制造的核算提出了要求,为此制造费用的核算需完成以下任务。

1. 正确地归集制造费用

为了促进制造费用的降低,一般是按车间、部门进行费用的归集、控制和考核的。要实现有效地对制造费用的控制,必须按费用的具体项目的不同特性编制相应计划、预算。在计划、预算的执行过程中,应制定切实可行的措施加以控制,并考核各部门的业绩。

2. 恰当地分配制造费用

间接制造费用在制造成本中的比重越来越大,其计算得合理与否,对产品成本有着直接的影响。因此,为了达到正确计算产品成本的目的,必须要根据生产经营的特点和发生费用的内容,分别确定各种费用的分配标准,选用恰当的方法把制造费用分配给相关产品。

制造费用发生时,应区别不同的情况加以处理:如是能够直接归属特定产品即成本对象的,应直接计入各成本对象;如是生产多种产品而不能直接归属成本对象的不可辨别的制造费用,应先通过设置"制造费用"账户来归集,然后再按一定的分配标准计入各成本对象。

第二节　制造费用的核算

企业在产品生产过程中，除产品直接耗用各种材料费用，发生人工费用和燃料动力费用外，还会发生各种制造费用。为此，正确地核算制造费用，对于正确计算产品的制造成本非常重要，本节着重讲述基本生产的制造费用归集和分配的核算。

一、制造费用的归集

制造费用的核算，是通过“制造费用”科目进行归集和分配的。该科目应按车间、部门设置明细账，账内按照费用项目设专栏或专行，分别反映各车间、部门各项制造费用的支出情况。制造费用发生时，根据有关的付款凭证、转账凭证和前述各种费用分配表，记入“制造费用”科目的借方，并视具体情况，分别记入“原材料”“应付职工薪酬”“累计折旧”“银行存款”等科目的贷方；期末按照一定的标准进行分配时，从该科目的贷方转出，记入“基本生产成本”等科目的借方；除季节性生产的车间外，“制造费用”科目单独核算的，则应比照基本生产车间发生的费用核算；如果辅助生产车间的制造费用不通过“制造费用”科目单独核算，则应全部记入“辅助生产成本”科目及明细账的有关成本或费用项目。

制造费用的内容比较复杂，应按照管理要求分别设立若干费用项目进行计划和核算，归类反映各项费用的计划执行情况。制造费用的项目有的可以按照费用的经济用途设立，如用于车间办公方面的各项支出设立“办公费”项目；也可以按照费用的经济内容设立，如全车间的机器设备和房屋建筑物等固定资产的折旧，设立“折旧费”项目。

【例5.1】　根据各种费用分配表及付款凭证登记长江公司基本生产车间制造费用明细账，详见表5.1。

表5.1　制造费用明细账

车间：基本生产车间　　2013年6月　　单位：元

摘要	机物料消耗	动力费用	职工薪酬	折旧费	修理费	运费	保险费	低值易耗品	其他	合计	转出
付款凭证									13 969.60	13 969.60	
材料费用分配表	5 000									5 000	
低值易耗品摊销								570		570	
动力费用分配表		2 250								2 250	
薪酬费用分配表			28 000							28 000	

续表 5.1

车间:基本生产车间　　　　　　　　2013 年 6 月　　　　　　　　单位:元

摘要	机物料消耗	动力费用	职工薪酬	折旧费	修理费	运费	保险费	低值易耗品	其他	合计	转出
其他费用分配表							4 000			4 000	
折旧费用分配表				20 000						20 000	
辅助费用分配表					101 594	4 616.40				106 210.40	
合　计	5 000	2 250	28 000	20 000	101 594	4 616.40	4 000	570	13 969.60	180 000	
本月转出											180 000

二、制造费用的分配

为了正确计算产品的生产成本,必须合理地分配制造费用。基本生产车间的制造费用是产品成本的组成部分,在只生产一种产品的车间,制造费用可以直接计入该产品生产成本;在生产多种产品的车间中,制造费用则应采用既合理又简单的分配方法,分配计入各种产品的生产成本。辅助生产车间单独核算其制造费用时,汇总在“制造费用——辅助生产车间”科目的数额,在只生产一种产品或提供多种劳务的辅助生产车间,则应采用适当的方法,分配计入辅助生产产品或劳务的成本。

由于各车间制造费用水平不同,所以制造费用应该按照各车间分别进行分配,而不得将各车间的制造费用统一在整个企业范围内分配。制造费用的分配方法一般有生产工时比例法、生产工人工资比例法、机器工时比例法和按年度计划分配率分配法等。分配方法一经确定,不应随意变更。

1. 生产工时比例法

生产工时比例法是按照各种产品所用生产工人工时的比例分配制造费用的一种方法。计算公式为

$$制造费用分配率=\frac{制造费用总额}{车间产品生产工时总额}$$

$$某种产品应分配的制造费用=该种产品生产工时\times制造费用分配率$$

按生产工时比例分配,可以用各种产品实际耗用的生产工时(实用工时),如果产品的工时定额比较准确,制造费用也可以按定额工时比例分配。计算公式为

$$制造费用分配率=\frac{制造费用总额}{车间产品定额工时总额}$$

$$某种产品应分配的制造费用=该种产品定额工时\times制造费用分配率$$

【例 5.2】 长江公司 2013 年 6 月基本生产车间发生的制造费用总额为 180 000 元，基本生产车间甲产品生产工时为 25 000 小时，乙产品生产工时为 15 000 小时，计算分配如下：

$$\text{制造费用分配率}=\frac{180\ 000}{25\ 000+15\ 000}=4.5$$

$$\text{甲产品应分配的制造费用}=25\ 000\times4.5=112\ 500$$

$$\text{乙产品应分配的制造费用}=15\ 000\times4.5=67\ 500$$

按生产工时比例法编制制造费用分配表，详见表 5.2。

表 5.2　制造费用分配表

车间：基本生产车间

应借科目		生产工时/小时	分配金额（分配率：4.5）
基本生产成本	甲产品	25 000	112 500
	乙产品	15 000	67 500
合计		40 000	180 000

根据制造费用分配表，编制会计分录如下：

借：基本生产成本——甲产品　　112 500
　　　　　　　　——乙产品　　67 500
　贷：制造费用　　180 000

按生产工时比例分配是较为常见的一种分配方法，它能将劳动生产率的高低与产品担负费用的多少联系起来，分配结果比较合理。由于生产工时是分配间接计入费用常用的分配标准之一，因此，必须正确组织好产品生产工时的记录和核算等基础工作，以保证生产工时的准确、可靠。

2. 生产工人工资比例法

生产工人工资比例法又称生产工资比例法，是以各种产品的生产工人工资的比例分配制造费用的一种方法。计算公式为

$$\text{制造费用分配率}=\frac{\text{制造费用总额}}{\text{车间产品生产工人工资总额}}$$

$$\text{某种产品应分配的制造费用}=\text{该种产品生产工人工资}\times\text{制造费用分配率}$$

由于工资费用分配表中有现成的生产工人工资的资料，所以这种分配方法核算工作很简单。这种方法适用于各种产品生产机械化程度大致相同的情况，否则会影响分配的合理性。例如，机械化程度低的产品，所用工资费用多，分配的制造费用也多；反之，机械化程度高的产品，所用工资费用少，分配的制造费用也少，会出现不合理情况。该分配方法与生产工时比例

法原理基本相同。如果生产工人的计时工资是按照生产工时比例分配的,按照生产工人比例分配制造费用,实际上就是按生产工时比例分配制造费用。

3. 机器工时比例法

机器工时比例法是按照各种产品所用机器设备运转时间的比例分配制造费用的一种方法。这种方法适用于机械程度较高的车间,因为在这种车间中,机器折旧费用、维护费用等的多少与机器运转的时间有密切的联系。采用这种方法,必须组织好各种产品所耗用机器工时的记录工作,以保证工时的准确性。该方法的计算程序、原理与生产工时比例法基本相同。

为了提高分配结果的正确性,可以将机器设备划分为若干类别,按其类别归集和分配制造费用。也可以将制造费用按性质和用途分类,如分为与机器设备使用有关的费用,及由于管理组织生产而发生的费用,分别采用适当的方法分配制造费用。

4. 按年度计划分配率分配法

按年度计划分配率分配法,是按照年度开始前确定的全年适用的计划分配率分配费用的方法。采用这种分配方法,不论各月实际发生的制造费用多少,每月各种产品成本中的制造费用都按年度计划确定的计划分配率分配。年度内如果发现全年制造费用的实际数和产品的实际产量与计划数产生较大的差额,应及时调整计划分配率。计算公式为

$$\text{年度计划分配率}=\frac{\text{年度制造费用计划总额}}{\text{年度各种产品计划产量的定额工时总额}}$$

$$\text{某月某产品制造费用}=\text{该月该种产品实际产量的定额工时数}\times\text{年度计划分配率}$$

上述公式中,“年度制造费用计划总额”项目,也可使用年度制造费用计划总额,此时分配方法称为年度预算分配法。

【例 5.3】 某企业第一车间全年制造费用计划数为 55 000 元;全年各种产品的计划产量为:甲产品 2 600 件,乙产品 2 250 件;单件产品的工时定额为甲产品 5 小时,乙产品 4 小时。6 月份实际产量为:甲产品 240 件,乙产品 150 件;本月实际发生制造费用 4 900 元。

(1)计算各种产品年度计划产量的定额工时。

$$\text{甲产品年度计划产量的定额工时}=2\,600\times5=13\,000(\text{小时})$$

$$\text{乙产品年度计划产量的定额工时}=2\,250\times4=9\,000(\text{小时})$$

(2)制造费用年度计划分配率。

$$\text{制造费用年度计划分配率}=\frac{55\,000}{13\,000+9\,000}=2.5$$

(3)各种产品本月实际产量的定额工时。

$$\text{甲产品本月实际产量的定额工时}=240\times5=1\,200(\text{小时})$$

$$\text{乙产品本月实际产量的定额工时}=150\times4=600(\text{小时})$$

(4)各种产品应分配的制造费用。

$$\text{该月甲产品分配制造费用}=1\,200\times2.5=3\,000(\text{元})$$

$$该月乙产品分配制造费用 = 600 \times 2.5 = 1\ 500(元)$$

该车间本月按计划分配率分配转出的制造费用为

$$3\ 000 + 1\ 500 = 4\ 500(元)$$

【例 5.4】　假定例 5.3 中某企业 2014 年第一车间的“制造费用”科目 6 月初为贷款余额 300 元,则该月制造费用的实际发生额和分配转出额登记结果如图 5.1 所示。

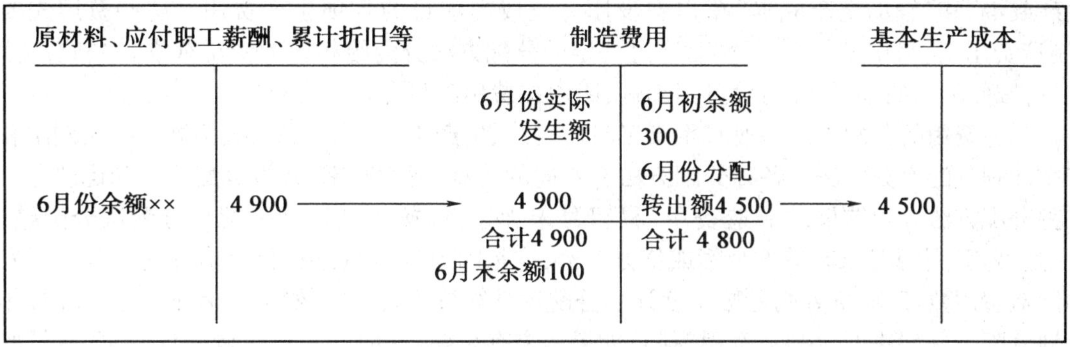

图 5.1　科目记录示意图

采用年度计划分配率分配法时,每月实际发生的制造费用与分配转出的制造费用金额不等,因此,“制造费用”科目一般有月末余额,可能是借方余额,也可能是贷方余额。如为借方余额,表示年度内累计实际发生的制造费用大于按计划分配率 分配累计的转出额,是该月超出计划的预付费用;如为贷方余额,表示年度内计划分配率分配累计的转出额大于累计的实际发生额,是该月按照计划应付未付费用,属于预付费用性质。

“制造费用”科目的年末余额,就是全年制造费用的实际发生额与计划分配额的差额,一般应在年末调整计入 12 月份生产的各种产品的成本中。其计算公式为

$$\begin{matrix}实际制造费用与按计划分配\\率计算的制造费用的差异额\end{matrix} = 实际制造费用 - \begin{matrix}按计划分配率分\\配的制造费用\end{matrix}$$

$$差异额分配率 = \frac{差异额}{按计划分配率分配的制造费用}$$

$$某产品应分配的差异额 = 该产品按计划分配率分配的制造费用 \times 差异额分配率$$

如果计算结果为正数时,用蓝字借记“基本生产成本”账户,贷记“制造费用”账户;如果计算结果为负数时,用红字借记“基本生产成本”账户,贷记“制造费用”账户。

这种分配方法核算工作简便,特别适用于季节性生产的车间,因此它不受淡月和旺月产量相差悬殊的影响,从而不会使各月单位产品成本中制造费用忽高忽低,便于进行成本分析。但是,采用这种分配方法要求计划工作水平较高,否则会影响产品计算的正确性。

无论采用哪种制造费用分配方法,都应根据分配计算的结果,编制制造费用分配表,据以

进行制造费用的总分类核算和明细核算。制造费用分配后，除采用按年度计划分配率分配法的企业外，“制造费用”科目都没有月末余额。

本 章 小 结

制造费用是指为基本生产和辅助生产而发生的费用，应计入产品或劳务成本，但在“基本生产成本”和“辅助生产成本”账户中没用专设成本项目的各项生产费用。这些费用先要在“制造费用”科目中进行归集，然后通过一定的分配方法分配给相应的受益对象。“制造费用”科目，按照不同的车间、部门设置明细账，账内按费用项目专栏或专行。

制造费用的分配方法一般有生产工时比例法、生产工人工资比例法、机器工时比例法和按年度计划分配率分配法。各种分配方法有不同的特点、适用范围、计算分配程序和优缺点。前三种分配方法分配结果，“制造费用”科目月末无余额，按年度计划分配率分配法分配结果，“制造费用”科目月末有借方余额或贷方余额，这是因为“制造费用”科目借方是各月实际发生的制造费用数额，而贷方则是按年度计划分配率计算分配转出的数额，二者不一致。在按年度计划分配率分配法下，“制造费用”科目如果年末有余额，一般应在年末调整计入 12 月份产品成本。

复习思考题

1. 制造费用的内容包括哪些？制造费用明细账是如何进行登记的？
2. 制造费用的分配方法有哪些？
3. 制造费用按年度计划分配率的计算及其特点。
4. 制造费用的核算的内容及其账务处理如何进行？

第六章

Chapter 6

生产损失的核算

【学习要点与目标】

掌握废品的分类,废品损失和停工损失的定义,掌握归集在“废品损失”和“停工损失”账户的内容,重点掌握不可修复废品的净损失和可修复废品修复费用的计算与账务处理;停工损失的原因、计算和账务处理。

【案例导入】

威尔计算机公司完成了生产过程后,流水线上下来的就是公司的产品——贴牌的笔记本电脑。在整个生产流程过程的描述中,我们假设整个生产流程完美无瑕。但实际中会有废品产生,也会有外界原因造成的停工情况发生。这些情况发生后产生的成本在实际成本的核算中必须要考虑。这些生产损失的归集和分配是怎样完成的呢?

第一节　废品损失的核算

一、废品和废品损失的概念

在制造企业里,废品是指由于生产原因的质量不符合规定技术标准,不能按原定用途使用,或者需要加工修理后才能按原定用途使用的在产品、半产品和产成品、零部件等。它包括在生产过程中发现以及入库或销售后发现的所用废品。废品按其产生的原因不同,可以分为料废和工废两种。料废是材料供应部门或前道车间(第一车间)责任造成的,工废是加工过程造成的,应由生产车间负责。

应该注意以下情况,不包括在废品范围内:不需要返修而降价出售的不合格产品,其降价损失反映为销售收益的减少,应作为次品处理,其成本与合格品相同;入库是确系合格品,由于保管不善、运输不当或其他原因而发生的变质、损坏、不能按原定用途使用的产品,其所造成的损失,属于管理上的问题,应做管理费用。

废品按能否修复和经济上是否合算分为可修复废品和不可修复废品。可修复废品是指技术上可修复,经济上合算的废品;不可修复废品是指技术上不可修复,或者在经济上不合算的废品。经济上合算是指修复费用低于重新制造同一产品的支出。

废品损失包括废品的报废损失和废品的修复费用。废品的报废损失是指不可修复废品的生产成本扣除残料价值的损失;废品的修复费用是指可修复废品在返修过程中发生的材料、薪酬等。

为了便于分清责任,实行有效控制,企业各个生产部门都应配置专职质量检验人员。对发生的废品处理应遵循必要的凭证传递程序。发现废品后,由质检人员填制“废品通知单”,单内应填明废品的名称、数量。废损部分,发生废品的原因和过失人及赔偿金额等。对于不可修复的废品,在递交废品仓库时,应填写“废品缴库单”,填列废品的残料价值、工废、料废情况。对可修复废品,在返修中所领用的各种材料及所耗工时,应另填领料单、工作通知单及其他有关凭证,并在单中注明“返修废品用”标记。“废品通知单”“废品缴库单”“返修用料的领料单”“工作通知单”等都是归集计算废品损失的依据。

二、废品损失的核算

废品损失的核算,需要设置“废品损失”账户进行总分类核算。“废品损失”账户是成本计算账户,应按车间设置明细账,账内按产品品种和成本项目登记废品的详细资料。借方登记所有可修复废品的修复费用、不可修复废品成本及退回的运杂费;贷方登记向过失人收回的赔偿款和不可修复废品的残值。借方发生额大于贷方发生额为废品损失,月末结转到“基本生产成本”账户的借方。“废品损失”账户月末一般无余额。废品损失应全部由本期完工产品负担,期末在产品不负担废品损失。

废品损失的核算也可以不设“废品损失”总账,只需在生产成本明细账中,增加“废品损失”成本项目来进行核算;在废品损失数量较小的情况下,为核算上的方便,可将废品损失直接在生产成本明细账中已有的成本项目中核算,不需单设“废品损失”成本项目。

废品损失中可修复废品损失和不可修复废品损失的含义不同,其计算方法及核算亦有差别,应根据“废品通知单”所填列的废品种类、数量,产生的原因及过失人等资料正确计算,并进行会计处理。

(一)可修复废品损失的核算

1. 可修复废品损失的计算

可修复的废品的修复费用,可以根据各种费用分配表或直接根据有关原始凭证及记录计算确定。如果修复费用中要由责任人赔偿一部分时,则从废品损失总额中扣除应收赔偿款。可修复废品的归集是指当月实际发生的修复费用,它与可修复废品发现的时间无关。其计算公式为

可修复废品损失 = 材料实际成本 + 直接人工 + 制造费用 - 责任人赔偿金额

2. 可修复废品损失的核算

可修复废品的损失,包括废品在修复过程中发生的各项修复费用。返修以前发生的费用在"基本生产成本"科目及有关的成本计算单中,不可转出,不属于废品损失。入库前发现可修复废品时,可根据各种费用分配汇总表将返修废品耗用的原材料、人工等费用从各要素费用账户中转入"废品损失"账户,具体核算如下。

【例 6.1】 假定2014年1月,A公司基本生产第一车间生产甲产品1 000件,经过质检部门验收合格品980件已入库,20件为可修复废品。发生的修复费用如下:耗用原材料计划成本为1 500元,材料成本差异率10%,直接人工2 000元,应负担的制造费用800元。责任人赔偿的金额收入1 000元。经过修复20件产品全部合格并验收入库。依据上述资料,该企业进行如下会计处理:

(1)归集各项可修复废品发生的返修费:

借:废品损失——甲产品　　4 450
　贷:原材料　　1 500
　　材料成本差异　　150
　　应付职工薪酬　　2 000
　　制造费用　　800

(2)应向过失人收取的各种赔偿款项:

借:其他应收款　　1 000
　贷:废品损失——甲产品　　1 000

(3)结转废品损失

借:基本生产成本——甲产品(废品损失)　　3 450
　贷:废品损失——甲产品　　3 450

通过例6.1计算得知,产品发生可修复废品经修复全部合格后,可能会导致完工产品总成本和单位成本增加、产品产量不变。

(二)不可修复废品损失的核算

1. 不可修复废品损失的计算

不可修复废品损失的是该废品已耗用的成本,其包括在合格产品成本内。因为它与合格产品是同时发生的,所以需要采用一定的方法,把不可修复废品损失分离出来。不可修复废品

损失可按计划或定额费用计算，也可按废品所耗的实际费用计算。不可修复废品已耗成本减去不可修复废品残值和应向过失人收取的赔偿款后的余额，就是不可修复的废品损失。不可修复废品损失的计算是通过编制“废品损失计算表”进行的。

(1)按定额成本计算不可修复废品的生产成本。

【例6.2】 假定2014年2月，某企业基本生产第一车间生产甲产品800件，经过质检部门验收合格品790件已入库，不可修复的废品10件。其费用定额：直接材料700元，直接人工200元，制造费用100元，残料变价收入1 000元。根据资料编制废品损失计算表见表6.1。

表6.1 废品损失计算表(产品名称：甲产品)

部门：一车间　　2014年2月　　单位：元

项目	产量/件	直接材料	直接人工	制造费用	合计
费用定额		700	200	100	1 000
废品成本	10	7 000	2 000	1 000	10 000
减：残值		1 000			1 000
废品损失		6 000	2 000	1 000	9 000

(2)按所耗实际费用计算不可修复废品的生产成本。

根据合格产品与不可修复废品实际消耗的总成本，按两者数量比例计算。如果原材料在生产开始时一次投入的，材料费用可按合格品与废品的数量比例分配；如果原材料不是在生产开始时一次投入的，而是随着生产进度陆续投入的，则应采用适当的方法，还要将不可修复废品数量折合成约当产量计算。其余各项成本项目，可按合格品和废品的工时比例进行分配。计算公式为

$$\text{废品的材料费用}=\frac{\text{某种产品直接材料总成本}}{\text{完工产品数量}+\text{废品数量}}\times\text{废品数量}$$

$$\text{废品的加工成本}=\frac{\text{某项加工费用}}{\text{合格品工时}+\text{废品工时}}\times\text{废品工时}$$

【例6.3】 假定2014年3月，某企业基本生产第一车间生产甲产品800件。经过质检部门验收合格790件，已入库，不可修复的废品10件。投入生产的原材料560 000元，系生产开工时一次性投入。生产工人薪酬共200 000元，制造费用共为120 000元。生产工人工时为4 000小时，其中废品工时，其中废品工时为100小时，废品残值为800元。直接人工、制造费用按生产工人工时比例分配。该车间废品损失计算见表6.2。

表 6.2　基本生产成本

部门:一车间　产品名称:甲产品　　2014 年 3 月

项目	产品数量/件	直接材料/元	工时/小时	直接人工/元	制造费用/元	合计
费用总额	800	560 000	4 000	200 000	120 000	880 000
分配率		700		50	30	
废品成本	10	7 000	100	5 000	3 000	15 000
废品残值		800				800
废品损失	10	6 200	100	5 000	3 000	14 200

2. 不可修复废品损失的账务处理

不可修复废品损失的成本与合格产品的成本是归集在一起的。当入库前发现废品时，根据废品通知单汇总资料将其成本按成本项目分别从“基本生产成本”账户贷方转出，转到“废品损失”账户的借方。

【例 6.3】　根据表 6.2 和表 6.3 的内容，不可修复废品损失的核算如下：

表 6.3　生产成本明细账

产品名称:甲产品　　2014 年 3 月　　单位:元

摘　要	直接材料	直接人工	制造费用	废品损失	合计
本月发生费用	560 000	200 000	120 000		880 000
结转不可修复废品成本	7 000	5 000	3 000		15 000
废品计入成本				14 200	14 200
合计	553 000	195 000	117 000	14 200	879 200

(1)结转废品成本。

借:废品损失——甲产品　　15 000

　贷:基本生产成本——甲产品(直接材料)　　7 000

　　　　　　　　——甲产品(直接人工)　　5 000

　　　　　　　　——甲产品(制造费用)　　3 000

(2)废品残料入库。

借:原材料——残料　　800

　贷:废品损失——甲产品　　800

(3)废品损失计入成本。

借:基本生产成本——废品损失　　　14 200

　贷:废品损失　　　14 200

以上不可修复废品损失的处理中,如存在有关责任人赔偿的金额的,应借记“其他应收款”账户,贷记“废品损失”账户。

通过例6.2和例6.3计算得知,产品发生不可修复废品后,若不存在残值,可能会导致完工产品总成本不变, 单位成本会增加、产品产量减少。

第二节　停工损失的核算

一、停工损失的含义

停工损失是指企业生产车间或车间内某个班组由于计划减产,或因停电、待料、机器设备故障而停止生产所发生的一切费用。主要包括停工期间支付的生产工人薪酬,耗用的燃料和动力,以及应负担的制造费用等。

为了核算方便,企业一般都需规定一定时间和一定范围的停工不计算停工损失,只有超过一定时间和范围的停工才计算停工损失。如季节性停工而发生的停工期内的一切费用,则应计入开工期内生产成本,不单独计算停工期间应支付生产工人的薪酬费用,而不计算全面的损失等。

企业发生停工,应正确填制有关凭证。一般由车间填制“停工单”,并在考勤记录上予以记录,停工单应注明停工地点、时间、原因及过失人姓名等。

二、停工损失的核算

为了考核和控制企业停工期间发生的各项费用,应当增设“停工损失”成本项目。在账户设置上,应当设置“停工损失”总分类账户,或者在“基本生产成本”总分类账户下设置“停工损失”明细账,组织停工损失的核算。

“停工损失”账户借方登记生产单位发生的各项停工损失,贷方登记应索赔的停工损失和分配结转的停工损失;分配结转停工损失以后,该账户应无余额。“停工损失”账户应当按照生产单位设置明细账,并按费用项目设置专栏组织明细核算。

计算停工损失的原始凭证主要是“停工报告单”。生产单位因各种原因发生停工时,值班人员应当及时向生产单位负责人报告,查明原因,采取措施,尽快恢复生产。如果在一定时间内不能恢复生产,生产单位应填写“停工报告单”,报送企业总部有关部门。企业总部值班室负责应当及时通知有关部门和单位,采取措施恢复生产。由于企业外部原因和自然灾害发生的停工,除由生产单位填写“停工报告单”外,还应编写专门报告并附有关凭证,以便处理停工损失。发生停工后，企业生产计划调度部门和有关生产单位应当及时对停工人员分配其他工作，尽量减少停工损失。

1. 停工损失的计算

在停工损失中，原材料、水电费、生产工人工资及提取的福利费等，一般可以根据有关原始凭证确认后直接计入；制造费用能够直接确认的应尽量直接计入，不能直接确认的可以按照停工工时数和小时制造费用分配率(计划或实际)分配计入。

【例 6.4】 金林工厂第一车间本月由于设备故障停工 5 天，停工期间应支付生产工人工资 4 000 元，应提取福利费 560 元，应分摊制造费用 800 元。第二车间由于外部供电线路原因停工 3 天，停工期间损失材料费用 5 000 元，应支付生产工人工资 3 000 元，应提取福利费 420 元，应分摊制造费用 500。根据资料。做会计分录如下：

借：停工损失——第一车间	5 360	
——第二车间	8 920	
贷：原材料		5 000
应付职工薪酬——应付工资(4 000 + 3 000)		7 000
——应付福利费(560 + 420)		980
制造费用——第一车间		800
——第二车间		500

2. 停工损失的分配

企业“停工损失”账户归集的停工损失，应当根据发生停工的原因进行分配和结转。可以获得赔偿的停工损失，应当积极索赔，并冲减停工损失；由于自然灾害等引起的非正常停工损失，应计入营业外支出；机器设备大修理期间的停工损失计入生产单位制造费用；其他原因造成的停工损失应计入产品成本(停工损失项目)。计入产品成本的停工损失，如果停工的生产单位只生产一种产品，可直接计入该种产品生产成本明细账中单独设置的“停工损失”成本项目；如果停工的生产单位生产多种产品，可以采用分配制造费用的方法在各种产品之间进行分配，然后分别计入该生产单位各种产品生产成本明细账中的“停工损失”成本项目。

【例 6.5】 在例 6.4 中，金林工厂第一车间中生产甲产品，停工损失 5 360 元全部计入甲产品成本；第二车间由于外部线路原因造成停工损失 8 920 元，市供电局已同意赔偿 3 600 元，净损失 5 320 元列作营业外支出。有关索赔和分配结转停工损失的会计分录如下：

借：基本生产成本——第一车间(甲产品)	5 360	
贷：停工损失——第一车间		5 360
借：其他应收款——市供电局	3 600	
营业外支出——非常损失	5 320	
贷：停工损失——第二车间		8 920

各产品应负担的停工损失，一般由当月完工产品成本负担，当月在产品和自制半成品不负担停工损失。

本章小结

为了单独核算废品损失和停工损失，在会计科目中应分别设置“废品损失”和“停工损失”科目，在成本项目中相应增设“废品损失”和“停工损失”项目。不可修复废品和可修复废品的核算程序不同。

由于不可修复废品的成本与合格产品的成本是归集在一起同时发生的，因而不可修复废品的成本要采用一定的方法予以确定，即按废品所耗实际费用计算的方法或废品所耗定额费用计算的方法予以确定。两种方法的适用条件和核算程序不尽相同。

停工损失按主管部门的规定确定计算停工损失的时间界限，发生停工损失的原因很多，应分别不同情况进行账务处理。

复习思考题

1. 生产损失包括哪些内容？
2. 废品如何进行分类？这样分类有何意义？
3. 不可修复废品损失的计算方法有哪些？如何进行账务处理？
4. 可修复废品损失的修复费用如何进行计算？其账务处理如何进行？
5. 停工损失产生的原因是什么？如何进行账务处理？

第七章

Chapter 7

完工产品成本与在产品成本的计算

【学习要点与目标】

通过本章学习,理解和掌握生产费用在完工产品和在产品之间分配的各种方法定义、特点、适用条件和计算原理。重点掌握广义在产品、约当产量、约当产量法的定义和定额比例法下计算完工产品和在产品成本。

【案例导入】

甲企业同时生产三种产品,其中A产品的投料方式系在生产开始时一次投入;B产品的投料方式系随生产进度分工序陆续投料,且在每道工序开始时一次投入;C产品的投料方式系随生产工序进度陆续均匀投料。以上三种产品原材料费用投料上的差异,其原材料费用究竟如何计算与分配?在产品加工过程中发生的其他成本,如燃料及动力、直接人工费用和制造费用等,加工进度与投料进度一致吗?各项费用应如何计算和分配?完工产品成本如何计算?

以上的问题,将在本章的约当产量分配法中得到答案。

第一节　完工产品与在产品的概述

一、在产品的含义

完工产品按其包括内容的范围,有狭义和广义之分。狭义完工产品是指已经完成全部生产过程,随时可供销售的产品,即产成品;广义完工产品不仅包括产成品,而且还包括完成部分生产阶段,已由生产车间交中间仓库(即半成本仓库)验收,但尚未完成全部生产过程,有待在本企业内进一步加工制造的自制半产品。

由于完工产品的含义有狭义和广义之分,所以在产品也有狭义的在产品与广义的在产品之分。狭义在产品是指正停留在生产车间进行加工制造的在制品,以及正在生产车间返修的废品和虽已完成了本车间生产,但尚未送验入库的产品;广义在产品不仅包括狭义在产品,而且还包括已经完成部分加工阶段,已经中间仓库验收,但尚未完成全部生产过程的自制半成品。对于不准备在本企业继续加工,等待对外销售的自制半成品,应作为商品产品,不应列入在产品之内。本章讨论的完工产品与在产品成本划分,是指广义完工产品(即产成品与自制半成品)与狭义在产品之间的成本划分。

二、在产品与完工产品核算的意义

明确在产品和完工产品的两种不同含义,对于加强在产品管理和正确进行产品成本计算都是十分重要的。从加强在产品实物管理而言,由于一般企业的在产品数量较大,品种规格繁多,流动性很强,为了保证在产品实物的安全完整,就必须分清在产品实物管理的责任。一般来讲,狭义在产品由于正停留在生产车间中加工制造,所以主要由生产车间进行管理;而广义在产品中的已交中间仓库验收的自制半成品,则应由仓库进行管理。从计算产品制造成本而言,正确划分完工产品与在产品成本,是保证产品制造成本计算正确性的关键问题。这是因为完工产品成本与在产品成本之间存在着彼此消长的关系。如果在产品实物数量计算不正确,在产品多计了成本,则就会少计完工产品成本;反之,如果少计了在产品成本,则就会多算完工产品成本。

所以要保证完工产品与在产品成本划分的正确性,除了要求科学、合理、正确地分配和归集生产耗费以外,正确划分广义和狭义在产品;正确确定在产品和完工产品实物数量资料是不可缺少的条件。

三、在产品与完工产品计算模式

通过基本生产费用的汇总,产品在本期生产过程中发生的各种耗费均已分别成为各个成本计算对象,并按各个成本计算对象规定的各成本项目归集完毕,记入各产品成本明细账中。各成本计算对象本期产品生产过程发生的耗费加上期初结存在产品的成本(即生产费用累计)为成本分配对象,即在完工产品和期末结存在产品之间的分配。

在产品与完工产品的计算模式上,无外乎先计算在产品成本,后计算完工产品成本;或是,先计算完工产品成本,后计算在产品成本;或是,完工产品成本与在产品成本同时计算。

计算公式为

期初在产品成本 + 本期发生的生产费用合计 = 本期完工产品成本 + 月末在产品成本

(一)期末没有在产品的情况

如果在会计期末(一般为月末),企业所生产的产品全部完工,没有结存在产品,则按该成本计算对象归集的全部生产耗费(即生产费用累计数),即为本期完工产品的总成本,除以产品的产量,就可计算出该成本计算对象的单位产品制造成本。

(二)期末只有在产品的情况

如果某一成本计算对象到成本计算之日还没有完工产品,则该成本计算对象归集的全部生产耗费,即为该成本计算对象在产品成本,即生产费用累计数均为在产品成本。

(三)期末存在完工产品和在产品的情况

在大多数制造企业中,在一个成本计算期内一般都有完工产品,期末也或多或少有在产品。这样,本期发生的生产耗费与期初结存在产品成本之和,就需要在期末在产品与本期完工产品之间分配,从而计算出本期在产品成本、本期完工产品总成本和单位成本。

四、产品的投入量与产出量的关系

完工产品与在产品成本划分是将产品生产过程的各种耗费在本期完工产品与期末结存在产品之间分配,在一般情况下,期初在产品结存数量加上本期投产数量应等于本期完工产品数量加上期末在产品结存数量,即

期初在产品数量 + 本期投产数量 = 本期完工产品数量 + 月末在产品数量

(一)产品生产的投入量与产出量一致的情况

由于企业管理严格,生产工人的熟练程度高,企业在产品生产中没有发生不可修复废品、盘亏损失等情况下,会使产品生产的投入与产出是一致的。所以一般情况下,生产过程发生的耗费在完工产品与在产品之间进行分配时,只考虑本期完工产品数量和期末在产品结存数量。

(二)产品生产的投入量与产出量不一致的情况

由于种种原因,企业多数情况下产品生产的投入量与产出量是不一致的。例如,发生了不可修复废品,在产品发生毁损、盘亏,以及生产过程发生的合理损耗或在产品溢余等。当生产投入与产出在数量上不一致时,生产过程的耗费分配就应根据不同的产生的原因分别处理。

(1)对于发生的不可修复废品,在产品毁损、盘亏等是由于企业主观原因造成的,为了引起企业生产经营决策者和全体职工的高度重视,加强生产管理,达到杜绝浪费、降低产品制造成本之目的,在划分完工产品与在产品成本时,就应考虑不可修复废品、在产品毁损和盘亏的数量,即对不可修复废品、毁损和盘亏的在产品分配生产耗费,分别计算出由于不可修复废品、毁损和盘亏的在产品产生的生产损失成本,并按规定的会计制度进行账务处理。

对于计算出的不可修复废品净损失,可以单独设置成本项目进行反映,并将本期发生的全部废品净损失分配给完工产品负担;也可以只计算废品的直接材料费用和直接人工费用,并将其损失结转至"制造费用"账户,然后随制造费用分配计入产品制造成本。当然,如果企业产生的废品数量不多,废品损失很少,占产品成本的比重也很低,则为了简化成本计算工作,生产

耗费的分配也可不考虑废品的数量。

(2)对于计算出的在产品毁损和盘亏损失的成本,应从“基本生产成本”账户贷方转至“待处理财产损溢”账户的借方,待查明毁损、盘亏的原因,明确责任,按规定程序审核批准处理后,转销待处理财产损溢,借记“制造费用”“其他应收款”等账户,贷记“待处理财产损溢”账户。

(3)对于生产过程发生的合理损耗或溢余,这是由于工艺生产过程必然的、客观的合理损失或自然升溢,则在生产耗费分配时,就不必考虑产品损耗或溢余数量,不对损耗或溢余产品单独计价。对于发生的损耗,可作为产品总产出的减少,增加单位产品成本;对于发生的自然溢余,则可作为产品总产出的增加,减低单位产品成本。

第二节　生产费用在完工产品与在产品之间的分配

完工产品和月末在产品之间分配费用,是成本核算工作中一项重要而复杂的工作,在产品结构复杂、零件种类和加工工序较多的情况下更是这样。企业应该根据在产品数量的多少、各月在产品数量变化的大小、各项费用比重的大小以及定额管理基础的好坏等具体条件,选择既合理又简便的分配方法,在完工产品与月末在产品之间分配费用。

在完工产品与月末在产品之间分配费用的方法有多种,但若将其加以归纳,大体上可以分为两种类型:第一种是将月初在产品费用与本月费用之和划分为本月完工产品费用和月末在产品费用两部分;第二种是先确定月末在产品费用,然后用月初在产品费用与本月费用之和减去月末在产品费用即可得到本月完工产品费用。为了便于对问题的理解,我们可以用公式将两种分配方法表述如下:

第一种类型:月初在产品成本 + 本月发生生产费用 = 本完工产品成本 + 月末在产品成本

第二种类型:月初在产品成本 + 本月发生生产费用 - 月末在产品成本 = 本完工产品成本

完工产品和月末在产品之间分配费用通常采用的具体方法通常有七种:不计算在产品成本法,按年初出固定计算在产品成本法,在产品按所消耗原材料费用计价法,约当产量比例法,在产品按完工产品计算法,在产品按定额成本计价法和定额比例法。下面分别介绍这些方法的具体应用。

一、不计算在产品成本法

采用这种分配方法时,月末虽然有在产品,但不计算在产品成本。这种分配方法适用于各月末在产品数量很小的产品。从上面的公式可以看出,本月完工产品费用的多少,取决于本月生产费用与月初和月末在产品费用的差额。如果各月末在产品的数量很小,那么月初和月末在产品的费用就很小,月初在产品费用与月末在产品费用的差额就更小。在这种情况下,算不算在产品成本对于完工产品成本的影响很小,为了简化核算工作,可以不计算在产品成本,即某种产品本月归集的全部生产费用就是其完工产品的成本。

二、按年初数固定计算在产品成本法

采用这种分配法时,各月末在产品的成本固定不变。这种方法适用于在产品数量较小,或者在产品数量虽大但各月之间在产品数量变动不大,月初、月末在产品成本的差额不大,算不算各月在产品成本的差额,对于完工产品成本的影响不大。为了简化核算工作,同时又反映在产品占用的资金,各月在产品可以按年初数固定计算。例如,炼铁厂、化工厂或其他有固定容器装置的在产品,数量都较稳定,就可以采用这种分配方法。采用该分配方法,某种产品本月发生的生产费用就是本月完工产品的成本。年终根据实际盘点的在产品数量,重新调整计算确定在产品成本,以免按年初数固定计算的在产品成本与实际出入过大,影响成本计算的正确性。

三、在产品按所耗直接材料费用计价法

这种分配方法适用于各月末在产品数量较大,数量变化也较大,同时直接材料费用在成本中所占比重较大的产品,如造纸、酿酒等行业的产品,直接材料费用占产品成本比重较大。采用这种分配方法时,月末在产品只计算耗用的直接材料费用,不计算所耗用的直接人工和制造费用等加工费用,产品的加工费用全部计入完工产品成本。某种产品全部生产费用减月末在产品直接材料费用,就是完工产品的成本。

【例 7.1】 某企业生产甲产品,该产品直接材料费用在产品成本中所占比重较大,完工产品与在产品之间的费用分配采用在产品按所耗直接材料费用计价法。甲产品 2014 年 3 月初在产品直接材料费用(即月初在产品费用)为 40 000 元;本月发生直接材料费用 210 000 元,直接人工费用 8 000 元,制造费用 2 000 元;完工产品 850 件,月末在产品 150 件。该种产品的直接材料费用是生产开始时一次投入的,直接材料费用按完工产品和在产品的数量比例分配。

要求:计算该企业 3 月份完工产品总成本。

分配计算如下:

$$\text{直接材料费用分配率} = \frac{40\ 000 + 210\ 000}{850 + 150} = 250$$

$$\text{完工产品直接材料费用} = 850 \times 250 = 212\ 500(\text{元})$$

$$\text{月末在产品直接材料费用(月末在产品费用)} = 150 \times 250 = 37\ 500(\text{元})$$

$$\text{完工产品费用} = 212\ 500 + 8\ 000 + 2\ 000 = 222\ 500(\text{元})$$

或

$$= 40\ 000 + (210\ 000 + 8\ 000 + 2\ 000) - 37\ 500 = 222\ 500(\text{元})$$

四、约当产量比例法

约当产量比例法是将月末在产品数量按照完工程度折算为相当于完工产品的产量，即约当产量，然后按照完工产品产量与在产品的约当产量的比例分配计算完工产品费用和月末在产品费用的一种方法。采用该种分配方法，在产品既要计算直接材料费用，又要计算直接人工、制造费用等其他加工费用。这种分配方法适用于月末在产品数量较大、各月末在产品数量变化也较大、产品成本中直接材料费和加工费比重相差不多的产品。

约当产量比例法的一般计算公式为

$$在产品约当产量=在产品数量\times完工百分比(完工率)$$

$$某项费用分配率=\frac{该项费用总额}{完工产品产量+在产品约当产量}$$

$$完工产品该项费用=完工产品数量\times 费用分配率$$

$$在产品该项费用=在产品约当产量\times费用分配率=费用总额-完工产品费用$$

【例 7.2】 某企业生产乙产品，本月完工 750 件，月末在产品 250 件，月初在产品和本月合计：直接材料费用为 45 000 元，直接人工费用为 8 550 元，制造费用为 12 600 元。直接材料是在生产开始时一次投入，分配各项加工费用、计算约当产量所依据的完工率均为 60%。直接材料费用按照完工产品和月末在产品数量比例分配，分配计算如下：

(1)计算月末在产品约当产量。

$$月末在产品约当产量=250\times60\%=90(件)$$

(2)直接材料费用分配。

$$直接材料费用分配率=\frac{45\ 000}{750+250}=45$$

$$完工产品直接材料费用=750\times45=33\ 750(元)$$

$$在产品直接材料费用=150\times45=11\ 250(元)$$

(3)直接人工费用分配。

$$直接人工费用分配率=\frac{8\ 550}{750+150}=9.50$$

$$完工产品直接人工费用=750\times9.50=7\ 125(元)$$

$$在产品直接人工费用=150\times9.50=1\ 425(元)$$

(4)制造费用分配。

$$制造费用分配率=\frac{12\ 600}{750+150}=14$$

$$完工产品制造费用=750\times14=10\ 500(元)$$

在产品制造费用 = 150 × 14 = 2 100(元)

(5)计算完工产品和在产品成本。

完工产品成本 = 33 750 + 7 125 + 10 500 = 51 375(元)

在产品成本 = 11 250 + 1 425 + 2 100 = 14 775(元)

从以上计算公式可以看出,在约当产品比例法下,在产品完工程度的测定,对于费用分配的正确性有着决定性的影响。从精细化分配费用的角度看,应针对不同成本项目的具体情况来确定其完工率及约当产量,并在此基础上分配各项费用。但一般来说,各项加工费用是按照生产工时来分配和归集的,因此,在约当产量比例法时,一般可以按照生产工时投入情况来确定在产品的加工进度,即完工程度,进而计算约当产量,分配各项加工费用。直接材料的投入方式可以有多种,因此,在采用约当产量比例法时,应根据直接材料投入方式的不同以及其他具体情况来确定投料率,进而计算约当产量,分配直接材料费用。

(一)直接材料费用的分配

如果直接材料费用是在生产开始时一次投入的,由于完成产品与月末在产品所消耗的直接材料费用是一样的,因此,就应该按照完工产品与月末在产品的实际数量来进行直接材料费用的分配,即在产品的投料率按 100% 来确定。如【例 7.2】中直接材料费用的分配就是如此。

如果直接材料随着加工进度陆续投入,则可以分为以下三种情况:

(1)直接材料随着加工进度陆续投入,且直接材料投入的程度与加工进度完全一致或基本一致,这时分配直接材料费用所依据的月末在产品约当产量可以与分配加工费用所采用的在产品约当产量一致,即月末在产品的投料率可以采用分配加工费用时的完工率。

(2)直接材料随加工进度陆续投入,其投料程度与加工进度不一致,则应按工序分别确定各工序在产品的投料率。在确定各工序的投料率时,一般以各工序的直接材料消耗定额为依据,投料程度按完成本工序投料的 50% 折算。

【例 7.3】 某种产品需经过两道工序制成,直接材料消耗定额为 500 千克,其中,第一道工序直接材料消耗定额为 240 千克,第二道工序直接材料消耗定额为 260 千克。月末在产品数量:第一道工序为 200 件,第二道工序为 150 件。完工产品为 241 件,月初在产品和本月发生的直接材料费用共计 38 400 元。计算过程和结果见表 7.1。

表 7.1　产品投料率和约当产量计算表

工序	本工序直接材料消耗定额	完工率(投料率)	在产品约当产量	完工产品	合计
1	240 千克	$\frac{240\times50\%}{500}\times100\%=24\%$	200×24%＝48(件)	—	—
2	260 千克	$\frac{240+260\times50\%}{500}\times100\%=74\%$	150×74%＝111(件)	—	—
合计	500 千克	—	159 件	241 件	400 件

直接材料是在每道工序随加工进度陆续分次投料,因此每道工序投料程度按 50% 折算。

$$直接材料分配率=\frac{38\,400}{241+159}=96$$

$$完工产品分配直接材料费用=241\times96=23\,136(元)$$

$$月末在产品分配直接材料费用=159\times96=15\,264(元)$$

(3)直接材料随加工进度分工序投入,但在每一道工序则是在开始时一次投入,则也应按工序确定投料率,不过在确定各工序的投料率时,应以各工序的直接材料消耗定额为依据,投料程度按完成本工序投料的 100% 计算。

【例 7.4】　采用例 7.3,某产品在各工序的直接材料消耗定额,但直接材料在各工序开始时一次投入。计算过程和结果见表 7.2。

表 7.2　产品投料率和约等产量计算表

工序	本工序直接材料消耗定额	完工率(投料率)	在产品约当产量	完工产品	合计
1	240 千克	$\frac{240}{500}\times100\%=48\%$	20×48%＝96(件)	—	—
2	260 千克	$\frac{240+260}{500}\times100\%=100\%$	150×100%＝150(件)	—	—
合计	500 千克	—	246 件	241 件	487 件

由于直接材料是每道工序一开始就投入的,不同工序中各件在产品直接材料的消耗定额,就是该工序的消耗定额,不应按 50% 折算,最后一道工序在产品的消耗定额,为完工产品的消耗定额,完工率为 100% 。

$$直接材料费用分配率=\frac{38\ 400}{241+246}=78.85$$

$$完工产品直接材料费用=241\times78.85=19\ 002.85(元)$$

$$月末在产品直接材料费用=246\times78.85=19\ 397.15(元)$$

(二)加工费用的分配

采用约当产量比例法分配加工费用时，首先要测定在产品的完工程度(完工率)，在此基础上，计算在产品的约当产量，进而进行费用的分配。测定在产品完工程度的方法一般有两种：

(1)平均计算法，即一律按50%作为各工序在产品的完工程度。这是在各工序在产品数量和单位产品在各工序的加工量都相差不多的情况下，后面各工序在产品多加工的程度可以抵补前面各工序少加工的程度。这样，全部在产品完工程度均可按50%平均计算。

(2)各工序分别测定完工率。为了保证成本计算的准确性，加速成本的计算工作，可以按照各工序的累计工时定额占完工产品工时定额的比率计算，事前确定各工序在产品的完工率。计算公式为

$$某工序在产品完工率=\frac{前面各工序工时定额之和+本工序工时定额\times50\%}{产品工时定额}$$

公式中的“本工序”，即在产品所在工序，其工时定额乘以50%，是因为该工序中各件在产品的完工程度不同，为了简化完工率的测算工作，在产品所在工序的加工程度一律平均完工50%计算。在产品从上一道工序转入下一道工序时，因上一道工序已经完工，所以前面各道工序的工时定额应按100%计算。

【例7.5】　某企业甲产品单位工时定额40小时，经过三道工序制成。第一道工序工时定额为8小时，第二道工序工时定额为16小时，第三道工序工时定额为16小时。各道工序内各件在产品加工程度均按50%计算。各工序完工率计算如下：

$$第一道工序:\frac{8\times50\%}{40}\times100\%=10\%$$

$$第二道工序:\frac{8+16\times50\%}{40}\times100\%=40\%$$

$$第三道工序:\frac{8+16+16\times50\%}{40}\times100\%=80\%$$

根据各工序的月末在产品数量和各工序完工率，计算出月末各工序在产品的约当产量及其总数，据以分配费用。

【例7.6】　假定例7.5中的甲产品本月完工200件。第一道工序的在产品20件，第二道工序的在产品40件，第三道工序的在产品60件。根据各工序月末在产品的数量和各工序的完工率，分别计算各工序月末在产品的约当产量及其总数，见表7.3。

表 7.3　产品产量计算表

在产品所在工序	完工率/%	在产品数量		完工产品产量	产量合计
		结存量	约当产量		
1	10	20	2		
2	40	40	16		
3	80	60	48		
合计	—	120	66	200	266

假定例 7.5 中甲产品月初加本月发生的加工费用为：直接人工 7 980 元，制造费用 8 512 元。完工产品与月末在产品加工费用的分配计算如下。

(1)直接人工的分配。

$$\text{直接人工费用分配率} = \frac{7\ 980}{200+66} = 30$$

$$\text{完工产品分配直接人工费用} = 200 \times 30 = 6\ 000(\text{元})$$

$$\text{月末在产品分配直接人工费用} = 66 \times 30 = 1\ 980(\text{元})$$

(2)制造费用的分配。

$$\text{制造费用分配率} = \frac{8\ 512}{200+66} = 32$$

$$\text{完工产品分配制造费用} = 200 \times 32 = 6\ 400(\text{元})$$

$$\text{月末在产品分配制造费用} = 66 \times 32 = 2\ 112(\text{元})$$

五、在产品按完工产品成本计算法

这种分配方法是将在产品视同完工产品来分配费用。适用于月末在产品已经接近完工，或者产品已经加工完毕，但尚未验收或包装入库的产品。在这种情况下，在产品成本已接近完工产品成本，为了简化核算工作，将月末在产品视同完工产品，按完工产品与在产品的数量分配费用。

【例 7.7】　某产品 2014 年 2 月初在产品费用和本月发生费用累计数为：直接材料费用 25 600元，直接人工费用 5 600 元，制造费用 6 400 元。完工产品 600 件，月末在产品 200 件，该产品已接近完工，月末在产品成本按完工产品成本计算。其计算分配结果见表 7.4。

表 7.4　生产费用分配表

成本项目	生产费用合计	费用分配率	完工产品		月末在产品	
			数量/件	费用	数量/件	费用
(1)	(2)	$(3)=\frac{(2)}{(4)+(6)}$	(4)	(5)=(4)×(3)	(6)	(7)=(6)×(3)
直接材料	25 600	32	600	19 200	200	6 400
直接人工	5 600	7	600	4 200	200	1 400
制造费用	6 400	8	600	4 800	200	1 600
合计	37 600	—	—	28 200	—	9 400

表 7.4 中各项费用的分配率是根据各该生产费用的累计数除以完工产品的数量与月末在产品数量之和计算出的；各该费用分配率分别乘以完工产品数量和月末在产品数量，即求出完工产品与月末在产品分配的各项费用。

六、在产品按定额成本计价法

在产品按定额成本计价法是按照预先制定的定额成本计算月末在产品成本，然后从某种产品全部生产费用（月初在产品费用加本月生产费用）中减去月末在产品的定额成本，就是完工产品成本。也就是说，每月实际生产费用脱离定额的差异，全部计入当月完工产品成本。这种分配方法适用于定额管理基础比较好，各项消耗定额或费用定额比较准确、稳定，而且各月在产品数量变动不大的产品。

采用这种分配方法，应根据各种在产品有关定额资料以及在产品月末结存数量，计算各种月末在产品的定额成本。

【例 7.8】　假设长江公司生产甲、乙两种产品。两种产品完工产品与月末在产品费用的分配均采用在产品按定额成本计价的方法。2014 年 3 月生产资料如下：甲产品月末在产品 50 件，单件原材料费用定额为 310 元（原材料在生产开始时一次投入），在产品定额机器工时（简称“机时”）200 小时，定额人工工时 950 小时；乙产品月末在产品 150 件，单件原材料费用定额为 300 元（原材料在生产开始时一次投入），在产品定额机器工时 450 小时，定额人工工时 2 250小时。其他有关资料及月末在产品定额成本的计算结果见表 7.5。

表 7.5　月末在产品定额成本计算表

车间:一车间　　　　2014 年 3 月　　　　单位:元

产品名称	在产品数量/件	直接材料定额费用/元	定额工时		直接燃料和动力(每工时 2.1 元)	直接人工(每工时 12 元)	制造费用(每工时 4.8 元)	定额成本合计/元
			机器工时	人工工时				
甲产品	50	15 500	200	950	420	11 400	4 560	31 880
乙产品	150	45 000	450	2 250	954	27 000	10 800	83 745
合计	—	60 500	—	—	1365	38 400	15 360	115 625

采用这种分配方法,月末在产品定额成本与实际成本之间的差异(脱离定额差异)全部由完工产品负担,不尽合理。如前所述,在各项消耗定额或费用定额比较准确、稳定,又不需要经常修订定额的条件下,采用这种分配方法能够比较准确、简便地解决完工产品与月末在产品之间分配费用的问题,否则会影响产品成本计算的正确性。采用这种分配方法,如果产品成本中直接材料费用所占比重较大,为了进一步简化成本计算工作,月末在产品成本可以只按定额原材料费用计算,其他各项实际费用计入完工产品成本。也就是把在产品按所耗直接材料费用计价法,与在产品按定额成本计价法相结合应用,即在产品按定额直接材料费用计价法,月末在产品只计算所耗直接材料费用,而直接材料费用又是按定额计算的。

七、定额比例法

定额比例法是产品的生产费用按照完工产品和月末在产品的定额消耗量或定额费用的比例,分配计算完工产品和月末在产品的方法。其中,直接材料费用按照直接材料定额消耗或直接材料定额费用比例分配;直接人工费用、制造费用等各项加工费,可以按定额工时的比例分配,也可以按定额费用比例分配。

这种分配方法适用于定额管理基础较好,各项消耗定额和费用定额比较准确、稳定,各月末在产品数量变动较大的产品,因为月初和月末在产品费用之间脱离定额的差异要在完工产品和月末在产品之间按比例分配,从而提高了产品成本计算的准确性。

定额比例法计算公式如下。

公式 1:

$$消耗量分配率 = \frac{月初在产品实际消耗量 + 本月实际消耗量}{完工产品定额消耗量 + 月末在产品定额消耗量}$$

$$完工产品实际消耗量 = 完工产品定额消耗量 \times 消耗量分配率$$

完工产品费用 = 完工产品实际消耗量 × 原材料单价（或单位工时的直接人工费用、单位工时的制造费用）

月末在产品实际消耗量 = 月末在产品定额消耗量 × 消耗分配率

月末在产品费用 = 月末在产品实际消耗量 × 原材料单价（或单位工时直接人工费用、单位工时的制造费用）

按照公式 1 分配，既可以提供完工产品和月末在产品的实际费用资料，还可以提供实际消耗量资料，便于考核和分析各项消耗定额的执行情况。但是，在各产品所耗原材料的品种较多的情况下，采用这种分配方法工作量较大。为了简化核算工作，也可以采用下列公式计算分配。

公式 2：

$$\text{直接材料费用分配}=\frac{\text{月初在产品实际直接材料费用}+\text{本月实际直接材料费用}}{\text{完工产品定额直接材料费用}+\text{月末在产品定额直接材料费用}}$$

完工产品实际直接材料费用 = 完工产品定额直接材料费用 × 直接材料费用分配率

月末在产品实际直接材料费用 = 月末在产品定额直接材料费用 × 直接材料费用分配率

或　= 月初在产品实际直接材料费用 + 本月实际直接材料费用 − 完工产品实际直接材料费用

$$\text{某项加工费用分配率}=\frac{\text{月初在产品该项加工费用的实际金额}+\text{本月该项加工费用的实际金额}}{\text{完工产品定额工时}+\text{月末在产品定额工时}}$$

完工产品应负担的某项加工费用实际金额 = 完工产品定额工时 × 该项加工费用分配率

月末在产品应负担的某项加工费用实际金额 = 月末在产品定额工时 × 该项加工费用分配率

或　= 月初在产品该项实际加工费用 + 本月该项实际加工费用 − 完工产品应负担该项实际加工费用

【例 7.9】　某产品 2014 年 6 月在产品费用为：直接材料 1 400 元，直接人工 6 000 元，制造费用 40 000 元。本月生产费用：直接材料 8 200 元，直接人工 30 000 元，制造费用 20 000 元。完工产品 4 000 件，直接材料定额费用 8 000 元，定额工时 5 000 小时。月末在产品 1 000 件，直接材料定额费用 2 000 元，定额工时 1 000 小时。完工产品与月末在产品之间，直接材料费用按直接材料定额费用比例分配，其他费用按定额工时比例分配。各项费用分配计算结果见表 7.6。

表 7.6 产品成本明细账

产品名称:某产品　　2014 年 6 月　　单位:元

成本项目	月初在产品费用	本月费用	生产费用合计	费用分配率	完工产品费用		月末在产品费用	
					定额	实际费用	定额	实际费用
(1)	(2)	(3)	(4) = (2) + (3)	(5) = $\frac{(4)}{(6)+(8)}$	(6)	(7) = (6) × (5)	(8)	(9) = (8) × (5)
直接材料	1 400	8 200	9 600	0.96	8 000	7 680	2 000	1 920
直接人工	6 000	30 000	36 000	6	5 000*	30 000	1 000*	6 000
制造费用	40 000	20 000	60 000	10	5 000*	50 000	1 000*	10 000
合　计	47 400	58 200	105 600	—	—	87 680	—	17 920

* 工时

按照公式 2 计算分配费用,必须取得完工产品和月末在产品的定额消耗量或定额费用资料。完工产品的直接材料定额消耗量和工时定额消耗量,可以根据完工产品的实际数量乘以单位直接材料消耗定额和工时消耗定额计算求得,在此基础上,再乘以相应的费用定额就可以计算完工产品的各项定额费用。月末在产品的直接材料定额消耗量和工时消耗定额量,可以根据月末在产品盘存表或账面所记录的在产品的结存数量,以及相应的消耗定额具体计算。但在在产品的种类和生产工序繁多时,核算工作量繁重。因此,在产品定额消耗量可采用简化的方法计算(即倒挤方法)。其计算公式为

月末在产品定额消耗量 = 月初在产品定额消耗量 + 本月投入的定额消耗量 − 本月完工产品定额消耗量

上述公式中月初在产品定额消耗量根据上月成本计算资源取得。本月投入的定额消耗量中的直接材料定额消耗量,根据领料凭证所列直接材料定额消耗量等数据计算求得;本月投入的工时定额消耗量,根据有关定额工时的原始记录计算求得。按照倒挤法计算月末在产品的定额数据,可以简化计算工作,但是,在发生在产品盘盈、盘亏的情况下,计算求得的成本资料就不能如实反映成本的水平。为了提高成本计算的准确性,必须每隔一定时期对在产品的定额资料。可以按下列公式分配费用。

公式 3:

$$费用分配率 = \frac{月初在产品实际费用 + 本月实际费用}{月初在产品定额费用(定额工时) + 本月投入定额费用(定额工时)}$$

完工产品和月末在产品费用的计算公式同前。

【例 7.10】 承例 7.9 的资料。某产品月初在产品定额原材料费用 1 500 元,定额工时 1 500小时。本月投入生产定额直接材料费用 8 500 元,定额工时 4 500 小时。本月实际发生

的费用和完工产品定额资料等同【例7.9】,各项费用分配计算结果见表7.7。

表7.7　产品成本明细账

产品名称:某产品　　2014年6月　　单位:元

成本项目	月初在产品		本月投入		合计		费用分配率	完工产品		月末在产品	
	定额	实际	定额	实际	定额	实际		定额	实际	定额	实际
(1)	(2)	(3)	(4)	(5)	(6)=(2)+(4)	(7)=(3)+(5)	$(8)=\frac{(7)}{(6)}$	(9)	(10)=(9)×(8)	(11)=(6)-(9)	(12)=(11)×(8)
直接材料	1 500	1 400	8 500	8 200	10 000	9 600	0.96	8 000	7680	2 000	1 920
直接人工	1 500	6 000	4 500	30 000	6 000*	36 000	6	5 000*	30 000	1 000*	6 000
制造费用	1 500	40 000	4 500	20 000	6 000	60 000	10	5 000*	50 000	1 000*	10 000
合　计	—	47 400	—	58 200	—	105 600	—	—	87 680	—	17 920

*工时

月末在产品原材料定额费用=1 500+8 500-8 000=2 000(元)

月末在产品定额工时=1 500+4 500-5 000=1 000(小时)

根据公式3计算分配的结果与公式2计算分配的结果是相同的,这是因为分母中

月初在产品定额消耗量(定额费用)+本月投入定额消耗量(定额费用)=

完工产品定额消耗量(定额费用)+月末在产品定额消耗量(定额费用)

采用定额比例法分配完成产品与月末在产品费用,分配结果比较准确,同时还便于将实际费用与定额费用进行比较,考核和分析定额的执行情况。

通过以上所述生产费用在各种产品之间,以及在同种产品的完工产品与月末在产品之间分配和归集以后,分别计算出各种产品的总成本和单位成本,借以考核和分析各种产品成本计划的执行情况。

第三节　完工产品成本的结转

制造企业生产产品发生的各项生产费用,已在各项产品之间进行了分配,在此基础上又在同种产品的完工产品和月末在产品之间进行了分配,计算出各种完工产品的成本,从“基本生产成本”科目及所属明细科目贷方转出,记入有关科目的借方。完工入库产成品的成本,借记“库存商品”科目;完工的自制材料、工具、模具等的成本,分别借记“原材料”“低值易耗品”等科目,贷记“基本生产成本”科目。“基本生产成本”科目月末借方余额就是基本生产在产品的成本,即占用在基本生产过程中的生产资金。

【例7.11】　制造企业的完工产品,包括产成品、自制材料、工具、模具等。根据表7.8和

表 7.9，甲、乙产品成本明细账(基本生产成本明细账)，汇总编制产成品成本汇总表见表7.10。

表 7.8　产品成本明细账

车间:基本生产车间　　（基本生产成本明细账）　　产量:1 210 件

产品名称:甲产品　　2014 年 6 月　　单位:元

成本项目	月初在产品成本	本月生产费用	生产费用累计	月末在产品成本	产成品	
					总成本	单位成本
直接材料	18 600	465 200	483 800	15 500	468 300	387.03
燃料及动力	1 000	11 100	12 100	420	11 680	9.65
直接人工	38 000	322 000	360 000	11 400	348 600	288.10
制造费用	7 500	112 500	120 000	4 560	115 440	95.40
合　计	65 100	910 600	975 900	31 880	944 020	780.18

表 7.9　产品成本明细账

车间:基本生产车间　　（基本生产成本明细账）　　产量:830 件

产品名称:乙产品　　2014 年 6 月　　单位:元

成本项目	月初在产品成本	本月生产费用	不可修复废品成本	生产费用累计	月末在产品	产成品	
						总成本	单位成本
直接材料	54 000	267 400	9 000	312 400	45 000	267 400	322.17
燃料及动力	1 134	6 000	378	6 756	945	5 811	7
直接人工	24 300	196 000	10 800	209 500	27 000	182 500	219 .88
制造费用	12 960	67 500	4 320	76 140	10 800	65 340	78.72
废品损失				23 498		23 498	28.31
合　计	92 394	536 900	24 498	628 294	83 745	544 549	656.08

表 7.10　产成品成本汇总表

2014 年 6 月　　单位:元

产品名称	直接材料	直接燃料和动力	直接人工	制造费用	废品损失	合计
甲产品	468 300	11 680	348 600	115 440	—	944 020
乙产品	267 400	5 811	182 500	65 340	23 498	544 549
合计	735 700	17 491	531 100	180 780	23 498	1 488 569

根据完工验收入库产成品的交库及产成品成本汇总表等，编制会计分录如下：

借:库存商品——甲产品　　　　944 020
　　　　　——乙产品　　　　544 549
　贷:基本生产成本——甲产品　　　944 020
　　　　　　　　——乙产品　　　544 549

本章小结

正确组织在产品数量的核算,是正确进行完工产品与月末在产品之间分配费用、正确计算完工产品和月末在产品成本的基础。本章在在产品数量核算的基础上,详细阐述了生产费用在完工产品与月末在产品之间各种费用分配方法的原理及其应用。

生产费用在完工产品与月末在产品之间的分配方法很多,本章讲述了七种,这些分配方法各有其不同的特点、适用范围和计算程序。某种产品采用哪种分配方法,是根据具体条件确定的,这些具体条件是:①月末在产品数量的多少;②各月在产品数量变化的大小;③各项费用比重的大小;④定额管理基础的好坏等。

完工产品与在产品之间分配费用的方法有:不计算在产品成本法、按年初数固定计算在产品成本法、在产品按所耗原材料费用计价法、约当产量比例法、在产品按完工产品成本计算法、在产品按定额成本计价法和定额比例法。

这七种分配方法通常可以归纳为两类:一类是根据“本月完工产品成本 = 本月生产费用 + 月初在产品成本 - 月末在产品成本”公式,先确定月末在产品成本,再计算出完工产品成本;另一类是根据“月初在产品成本 + 本月生产费用 = 完工产品成本 + 月末在产品成本”公式,将前两项之和在后两项之间按照一定的比例进行分配,同时计算出完工产品成本和月末在产品成本。

复习思考题

1. 生产费用在完工产品与在产品之间的分配有几种方法？各适应于在什么情况下使用？
2. 确定完工产品与月末在产品之间费用的分配费用方法时,应考虑哪些具体条件？
3. 约当产量法在什么情况下使用？使用时应注意什么？
4. 如何使用定额比例法计算完工产品与在产品成本？
5. 采用定额比例法和在产品按定额成本法计算完工产品与在产品成本有何不同？

第八章

Chapter 8

产品成本计算方法概述

【学习要点与目标】

通过本章的学习，了解企业生产特点和管理要求，了解制造企业采用的成本计算方法及其具体应用；熟悉生产特点和成本管理要求对成本计算的影响，重点掌握成本计算的主要方法、适用条件，熟悉成本计算辅助方法的种类。重点掌握生产类型对成本计算方法的影响以及各种基本方法的特点。

【案例导入】

美国的福特汽车公司创立于1903年，当时年产量为1 700多辆。福特公司建立了汽车业的第一条生产线，大大降低了生产的成本。美国的福特制，是大量生产方式的典型。

福特公司认为以最低的成本卖出最多的产品就能获得最大的利润。通过规模经济，增加产量可以急剧降低成本，从而可以降低价格。而需求是有弹性的，低价格能够保证最大限度卖出产品，价格越低，就会有更大的产销量；当产销量长上去了，随着生产规模的增加，会进一步加速成本的下降，这就使得我们有进一步降低价格的空间。在相对统一的市场环境下，可以卖出更多的产品。

为了实现尽可能低的成本和更大的市场，生产过程应当尽量自动化，由此增加的固定成本会被规模经济所消化，使用新的工艺技术也有力地推动成本的降低。同时，时刻保持生产过程的效率，其中最重要的就是稳定，包括输入、转化、输出过程的稳定，以保障每一个环节的流畅运转。产品生命周期的延长，使得有更多的时间进行产品改进，这又推动了更大规模市场的形成。它的丁字型汽车虽然车款式单一，颜色也比较少，却占据了很大的市场份额，取得了极大的成功。

从1908年开始，福特着手在T型汽车上实行单一品种大量生产，到1915年建成了第一条生产流水线，实现了一分钟生产一辆汽车的愿望，到1916年，T型汽车的累计产量达到58万辆。随着产量的增加，汽车的成本也大幅下降，从1909年的950美元，降到了1916年的360美元，11年后，也就是1927年，T型车的累计产量突破了150万辆，市场占有率达到50%。实现了很多美国家庭的汽车梦想。

第一节　企业的生产类型及其特点

产品生产成本是指产品生产过程中各个生产单位所发生的生产费用的合计，因此，产品成本的计算方法与企业生产单位的工艺过程及生产组织有密切的联系。加工制造企业是自行采购原材料（或按委托人提供的材料）大批量、标准化、生产线式的加工，大批量、标准化、生产线是加工制造企业的最重要的特点。相对于装配制造企业来说，加工制造企业最基本的竞争方式就是成本价格的竞争。传统的加工制造企业以过去劳动的生产物作为劳动对象，如冶金、机械、电子、化学、石油化工、木材加工、建筑材料、造纸、纺织、食品、皮革工业。随着技术的发展，加工制造企业逐渐转向到利用高技术、新技术、新工艺、新材料生产的高附加值加工制造企业。

企业的生产类型及其特点，对企业选择成本计算方法有着重要的影响。企业的生产类型可以按照生产工艺特点和生产组织的特点进行划分。

一、企业生产按工艺流程的特点划分

企业的生产按工艺流程特点划分，可分为简单生产和复杂生产两种类型。

（一）简单生产

简单生产是指生产工艺流程不间断，不能分散为在不同工作地点进行的生产。属于简单生产的企业，其产品的生产周期一般比较短，通常没有自制半成品或其他中间产品，而且产品由于工艺流程的特点决定了只能由一个企业协助进行生产。因此，这种类型的生产，一般也称为单步骤生产。例如，发电企业、熔铸、采掘企业都属于典型的单步骤简单生产企业。

（二）复杂生产

复杂生产是指生产工艺流程中间是由可以间断的若干生产步骤所组成的生产。它既可以在一个企业或车间内独立进行，也可以在企业或车间，在不同的地点协作进行。属于复杂生产的企业，其产品的生产周期一般比较长，生产产品的品种较多，通常有自制半成品或其他中间产品，而且产品由于工艺流程的特点决定了必须由多个企业或车间协助进行生产。因此，这种类型的生产，一般也称为多步骤生产。

复杂生产按其产品生产过程的加工方式的不同，又可以分为连续式复杂生产和装配式复杂生产两类。

（1）连续式复杂生产是指从原材料投入生产以后，需经过较多相互联系的加工步骤才能最后生产出产成品，前一个步骤生产出来的半成品是后一个步骤的加工对象，直到最后一步才能加工出产成品。这些生产步骤必须按顺序进行，不能并存，也不能颠倒。如钢铁、冶金、造

纸、纺织等企业,属于这种连续式复杂生产的典型企业。

(2)装配式复杂生产是指从原材料投入生产以后,在各个步骤平行加工,制造成生产产品所需的各种零件和部件,最后将各生产步骤的零部件组装成为产成品,如机械、电器、船舶、汽车制造等企业,属于这种装配式复杂生产的典型企业。

二、企业生产按生产组织的特点划分

企业的生产按生产组织特点划分,可分为大量生产、成批生产和单件生产三种类型。

(一)大量生产

大量生产是指不断地重复生产一种或几种产品的生产。这种类型生产的主要特点是企业的产品品种较少,生产比较稳定。一般是采用专业设备重复进行生产,专业化水平较高。大量生产品种单一,产量大,生产重复程度高。如发电、轻纺、采掘、冶金等企业就是典型的大量生产企业。大量生产的产品需求一般单一稳定,需求数量大。

(二)成批生产

成批生产是指按照预先确定的产品批别和数量,轮番进行若干种产品的生产。这类生产的特点是品种或规格比较多,各种产品的生产数量多少不等,每隔一定时间重复生产一批,一般采用专用设备及通用设备进行生产。成批生产按照批量的大小,又可进一步划分为大批量生产和小批量生产。如服装、机床等企业就是典型的成批生产企业,这种生产组织是现代企业生产的主要形式。

(三)单件生产

单件生产是根据各订单的要求,生产某种规格、型号、性能等特定产品的生产。这种类型生产的主要特点是企业的产品品种较多,每一订单产品数量少,一般不重复或不定期重复生产,这种生产组织形式并不多见,主要适用于一些大型而复杂的产品。例如,造船、重型机械、专用设备等企业就是典型的单件生产企业。

实践工作中,由于大批生产与大量生产比较接近,可合称为大量大批生产;小批生产与单件生产比较接近,可合称为单件小批生产。一般情况下,简单生产大多是大量生产;连续式复杂生产一般属于大量大批生产;装配式复杂生产可以是大量生产、成批生产和单件生产。

不同的企业,成本管理的要求也不完全一样。例如,有的企业只要求计算产成品的成本,而有的企业不仅要计算产成品的成本,而且还要计算各个步骤半成品的成本。有的企业要求按月计算成本,而有的企业可能只要求在各批产品完工后才计算成本。成本管理要求的不同,也是影响选择成本计算方法的一个因素。

三、生产特点和管理要求对成本计算方法的影响

不同生产类型的特点，可采用不同的成本计算方法。各种成本计算方法之间的区别主要表现在三个方面，即成本计算对象、成本计算期和生产费用在完工产品与在产品之间的分配问题。企业管理对成本计算方法的影响，也表现在这三个方面。

（一）成本核算对象

1. 成本核算对象的概念

成本核算对象是指确定归集和分配生产费用的具体对象，即生产费用承担的客体。成本核算对象的确定，是设立成本明细分类账户、归集和分配生产费用以及正确计算成本的前提。具体的成本核算对象主要应根据企业生产的特点加以确定，同时考虑成本管理的要求。

2. 成本核算对象的确定

一般情况下，对工业企业而言，生产一种或几种产品的，以产品的品种为成本计算对象；分批、单件生产产品的，以每批货每件产品为成本计算对象；多步骤连续生产加工的产品，以每种产品及各生产步骤为成本计算对象；产品规格繁多的，可将产品结构、耗用原材料和工艺过程基本相同的各种产品，适当合并为成本核算对象。成本核算对象确定后，各种会计技术资料的归集应当与此一致，一般不能中途变更，以免造成成本核算资料的不实、结算漏账和经济责任不清的弊端。成本核算对象的确定，有利于细化项目成本核算和考核成本管理绩效。

（二）成本计算期

企业产品生产特点和管理要求的不同，对确定成本计算期同样有影响。例如，在单件、小批生产的情况下，由于各批产品的生产周期不同，其产品成本一般要等到某批产品完工才能计算，因此，成本计算是不定期的，而是按生产周期进行，与会计报告期不一致。但在大量、大批生产情况下，由于生产活动连续不断地进行着，总有一部分产品完工，因而产品成本要定期在月末进行计算，成本计算期则与生产周期不一致，而与会计报告期一致。

（三）月末在产品成本计算问题

企业生产的特点还影响到月末进行成本计算时，是否需要在完工产品与在产品之间分配费用的问题，即是否需要计算在产品成本。具体表现为：在单件、小批生产的情况下，由于生产数量较少，且购物单位需要一次交货，每批产品要求同时完工，这样月末就会出现同时完工或同时均未完工的情况，所以，在通常情况下，不需要将生产费用在完工产品与在产品之间进行分配。

在产品大量大批生产的情况下，由于企业生产步骤不同，月末是否需要将生产费用在完工

产品与在产品之间分配的问题上,也不一致。具体表现为:在单步骤、大量生产单一产品的情况下,生产过程不能中断,生产周期也很短,一般没有在产品,或在产品数量很少,也就不用计算在产品成本;在多步骤的大量、大批生产情况下,由于生产连续不断地进行,产品的生产周期都较长,经常有在产品存在,因此必须采用适当的方法,将生产费用在完工产品与在产品之间进行分配。

由此可见,制造企业由于产品生产特点和成本管理要求不同,其成本计算对象、成本计算期、在产品成本的计算也不相同。将不同的成本计算对象、不同的成本计算期及不同的在产品成本的计算等因素组合在一起,就形成了各种不同的成本计算方法。而成本计算对象则是决定成本计算方法的主要因素。

第二节　产品成本计算方法及应用

一、产品成本计算的基本方法

成本计算方法的确定在很大程度上取决于企业生产的特点和成本管理的要求。例如,在大量大批单步骤生产的情况下,只要求按产品的品种计算成本,将这种成本计算方法称之为品种法。又如,在单件小批、多步骤的生产情况下,由于生产是按照客户的订单以及企业组织的生产批别组织生产,因此,产品成本就应该按照订单或生产批别进行计算,将这种成本计算方法称之为分批法。而在大量大批多步骤生产的情况下,往往不仅要求按产品品种计算,而且还要求以产品生产的步骤作为成本计算的对象,将这种成本计算的方法称之为分步法。

根据生产工艺过程和生产组织的特点以及管理上的要求,制造企业产品成本计算的主要方法有品种法、分批法和分步法三种方法。

(一)品种法

产品成本计算的品种法是以产品品种作为成本计算对象来归集生产费用、计算产品成本的一种方法。由于品种法不需要按批计算成本,也不需要按步骤来计算半成品成本,因而这种成本计算方法比较简单。品种法主要适用于大批量单步骤生产的企业,如发电、采掘等。或者虽属于多步骤生产,但不要求计算半成品成本的小型企业,如小水泥、制砖等。品种法一般按月定期计算产品成本,也不需要把生产费用在产成品和在产品之间进行分配。

(二)分批法

产品成本计算的分批法,也称订单法,是以产品的批次或订单作为成本计算对象来归集生产费用、计算产品成本的一种方法。分批法主要适用于单件和小批量的多步骤生产,如重型机械、船舶、精密仪器和专用设备等企业。分批法的成本计算期是不固定的,一般把一个生产周期(即从投产到完工的整个时期)作为成本计算期定期计算产品成本。由于在未完工时没有产成品,完工后又没有在产品,产成品和在产品不会同时并存。因而通常情况下是不需要把生产费用在产成品和产成品之间进行分配。

(三)分步法

产品成本计算的分步法是按产品的生产步骤归集生产费用,计算产品成本的一种方法。分步法适用于大量或大批的多步骤生产,如机械、纺织、造纸等企业。分步法由于生产的数量大,在某一时间上往往既有已完工的产成品,又有未完工的在产品和半成品,不可能等全部产品完工后再计算成本。因而分步法一般是按月定期计算成本,并且要把生产费用在产成品和半成品之间进行分配。

产品成本计算的分步法,是按产品在加工过程中的步骤组织成本计算,适用于大量大批多步骤生产的企业。在实际应用中,分步法又分为逐步结转分步法和平行结转分步法。逐步结转分步法是指按照产品生产加工的先后顺序,逐步结转产品生产成本,直至最后一个步骤算出产成品成本。平行结转分步法是指按照各步骤归集所发生的成本费用,最后从各步骤一起将应计入产成品成本的份额结转出来,再汇总计算产成品成本。

将上述三种基本产品成本计算方法的特点归纳见表8.1。

表8.1　基本产品成本计算方法的特点

成本计算方法	成本计算对象	成本计算期	适用的生产类型			生产费用在完工产品和在产品之间的分配
			生产组织特点	生产工艺特点	成本管理	
品种法	产品品种	定期于月末计算	大量大批	单步骤、多步骤	不要求分步骤计算	一般不需要进行分配,大量大批复杂生产企业
分步法	产品品种及所经过生产步骤	定期于月末计算	大量大批	多步骤	要求分步骤计算	需要进行分配
分批法	产品批别	不定期计算	单件小批	多步骤、单步骤	不要求分步骤计算	一般不需要分配

二、产品成本计算的其他方法

产品成本计算的方法除以上三种基本方法外,还有一些辅助方法。判读是否属于辅助方法的依据包括:是否与生产组织类型无关;是否在成本计算中必须使用;并且必须与产品成本计算的基本方法结合使用。

例如,采用品种法计算成本,在产品品种规格繁多的情况下,为了简化成本计算工作,可以先将产品划分为若干类别,分别计算各类别产品成本,然后在各个类别内部采用一定的分配标准,计算出各个规模产品的成本,这种方法称之为分类法;在定额管理制度比较健全,定额管理基础工作比较好,产品的生产已定型,消耗定额比较准确、稳定的企业中,为了加强成本的定额控制,还可以以定额成本为基础,计算产品的实际成本,这种方法就称之为定额法。

需要指出的是,产品成本基本方法与辅助方法的划分,是从计算产品实际成本的角度考虑的,并不是因为辅助方法不重要。相反,有的辅助方法对于控制生产费用、降低产品成本具有十分重要的作用。

三、产品成本计算方法的综合运用

企业生产情况错综复杂,在实际工作中,由于其生产的特点和管理的要求并不完全相同,有时在生产一种产品时,在该产品的各个生产步骤以及各种半成品、各成本项目之间的结转,其生产的特点和管理的要求也不一样,这样,就有可能在同一个企业或同一车间里同时采用几种成本计算方法。其目标是力求达到既要正确计算产品成本,又要简化成本的核算工作。

企业无论是什么生产类型,也无论是采用什么计算方法,但最终都必须按照产品品种计算出产品成本。因此,按照产品品种计算产品成本,是产品成本计算的最一般、最起码的要求。

(一)同一企业不同车间同时采用不同的成本计算方法

在工业企业中,不同的生产车间同时采用几种成本计算方法的情况是很多的。工业企业一般都有基本生产车间和辅助生产车间。基本生产车间和辅助生产车间的生产类型往往不同,因此采用的成本计算方法也往往不同。例如,纺织厂的纺纱和织布等基本生产车间,一般属于多步骤的大量生产,应采用分步法计算半成品纱和产成品布的成本,但厂内供电等辅助生产车间,属于单步骤大量生产,应采用品种法计算成本。

(二)同一车间不同产品同时采用不同的成本计算方法

即使是同一生产车间,由于产品的不同,因而采用的成本计算方法也可能不同。例如,木器厂所生产的木器,有的已近定性,已大量大批生产,可采用分步法计算成本,有的则在试制,只能单件、小批生产,则应采用分批法计算成本。又如玻璃制品厂所产日用玻璃杯和玻璃仪器,前者是利用原材料直接熔制而成,可视为单步骤生产,采用分批法计算成本,而后者则是现将原材料熔制成各种毛坯,再加工、装配成为仪器,属于多步骤生产。因此,即使这两种产品的生产都已定性,均属于大量大批生产,但由于工艺过程不同,也应采用不同的方法计算成本,后者采用分步法计算成本。

（三）同一产品不同步骤、不同的半成品、不同的成本项目采用不同的成本计算方法

即使是同一产品，其各个生产步骤、各种半成品、各个成本项目之间的生产特点和管理要求也可能不同，由此决定采用的成本计算的方法也可能不同，需要将他们结合起来应用。一种产品的不同生产步骤，由于生产特点和管理要求的不同，可能采用不同的成本计算方法。例如，单件、小批生产的机械厂，铸工车间可以采用品种法计算铸件成本，加工装配车间则可采用分批法计算各批产品的成本，而在铸工和加工装配车间之间，则可采用逐步结转分步法结转铸件的成本；如果在加工和装配车间之间要求分步骤计算成本，但在加工车间所生产半成品种类较多，又不对外销售，不需要计算半成品成本的情况下，加工和装配车间可采用平行结转分步法结转成本。这样，该厂在分批法的基础上，结合采用了品种法和分步法，在分步法中还结合了逐步结转法和平行结转法。

在构成一种产品的不同零件（半成品）之间，也可以采用不同的计算方法。例如，机械厂所生产的各种零件，其中不对外销售的专用零件，不要求单独计算成本；经常对外销售的标准件以及各种产品通用的通用件，则应按这些零部件的生产类型和管理要求，采用适用的计算方法单独计算成本。

另外，在一种产品各个成本项目之间，也可以采用不同的成本计算方法。例如，钢铁厂产品的原材料成本，占全部成本的比重较大，又是直接计入费用，应采用分步法，按照产品的品种和生产步骤设立产品成本明细账计算成本，其他成本项目，则可采用产品成本计算的辅助方法（如分类法和定额法），按照产品类别设立成本明细账归集费用，然后按照一定的系数分配计算各种产品的成本。又如机械厂原材料费用占全部成本的比重较大，如果定额资料比较稳定准确，可采用定额法计算成本，其他成本项目可采用其他方法计算成本。

本章小结

企业成本计算的方法，主要受两大因素的影响：一个是生产的类型，另一个是成本管理的要求。其中生产的类型按产品工艺过程的特点，可分为简单生产和复杂生产；按生产组织的特点，可分为大量生产、成批生产和单件生产。而成本管理的要求，则是对多步骤复杂生产的产品，管理上是否要求按产品的生产步骤，计算每一步骤半成品产品成本及完工产品成本。

品种法适用于大量大批单步骤生产或大量大批多步骤，但管理上不要求分步骤计算产品成本的企业使用；分批法适用单件小批单步骤生产或大量大批多步骤，但管理上不要求分步骤计算产品成本的企业使用；分步法适用于大量大批多步骤，且管理上要求分步骤计算产品成本的企业使用。

产品成本计算的方法分为基本方法和辅助方法。其中基本方法有品种法、分批法和分步法；辅助方法有定额法和分类法等。产品成本计算方法可以综合应用：同一企业不同车间同时采用不同的成本计算方法；同一车间不同产品同时采用不同的成本计算方法；同一产品不同步

骤、不同的半成品、不同的成本项目采用不同的成本计算方法。

复习思考题

1. 什么是品种法？其一般在什么情况下使用？
2. 在采用品种法计算产品成本时，需要通过哪些步骤？
3. 为什么说成本计算品种法是最基本的方法？
4. 品种法有何特点？简单品种法和典型品种法有何区别？

第九章

Chapter 9

产品成本计算的品种法

【学习要点与目标】

通过本章的学习了解要素费用分配表的编制、成本明细账和产品成本计算单的登记。一般了解品种法的适用范围和运用,掌握品种法的成本计算程序,熟悉掌握品种法的基本特点,重点掌握品种法的具体应用。

【案例导入】

甲公司生产是一家轮胎厂,主要生产自行车轮胎和摩托车轮胎,设有两个基本生产车间,分别生产内胎和外胎,设有动力和供水两个辅助生产车间。生产工艺流程为:内、外胎车间通过生胶填充剂等提炼成混合胶,经过挤压成型胎面;胎面是由帘子布、胎里胶制成胶帘布,再经过裁剪成的,把胎面和胎里组合成型,再经打磨、检验后而成车胎成品。

车内、外胎生产完工经检验后计入成品库。由于轮胎是大量大批、单步骤生产,该企业采用品种法计算。对于自行车和摩托车的内外胎成本计算中具体经过哪些程序?哪些是直接费用和间接费用?产品成本计算中需设置哪些账户?产品成本最终是如何计算的?这是本章要讲授的内容。

第一节　品种法的基本内容

一、品种法的概念及范围

产品成本计算的品种法是指以产品品种为产品计算对象,归集生产费用并计算产品成本的一种方法。它适用于大量大批简单生产的工业企业或车间。在这些企业或车间中,产品比较单纯,往往大量生产一种或几种产品,生产工艺不可间断或者是工作地点不可分离。产品结构比较简单,产品品种较少,生产周期短,一般没有在产品或在产品很少,不予计算。这样的工业企业或车间计算产品成本,可以以生产的每种产品为成本计算对象,汇集生产费用,由于没有在产品,不需要计算在产品成本,所以期末每种产品汇集的生产费用就是完工产品总成本,除以完工产品产量就是单位成本,如采煤、发电企业,以及工业企业的供水、供电、供汽等辅助生产车间。

品种法除适用于以上大量大批简单生产外,还适用于大量大批复杂生产的工业企业或车间。在这些企业或车间中,有些企业生产规模较小,管理上不要求按照生产步骤计算产品成本,有些车间是封闭式的,从原材料投入到产品完工全部生产过程都在一个车间内进行,有的车间生产是按流水线组织的,虽属于复杂生产,但在管理上没有必要按步骤计算产品成本。在这样的企业或车间中,仍可以产品品种为成本计算对象,汇集生产费用。因为这类企业或车间生产步骤多,生产周期长,所以期末大多存在在产品,需要计算在产品成本。这时要素费用不仅需要在各种产品之间分配,而且生产费用也需要在完工产品与期末在产品之间进行分配,如小型水泥厂,虽然是多步骤生产,也可以采用品种法计算产品成本。又如大量大批生产的铸件熔铸和玻璃制品的熔制等,如果管理上不要求分熔炼与铸造或制造两个生产步骤计算产品成本,亦可采用品种法计算产品成本。属于这种类型的企业有小型造纸厂、小型水泥厂、化肥厂、铸造厂等。

品种法是制造业产品成本计算的最基本方法。因为按产品品种计算成本是产品成本计算最基本的要求。无论什么组织方式的制造企业,无论什么生产类型的产品,也无论管理要求如何,最终都必须按照产品品种计算出产品成本。

二、品种法的特点

品种法不需要按批别计算成本,也不需要按步骤来计算半成品成本,因而这种成本计算方法比较简单。产品成本计算的品种法的特点体现在如下几个方面。

(一)成本核算对象

品种法以产品品种作为成本计算对象,并据以设置产品成本明细账归集生产费用和计算产品成本。如果企业只生产一种产品,全部生产成本都是直接成本,可直接记入该产品成本明细账的有关成本项目中,不存在各种成本核算对象之间分配生产费用的问题;如果生产多种产品,直接费用直接计入或间接计入产品成本,而间接费用(包括制造费用)则要采用适当的方法,在各成本核算对象之间进行分配。

(二)成本核算期

由于大量大批的生产是不间断地连续生产,无法按照产品的生产周期来归集生产费用,计算产品成本,因而只能定期按月计算产品成本,从而将本月的销售收入与产品生产成本配比,计算本月损益。因此,品种法计算产品成本是定期按月计算的,与报告期一致,与产品生产周期不一致。品种法下一般定期(每月月末)计算产品成本。

(三)月末在产品成本计算

产品成本计算的品种法中有一种计算工作比较简单的产品成本计算方法。例如发掘、自来水生产、原煤原油的开采等。这类生产往往品种单一,封闭式生产,月末一般没有在产品存在。即使有在产品,数量也很少,所以一般不需要将生产费用在完工产品与在产品之间进行划分。当期发生的生产费用总和就是该种完工产品的总成本。再除以产量,就可以计算出产品的单位成本。在简单品种法下,生产中发生的一切费用都属于直接费用,可以直接计入该种产品成本。由于简单品种法不存在完工产品与在产品成本划分的问题,计算方法比较简单,故称之为简单品种法。

如果是大量大批的简单生产采用品种法计算产品成本,由于简单生产是一个生产步骤就完成了整个生产过程。所以月末一般没有在产品,因此,计算产品成本时不需要将生产费用在完工产品和在产品之间进行分配;如果是管理上不要求分步骤计算产品成本的大量大批的复杂生产,采用品种法计算产品成本,由于复杂生产是需要经过多个生产步骤的生产,且生产的产品品种较多,所以月末一般生产线上都会有在产品。因此,计算产品成本时就需要将生产费用在完工产品和在产品之间进行分配。相对简单品种法而言,计算过程较繁杂,故称之为典型品种法,是真正意义上的品种法。

三、品种法成本核算的一般程序

品种法是产品成本计算方法中的最基本方法,因此品种法的计算程序,体现着产品成本计算的一般程序。

(一)简单品种法的成本核算的一般程序

简单品种法计算程序相对比较简单,主要体现在成本计算对象品种单一,费用发生比较直接,无需分配,只要按照成本项目直接归集。由于通常情况下月初、月末没有在产品,所以汇总本月发生的生产费用,即为本月完工产品的总成本。基于以上的特点,在简单品种法下,可按照发生的费用项目设置"生产成本明细账"的专栏。各生产单位发生的生产费用均为直接费用。应根据原始凭证或各项费用分配表编制记账凭证,直接登记"生产成本明细账"相应项目。月末汇总"生产成本明细账",编制"产品成本计算单",并结转完工成本。

(二)典型品种法的成本核算的一般程序

1. 设成本明细账

设成本明细账,即按产品品种开设产品成本明细账或成本计算单,并按成本项目设置专栏。同时,还应开设辅助生产成本明细账(按生产车间或品种)和制造费用明细账(按生产车间),账内按成本项目或费用项目设置专栏。

2. 分配各种要素费用

分配各种要素费用,即根据各项费用的原始凭证和其他有关资料,登记各项货币支出,编制各种费用分配表,分配各种要素费用。根据要素费用分配的结果,登记各种明细账。

(1)根据货币资金支出业务,按用途分类汇总各种付款凭证,登记各项费用。

(2)根据领用材料的凭证和退料凭证及有关分配标准,编制材料费用分配表,分配材料费用,并登记有关明细账。

(3)根据各车间、部门工资结算凭证等薪酬费用凭证,编制职工薪酬费用分配表,分配薪酬费用,并登记有关明细账。

(4)根据各车间、部门计提固定资产折旧的方法,编制折旧费用分配表,分配折旧费用,并登记有关明细账。

(5)分配辅助生产费用。即根据上述各种费用分配表和其他有关资料登记的"辅助生产成本明细账"上归集的辅助生产费用,采用适当的分配方法,编制辅助生产费用分配表,分配辅助生产费用。如果辅助生产车间发生的间接费用,单独设置了"制造费用"账户,应先将"制造费用"账户归集的金额,按一定方法分配后,再分配辅助生产费用。

3. 分配基本车间制造费用

分配基本车间制造费用,即根据上述各种费用分配表和其他有关资料登记的基本生产车间"制造费用明细账"上归集的生产费用,采用一定的方法在各种产品之间进行分配,编制制造费用分配表,并将分配结果登记在"基本生产成本明细账"和"成本计算单"上。

4. 分配计算各种完工产品成本和在产品成本

分配计算各种完工产品成本和在产品成本,即根据上述各种费用分配表和其他有关资料登记的"基本生产成本明细账" 和"成本计算单"上归集的生产费用,月末,应采用适当的方法分配计算各种完工产品成本和在产品成本。如果月末没有在产品,则本月发生的生产费用就全都是完工产品成本。

5. 结转产成品成本

结转产成品成本,即根据各成本计算单中计算出来的本月完工产品成本,汇总编制"完工产品成本汇总表",计算出完工产品总成本和单位成本,并进行结转。品种法成本核算的一般程序如图 9.1 所示。

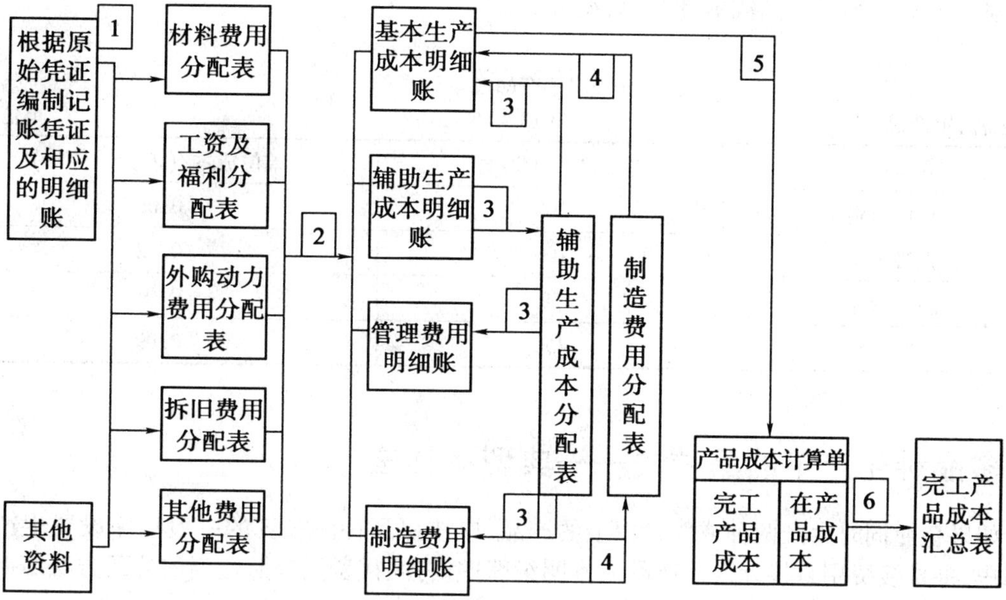

图9.1　品种法成本核算的一般程序

第二节　品种法的应用

一、单一品种生产下的品种法——简单品种法

如果企业生产的产品是单一品种，可直接根据有关原始凭证或费用分配汇总表登记生产成本明细账，编制产品成本计算单，即可计算该产品的总成本和单位成本。

【例9.1】　某工业企业为单步骤生产企业，只生产单一的产品——甲产品，月初、月末在产品比较稳定，计算甲产品成本时可不予以考虑。2013 年 8 月，甲产品共发生生产费用 450 万元，完工 5 000 件，有关生产成本明细账见表 9.1。

表 9.1　生产成本明细账

2013 年 8 月　　单位：万元

直接材料	直接人工	制造费用	合计
300	100	50	450

根据表9.1编制产品成本计算单,见表9.2。

表9.2　产品成本计算单

产品名称:甲产品　　2013年8月　　单位:万元

成本项目	总成本(5 000件)	单位成本/(万元·件$^{-1}$)
直接材料	300	0.06
直接人工	100	0.02
制造费用	50	0.01
合　计	450	0.09

二、多品种生产下的品种法——典型品种法

如果企业同时生产两种或两种以上的产品,应按照品种法核算的一般程序设置生产成本明细账,将直接费用直接计入该产品成本明细账中,将间接费用按照适当的分配方法编制各种费用分配表分配各项要素费用。典型品种法才是真正意义上的品种法。

【例9.2】 工业企业为单步骤简单生产企业,设有一个基本生产车间,大量生产A、B两种产品;另设有供电、机修两个辅助生产车间,为全厂提供产品和劳务。根据生产特点和管理要求,甲、乙两种产品采用品种法计算产品成本。

(一)该企业2013年5月份有关成本资料

1.产品产量资料

表9.3　产品产量表

2013年5月　　数量单位:件

产品名称	月初在产品	本月投入	本月完工产品	月末在产品
A产品	100	800	850	50
B产品	80	700	750	30

A产品实际生产工时10 000小时,B产品实际生产工时5 000小时。A、B两种产品的原材料都在生产开始时一次投入,加工费用发生比较均衡,月末在产品完工程度均为50%,完工产品和在产品按约当产量比例法分配;辅助生产费用按计划成本分配。

2.本月发生生产费用

(1)本月发出材料汇总表见表9.4。

表 9.4　发出材料汇总表

2013 年 5 月　　单位:元

领料部门及用途	原材料	辅助材料	合计
基本生产车间			
A 产品	90 000		90 000
B 产品	72 000		72 000
A、B 产品共同耗用		4 500	4 500
合　计	162 000	4 500	166 500
基本生产车间管理部门耗用		3 600	3 600
供电车间耗用	1 000	600	1 600
机修车间耗用	2 000	300	2 300
厂部管理部门耗用		1 200	1 200
合　计	165 000	10 200	175 200

(2)本月职工薪酬结算汇总表见表 9.5。

表 9.5　职工薪酬结算汇总表

2013 年 5 月　　单位:元

职工类别	应付职工薪酬
基本生产车间	
产品生产工人	450 000
车间管理人员	18 000
供电车间	9 000
机修车间	7 200
厂部管理人员	30 000
合　计	514 200

(3)本月应计提固定资产折旧费 20 300 元,其中基本生产车间 9 000 元,供电车间 1 800 元,机修车间 4 500 元,厂部 5 000 元。

(4)本月应分摊财产保险费 3 000 元,其中基本生产车间 1 100 元,供电车间 800 元,机修车间 600 元,厂部管理部门 500 元。

(5)本月以银行存款支付的费用为14 100元,其中基本生产车间办公费3 600元,水费2 800元;供电车间水费1 200元;机修车间办公费1 500元;厂部管理部门办公费4 000元,水费1 000元。

(二)编制各项要素费用分配表,分配各项要素费用

编制各项要素费用分配表,分配各项要素费用,详见表9.6至表9.18。

1.分配材料费用,A、B产品共同负担材料按当月投入产量分配

表9.6 材料费用分配表

材料库: 2013年5月 单位:元

应借科目			直接计入	分配金额 (分配率3)	合计
总账科目	明细科目	成本项目			
基本生产成本	A产品	直接材料	90 000	2 400	92 400
	B产品	直接材料	72 000	2 100	74 100
	小计		162 000	4 500	166 500
辅助生产成本	供电车间	直接材料	1 600		1 600
	机修车间	直接材料	2 300		2 300
	小计		3 900		3 900
制造费用	基本生产车间	直接材料	3 600		3 600
管理费用	修理费	直接材料	1 200		1 200
合计			170 700	4 500	175 200

根据表9.6编制会计分录:

借:基本生产成本 166 500
　　辅助生产成本 3 000
　　制造费用 4 500
　　管理费用 1 200
　贷:原材料 175 200

2. 按 A、B 两种产品的实际生产工时比例分配职工薪酬费用

表 9.7 职工薪酬费用分配表

2013 年 5 月

单位:元

应借科目		成本项目	生产工人薪酬		管理人员薪酬	合 计
总账科目	明细科目		生产工时	分配金额（分配率 3）		
基本生产成本	A 产品	直接人工	10 000	300 000		300 000
	B 产品	直接人工	5 000	150 000		150 000
	小 计		15 000	450 000		450 000
辅助生产成本	供电车间	直接人工		9 000		9 000
	机修车间	直接人工		7 200		7 200
	小 计			16 200		16 200
制造费用	基本生产车间	直接人工			18 000	18 000
管理费用	修理费	直接人工			30 000	3 000
合 计				466 200	48 000	514 200

根据表 9.7 编制会计分录:

借:基本生产成本　　450 000
　辅助生产成本　　16 200
　制造费用　　18 000
　管理费用　　30 000
　贷:应付职工薪酬　　514 200

3. 分配固定资产折旧费用

表 9.8 固定资产折旧费用分配表

2013 年 5 月

单位:元

车间、部门	会计科目	明细科目	分配金额
基本生产车间	制造费用	折旧费	9 000
供电车间	辅助生产成本	折旧费	1 800
机修车间	辅助生产成本	折旧费	4 500
厂部管理部门	管理费用	折旧费	5 000
合 计			20 300

根据表9.8编制会计分录:

借:制造费用　　　　9 000

　辅助生产成本　　6 300

　管理费用　　　　5 000

　贷:累计折旧　　　　20 300

4. 分配财产保险费

表9.9　财产保险费分配表

2013年5月

单位:元

车间、部门	会计科目	明细科目	分配金额
基本生产车间	制造费用	财产保险费	1 100
供电车间	辅助生产成本	财产保险费	800
机修车间	辅助生产成本	财产保险费	600
厂部管理部门	管理费用	财产保险费	500
合　计			3 000

根据表9.9编制会计分录:

借:制造费用　　　　1 100

　辅助生产成本　　1 400

　管理费用　　　　　500

　贷:预付账款　　　　3 000

5. 分配其他费用

表9.10　其他费用分配表

2013年5月

单位:元

车间、部门	会计科目	明细科目		合计金额
		办公费	水电费	
基本生产车间	制造费用	3 600	2 800	6 400
供电车间	辅助生产成本		1 200	1 200
机修车间	辅助生产成本	1 500		1 500
厂部管理部门	管理费用	4 000	1 000	5 000
合　计		9 100	5 000	14 100

根据表 9.10 编制会计分录：

借：制造费用　　　　　　6 400
　辅助生产成本　　　　2 700
　管理费用　　　　　　5 000
　贷：银行存款　　　　　14 100

（三）根据各项要素费用分配表登记有关辅助生产成本明细账、制造费用明细账、产品成本计算单

根据各项要素费用分配表登记有关辅助生产成本明细账、制造费用明细账、产品成本计算单，见表 9.11 至表 9.17。

表 9.11　辅助生产成本明细账

车间名称：供电车间　　　　2013 年 5 月　　　　单位：元

月	日	摘　要	材料费	职工薪酬	折旧费	保险费	维修费	其他	合计	转出
5	31	表 9.6	1 600						1 600	
5	31	表 9.7		9 000					9 000	
5	31	表 9.8			1 800				1 800	
5	31	表 9.9				800			800	
5	31	表 9.10						1 200	1 200	
5	31	小　计	1 600	9 000	1 800	800		1 200	14 400	
5	31	表 9.13					800		800	
5	31	表 9.13								13 500
5	31	转入管理费用								1 700
5	31	合　计	1 600	9 000	1 800	800	800	1 200	15 200	15 200

表 9.12　辅助生产成本明细账

车间名称：机修车间　　　　2013 年 5 月　　　　单位：元

月	日	摘　要	材料费	职工薪酬	折旧费	保险费	维修费	其他	合计	转出
5	31	表 9.6	2 300						2 300	
5	31	表 9.7		7 200					7 200	
5	31	表 9.8			4 500				4 500	

续表 9.12

车间名称:机修车间　　2013 年 5 月　　单位:元

月	日	摘　要	材料费	职工薪酬	折旧费	保险费	维修费	其他	合计	转出
5	31	表 9.9				600			600	
5	31	表 9.10						1 500	1 500	
5	31	小　计	2 300	7 200	4 500	600		1 500	16 100	
5	31	表 9.13					540		540	
5	31	表 9.13								15 750
5	31	转入管理费用								890
5	31	合　计	2 300	7 200	4 500	600	540	1 500	16 640	16 640

表 9.13　辅助生产费用分配表(计划成本分配法)

2013 年 5 月

数量单位:度、小时
单位:元

辅助生产车间名称			机修车间	供电车间	合　计
待分配辅助生产费用			16 100	14 400	30 500
供应劳务数量			6 300	100 000	
计划单位成本			2.50	0.135	
辅助生产车间耗用(记入“辅助生产成本”账户)	机修车间	耗用量		4 000	
		分配金额		540	540
	供电车间	耗用量	320		
		分配金额	800		800
	小　计		800	540	1 340
基本生产车间耗用(记入“制造费用”账户)		耗用量	5 880	93 000	
		分配金额	14 700	12 555	27 255
管理部门耗用(记入“管理费用”账户)		耗用量	100	3 000	
		分配金额	250	405	655
按计划成本分配金额合计			15 750	13 500	29 500
辅助生产实际成本			16 640	15 200	31 840
辅助生产成本差异			+890	+1 700	+2 590

注:上表中辅助生产实际成本及差异额的计算如下:

(1)机修车间实际成本:16 100 + 540 = 16 640(元);成本差异额 = 16 640 - 15 750 = +890(元)

(2)供电车间实际成本:14 400 + 800 = 15 200(元);成本差异额 = 15 200 - 13 500 = +1 700(元)

根据表 9.13 编制辅助生产费用按计划成本分配法的会计分录:

借:辅助生产成本——机修车间　　540
　　　　　　　——供电车间　　800
　制造费用　　27 255
　管理费用　　655
　贷:辅助生产成本——机修车间　　15 750
　　　　　　　　——供电车间　　13 500

将辅助生产成本差异计入管理费用。编制相应的会计分录:

借:管理费用　　2 590
　贷:辅助生产成本——机修车间　　1 700
　　　　　　　　——供电车间　　890

表 9.14　制造费用明细账

车间名称:基本生产车间　　2013 年 5 月　　单位:元

月	日	摘要	机物料	薪酬	折旧费	保险费	电费	修理费	其他	合计	贷方金额	余额
5	31	表 9.6	3 600							3 600		
5	31	表 9.7		18 000						18 000		
5	31	表 9.8			9 000					9 000		
5	31	表 9.9				1 100				1 100		
5	31	表 9.10							6 400	6 400		
5	31	表 9.13					14 700	12 555		27 255		
5	31	本月合计	3 600	18 00	9 000	1 100	14 700	12 555	6 400	65 355		
5	31	本月转出									65 355	0

表 9.15　制造费用分配表

车间:基本生产车间　　2013 年 5 月　　单位:元

应借科目		生产工时	分配金额
总账科目	明细科目		(分配率:4.357)
基本生产成本	A 产品	10 000	43 570
	B 产品	5 000	21 785
合　计		15 000	65 355

表9.16　产品成本计算单

产品名称:A产品　　2013年5月　　单位:元

月	日	摘要		产量/件	直接材料	直接人工	制造费用	合计
5	31	月初在产品成本		100	12 000	50 000	4 555	66 555
5	31	表9.6			92 400			92 400
5	31	表9.7				300 000		300 000
5	31	表9.15					43 570	43 570
5	31	本月生产费用小计			92 400	300 000	43 570	435 970
5	31	生产费用累计			104 400	350 000	48 125	502 525
5	31	本月投入		800				
5	31	产成品成本	单位成本	850	116	400	55	571
5	31		总成本		98 600	340 000	46 750	485 350
5	31	月末在产品月当产量(50件)		25	5 800	10 000	1 375	17 175

表9.17　产品成本计算单

产品名称:B产品　　2013年5月　　单位:元

月	日	摘要		产量/件	直接材料	直接人工	制造费用	合计
5	31	月初在产品成本		80	3 900	18 300	1 165	23 365
5	31	表9.6			74 100			74 100
5	31	表9.7				150 000		150 000
5	31	表9.15					21 785	21 785
5	31	本月生产费用小计			74 100	150 000	21 785	245 885
5	31	生产费用累计			78 000	168 300	22 950	269 250
5	31	本月投入		700				
5	31	产成品成本	单位成本	750	100	220	30	350
5	31		总成本		75 000	165 000	22 500	262 500
5	31	月末在产品月当产量(30件)		15	3 000	3 300	450	6 750

表 9.18　完工产品成本汇总计算表

2013 年 5 月　　单位:元

成本项目	A 产品(完工 850 件)		B 产品(完工 750 件)		合　计
	总成本	单位成本	总成本	单位成本	
直接材料	98 600	116	75 000	100	173 600
直接人工	340 000	400	165 000	220	505 000
制造费用	46 750	55	22 500	30	69 250
合　计	485 350	571	262 500	350	747 850

根据表 9.16 至表 9.18,编制产品完工入库的会计分录:

借:库存商品——A 产品　　468 350
　　　　　——B 产品　　262 500
　贷:基本生产成本——A 产品　　468 350
　　　　　　　　——B 产品　　262 500

本 章 小 结

产品成本计算的品种法,是以产品品种为成本计算对象归集和分配生产费用的一种产品成本计算方法,它是成本计算方法中最基本的方法。品种法包括简单品种法和典型品种法。

品种法主要适用于大量大批单步骤生产,例如发电、采掘生产等,在这种类型的生产中,产品的工艺过程不可能或者不需要划分为几个生产步骤,因而也就不能或者不需要按照生产步骤计算产品成本。在大量大批多步骤生产中,如果企业或车间的规模较小,或者生产车间是封闭的,或者生产是按流水线组织的,在管理上、工作上不要求提供分步骤的成本资料,不要求按照生产步骤计算半成品成本时,也可以采用品种法计算产品成本。例如小型水泥厂、织布厂、制砖厂以及辅助生产的供水、供电蒸汽车间等。

复习思考题

1. 简述品种法的基本特点、适用范围和分类。
2. 简单品种法和典型品种法的主要区别是什么?
3. 品种法下完工产品成本计算过程及其账务处理如何进行?

第十章

Chapter 10

产品成本计算的分批法

【学习要点与目标】

通过本章的学习，了解和掌握分批法的概念、特点和适用范围；熟悉分批法成本核算的一般程序，掌握分批法下各种费用的归集和分配；理解简化分批法的含义、特点及应用条件，熟悉基本生产二级账的内容和作用，重点掌握一般分批和简化分批法的实际应用。

【案例导入】

Dell 公司的生产系统

Dell 公司生产多种计算机，既有最便宜的 Inspiron 便捷系列，也有最贵的 Dimension 台式系列，但无论是哪个系列的产品，公司也只有在接到说明所需功能特性的顾客订单后才开始生产。每台计算机都是根据顾客的需要选择特定的主板、CPU、内存及硬盘。每一硬件都有它的成本，此外还有装配工的工资。硬件成本和人工成本就是这一批产品的直接成本。同时还有间接成本，如工厂的供热和照明成本。Dell 把每一份订单当作独立的工作，并将成本追溯到每一份订单，这一会计处理方法帮助 Dell 的管理人员了解有关当期盈利能力的情况，并对未来的战略发展做准备。

第一节　分批法概述

一、分批法的定义和应用范围

产品成本计算的分批法，是以产品批别或购货单位的订单作为成本计算对象，归集生产费用，计算产品成本的一种方法。在小批单件生产的企业中，企业的生产活动基本上是根据订货单位的订单签发工作号来组织生产的，按产品批别计算产品成本，往往与按订单计算产品成本相一致，因而分批法也叫订单法。

采用分批法计算产品成本的企业，生产成本明细账要按照产品的批别或者购买单位的订单来设置,有关的成本费用都归集到该批产品的生产成本明细账中。在月末计算成本时,一般不存在完工产品和在产品之间费用的分配问题。

分批法主要适用于小批、单件、管理上不要求分步骤计算成本的多步骤生产。因为这类企业产品的生产一般是根据购货单位的订单要求而进行的,例如飞机制造、船舶制造、重型机器制造、铁路机车制造、精密工具、仪器等制造企业,也可用于一般企业中的新产品试制或试验的生产、在建工程以及设备修理作业等。

二 、分批法的特点

分批法计算成本的特点主要体现在三个方面:成本核算对象是产品的批别,产品成本计算期和月末是否存在完工产品与在产品成本的分配问题。具体包括:

(一)成本计算对象

分批法的成本计算对象是产品的批别或订单。由于在单件小批生产类型的企业中,生产多是根据购货单位的订单组织的,因此,分批法也称订单法。但严格说来,按批别组织生产,并不一定就是按订单组织生产,还要结合企业自身的生产负荷能力,来合理组织安排产品生产的批量与批次。

批量是指企业(或车间)在一定时期内,一次出产的,在质量、结构和制造方法上完全相同的产品(或零部件)的数量。具有多品种加工能力,成批轮番加工制造产品的生产类型,其批量大小不一,一般同时采用专用设备及通用设备进行生产,按每种产品每次投入生产的数量,分为大批量生产、中批量生产和小批量生产三种。而批次则是指每一批量间隔的生产期。

正确选择批量大小和合理确定批量的间隔生产期,对提高批量生产的经济效益十分重要。大批量生产比小批量生产可以节约原材物料,减少机器设备和工夹具的更换时间,可以大批购进原材料:工人能够比较长期地从事一种作业,易于提高劳动的熟练程度,因而劳动生产率较高,经济效益较好。但是,批量并不是越大越好。如果批量过大,会造成生产周期长,原材料、半成品存储量过多,从而要占用较多的资金和较大的生产面积,影响经济效益的提高。

批别和购货单位的订单的关系如何?确切地说订单和批别是有区别的。具体归纳为:

(1)如果一张订单中要求生产好几种产品,为了便于考核分析各种产品的成本计划执行情况,加强生产管理,就要将该订单按照产品的品种划分成几个批别组织生产。

(2)如果一张订单中只要求生产一种产品,但数量极大,超过企业的生产负荷能力,或者购货单位要求分批交货的,也可将该订单分为几个批别组织生产。

(3)如果一张订单中只要求生产一种产品,但该产品属于价值高、生产周期长的大型复杂产品(如万吨轮),也可将该订单按产品的零部件分为几个批别组织生产。

(4)如果在同一时期接到的几张订单要求生产的都是同一种产品,为了更经济合理地组织生产,也可将这几张订单合为一批组织生产。

(二)以产品的生产周期作为成本计算期

采用分批法计算产品成本的企业,虽然各批产品的成本计算单仍按月归集生产费用,但是只有在该批产品全部完工时才能计算其实际成本。由于各批产品的生产复杂程度不同、质量数量要求也不同,生产周期就各不相同。有的批次当月投产,当月完工;有的批次要经过数月甚至数年才能完工。可见完工产品的成本计算因各批次的生产周期而异,是不定期的。所以,分批法的成本计算期与产品的生产周期一致,与会计报告期不一致。

(三)生产费用一般不需要在完工产品和在产品之间分配

在单件或小批生产,购货单位要求一次交货的情况下,每批产品要求同时完工。这样该批产品完工前的成本明细账上所归集的生产费用,即为在产品成本;完工后的成本明细账上所归集的生产费用,即为完工产品成本。因此在通常情况下,生产费用不需要在完工产品和在产品之间分配。

但是如果存在产品批量较大、购货单位要求分次交货或批内产品跨月陆续完工的情况,这时应采用适当的方法将生产费用在完工产品和月末在产品之间分配。采用的分配方法视批内产品跨月陆续完工的数量占批量的比重大小多少而定。

(四)间接费用的分配采用当月分配法和累计分配法

分批法成本计算间接费用在各批次或各订单之间的分配方法,包括当月分配法和累计分配法。其中,采用当月分配法是针对每月发生的间接费用(指制造费用),不是按月在各批产品之间进行分配,而是计算当月制造费用分配率,将当期发生的间接费用在完工产品与在产品之间进行分配。

而采用累计分配法只针对当月完工的批次或订单,将间接计入费用(指直接人工和制造费用等)分别累计后,按累计分配率,在各批完工产品之间进行分配,只要存在未完工产品,间接费用期末一定有余额。间接费用采用累计分配法,也称简化分批法,适用于本期投产批次多、未完工批次多的企业使用。

三、分批法的成本计算程序

采用分批法计算成批成本的优点是:成本计算与生产周期相一致,计算方法也比较简单。分批法的一般计算程序如下:

(一)按产品批别分别设置基本生产成本明细账

在分批法下,企业应根据生产部门下达的生产任务通知单,按照产品的批别分别设置基本生产成本明细账及产品成本计算单,并按成本项目设置专栏,用以归集和分配生产费用,计算各批产品的实际总成本和单位成本。

（二）按产品批次归集和分配本月发生的生产费用

企业发生的生产费用，能够按批次划分的直接费用，包括直接材料、直接人工等，要在原始凭证上标明产品的批号（或工作令号），直接计入各批产品基本生产成本明细账及产品成本计算单；对于多批次产品共同发生的直接材料和直接人工等费用，应在费用原始凭证上标明费用的用途，以便按费用项目归集，按照企业确定的费用分配方法，在各批产品之间进行分配，再记入各批产品生产成本明细账（产品成本计算单）。

（三）分配辅助生产费用

辅助生产车间本月发生的各项费用，首先按照费用项目进行归集。月末将归集的辅助生产费用分配给受益对象，包括直接分配给产品的生产成本、基本生产单位和行政管理部门等。

（四）分配基本生产单位的制造费用

基本生产单位本月发生的制造费用，首先通过“制造费用”账户进行归集，月末将基本生产单位归集的制造费用按适当的方法分配计入各批次产品的生产成本。

（五）计算并结转完工产品成本

在采用分批法计算各批次产品成本的情况下，如果月末均为完工产品或均为未完工产品时，则无需将生产费用在完工产品与在产品之间进行分配；如果存在批量较大，出现产品跨月陆续完工或分次交货的情况时，月末就应当采用适当的方法计算完工产品成本和在产品成本，并将完工产品成本从产品成本明细账中转出。

（六）汇总计算完工产品成本总成本

期末，将各批次完工产品成本进行汇总，编制“完工产品成本汇总表”，计算企业完工产品实际总成本。分批法与品种法的成本计算程序基本相同，只是在分批法下，产品成本明细账按产品批别或订单设置，并以此作为成本计算对象进行费用的归集与分配。

第二节　一般分批法

一般分批法是指采用当月分配法对每月发生的间接费用，不是按月在各批产品之间进行分配，而是通过计算当月制造费用分配率，将当期发生的间接费用在完工产品与在产品之间进行分配的方法。

一、一般分批法的应用

【例10.1】 2014年中兴公司按照购货单位的要求，小批生产C产品和D产品，采用分批法计算产品成本。该厂3月份投产C产品50件，批号为701，4月份全部完工；4月投产D产品40件，批号为801，当月完工30件，并已交货，还有10件尚未完工。701批次和801批次产品成本计算单见表10.1和表10.3。(801批次产品额月当产量的计算见表10.2，各种要素费用的归集和分配略。)

分析计算过程：在本例中，701批次C产品4月份全部完工，所以4月份的期初在产品成本和4月份发生的产品生产成本合计即为4月份完工产品的成本。801批次D产品4月末完工30件，应采用适用的方法将产品生产成本在完工产品和在产品之间进行分配。本例由于材料在生产开始时一次投入，所以直接材料成本按完工产品和在产品的实际数量比例进行分配，而其他加工成本则按约当产量法进行分配。

1. 直接材料成本按完工产品产量和在产品数量作为比例进行分配

完工产品应负担的直接材料成本 = 360 000 ÷ (30 + 10) × 30 = 270 000(元)

月末在产品应负担的直接材料成本 = 360 000 ÷ (30 + 10) × 10 = 90 000(元)

表10.1 产品成本计算单

公司名称：中兴公司

批号:701 产品名称:C产品 2014年4月30日 开完工日期:3月15日～4月15日

批量:50件;全部完工

摘 要	直接材料	直接人工	制造费用	合计
期初在产品成本	54 000	4 050	15 300	73 350
据材料费用分配表	20 700			20 700
据薪酬费用分配表		7 650		7 650
据制造费用分配表			36 000	36 000
生产费用合计	74 700	11 700	51 300	137 700
结转产成品(50件)成本	74 700	11 700	51 300	137 700
单位成本	1 494	234	1 026	2 754

2. 该产品的加工成本按约当产量比例进行分配

(1)计算801批次D产品在产品约当产量，见表10.2。

表 10.2　D 产品约当产量计算表

工序	完工程度 ①(已知)	在产品月当产量/件		完工产品 /件④	产量合计/件 ⑤=③+④
		②	③=①×②		
1	15%	2	0.3		
2	25%	2	0.5		
3	70%	6	4.2		
合计	—	10	5	30	35

(2)直接人工成本按约当产量法分配：

完工产品应负担的直接人工成本 =35 000 ÷(30 +5) ×30 =30 000(元)

在产品应负担的直接人工成本 =35 000 ÷(30 +5) ×5 =5 000(元)

(3)制造费用按约当产量法分配：

完工产品应负担的制造费用 =91 000 ÷(30 +5) × 30 =78 000(元)

在产品应负担的制造费用 =91 000 ÷(30 +5) ×5 =13 000(元)

将各项成本分配结果计入 801 批次 D 产品成本计算单(表 10.3)，即可计算出 D 产品的产品成本和月末在产品成本。完工后，根据生产成本明细账所归集的成本费用总额和产成品数量，计算该批产品的总成本和单位成本。

表 10.3　产品成本计算单

公司名称：中兴公司

批号:801 产品名称:D 产品　　2014 年 4 月 30 日　　开、完工日期:4 月 1 日 ~4 月 30 日

批量:40 件;本月 完工 30 件

摘　要	直接材料	直接人工	制造费用	合　计
根据材料费用分配表	360 000			360 000
根据工资费用分配表		35 000		735 000
根据制造费用分配表			91 000	91 000
生产费用合计	360 000	35 000	91 000	486 000
结转产成品(30 件)成本	270 00	30 000	78 000	378 000
单位成本	9 000	1 000	2 600	12 600
月末在产品成本	90 000	5 000	13 000	108 000

3. 汇总本月完工产品总成本

完工产品成本汇总表见表10.4。

表10.4 完工产品成本汇总表

公司名称:中兴公司　　2014年4月30日　　单位:元

成本项目	C产品(完工50件)		D产品(完工30件)		总成本合计
	总成本	单位成本	总成本	单位成本	
直接材料	74 700	1 494	270 000	9 000	344 700
直接人工	11 700	234	30 000	1 000	41 700
制造费用	51 300	1 026	78 000	2 600	129 300
合 计	137 700	2 754	378 000	12 600	515 700

第三节 简化分批法

一、简化分批法的概念

简化分批法也称累计间接计入费用分配法,又称其为不分批计算在产品成本的分批法。这种方法与一般的分批法的不同之处在于:各批产品之间分配间接计入费用的工作以及完工产品与月末在产品之间分配费用的工作,是利用累计间接计入费用分配率计算完成,到产品完工时合并在一起进行的。这就是说,各项间接计入费用累计分配率既是在各批完工产品之间分配各该费用的依据,也是在完工批别与月末在产品批别之间以及某批产品的完工产品与月末在产品之间分配各该费用的依据。

在单件小批量生产的企业或车间,同在一个月内投产的产品批数往往很多,有的多达几十批,甚至上百批,月末未完工产品的批别也较多,把各项间接计入费用分配于若干个批产品时,其成本核算工作量很大,为了减少成本会计的工作量,可以采用不分批次计算在产品成本的简化分批法。简化分批法是将各批产品的间接计入费用计入基本生产成本二级账中先累计起来,待产品完工时再根据累计工时分配各项间接计入费用,计算各批完工产品成本的方法。

二、简化分批法的成本计算程序和方法

(一)简化分批法的成本计算程序

简化分批法的成本计算程序是:产品投产时,设置各批产品生产成本明细账与基本生产成

本二级账；对当月发生的生产费用和生产工时按不同的要求在基本生产成本明细账与二级账上进行登记；有完工产品的月份，确定累计间接计入费用分配率，计算完工产品成本。

如果月末无完工产品的批次，不必分配登记间接计入费用。全部产品的在产品成本只分成本项目以总数反映在基本生产成本二级账中，无须按产品的批别分配记入各基本生产成本明细账。

（二）简化分批法成本计算的方法

在运用简化分批法计算产品成本的过程中，关键是掌握生产成本二级账的设置与登记方法，累计间接计入费用分配率的计算与运用。

累计间接计入费用分配率计算公式为

$$全部产品某项间接计入费用分配率=\frac{全部产品该项累计间接计入费用合计}{全部产品累计生产工时}$$

$$某批完工产品应负担的某项间接计入费用=该批完工产品累计生产工时\times 全部产品某项间接计入费用分配率$$

三、简化分批法的主要特点

（一）设置基本生产成本二级账

简化分批法下应按照产品批别设立产品成本计算单，同时开设基本生产成本二级账。基本生产成本二级账除按规定的成本项目设专栏外，还需要增设生产工时专栏，其二级账的作用在于：按月登记所有批别产品的累计生产费用（包括直接计入费用和间接计入费用）和累计生产工时。二级账中不仅要按成本项目登记所有批别产品的月初在产品费用、本月生产费用和累计生产费用，而且还要登记所有批别产品的月初在产品生产工时、本月生产工时和累计生产工时。

（二）简化了间接计入费用的分配

每月发生的间接计入费用先在基本生产成本二级账中累计起来，在有完工产品的月份，月末才按各该批完工产品的累计生产工时和累计间接计入费用分配率计算完工产品应分摊的间接计入费用，从而计算出完工产品成本和应该保留在二级账中的月末在产品成本。没有完工产品的月份，则不需要分配间接计入费用。

在实际工作中，一般采用简化的产品成本计算的分批法计算产品成本。采用这种方法，每月发生的各项间接计入费用，不是按月在各批产品之间进行分配，而是将其先分别累计起来，到产品完工时，按照完工产品累计工时的比例，在各批完工产品之间再进行分配。所以在简化分批法下，月末未完工的批次越多，其间接费用成本核算的工作就越简化。

(三)月末在产品只登记直接材料费用和生产工时数量

各批次产品基本生产成本明细账中除了完工产品成本外,均不反映间接计入费用的项目成本,月末在产品只反映直接材料费用和生产工时数量。

采用这种方法,仍应按照产品批别设立产品成本明细账,但在各批产品完工之前,账内只需按月登记直接计入费用(如直接材料)和生产工时,而不必按月分配、登记各项间接计入费用(如直接人工和制造费用等),计算各批在产品成本,只有在有完工产品的那个月份,才按上列公式计算、登记完工产品成本。而全部产品的在产品成本则只以总数反映在产品成本二级账内。因此,这种方法只能在各月间接计入费用水平相差不多的情况下采用,否则就会影响各月产品成本计算的正确性。

四、简化分批法的应用

【例 10.2】 中兴公司生产产品属于小批生产,该公司的产品批别多,生产周期较长,每月末经常有大量未完工的产品批数。为了简化核算工作,采用简化的分批法计算成本。

(一)成本计算的有关资料

中兴公司 2014 年 4 月各批产品生产成本的有关资料如下:

(1)4 月份生产批号有:

①0020 批号:甲产品 8 件,3 月投产,4 月全部完工;

②0021 批号:乙产品 10 件,3 月投产,4 月完工 4 件;

③0122 批号:丙产品 5 件,4 月投产,尚未完工;

④0123 批号:丁产品 15 件,4 月投产,尚未完工;

⑤0124 批号:戊产品 12 件,4 月投产,尚未完工。

(2)各批号在生产开始时一次投入的原材料费用和生产工时为:

①0020 批号:3 月份消耗原材料 8 000 元,生产工时 4 000 小时;4 月份消耗原材料 10 000 元,生产工时 5 020 小时;

②0021 批号:3 月份消耗原材料 4 000 元,生产工时 1 500 小时;4 月份原材料消耗 20 000 元,生产工时 20 000 小时;

③0122 批号:原材料消耗 5 600 元,生产工时 3 200 小时;

④0123 批号:原材料消耗 5 200 元,生产工时 3 000 小时;

⑤0124 批号:原材料消耗 5 000 元,生产工时 2 100 小时。

(3)4 月末,该厂全部产品累计原材料费用 57 800 元,工时 38 820 小时,直接人工 15 528 元,制造费用 23 292 元。

(4)期末完工产品工时总额为 23 020 小时,其中:0020 批号的甲产品全部完工,采用实际工时确定，该批产品全部实际生产工时为 9 020 小时；0021 批号的乙产品部分完工，采用工时定额计算确定已完工产品的生产工时为 14 000 小时。

（二）成本计算的程序

根据上列资料，登记基本生产成本二级账和各批产品成本明细账；计算和登记累计间接计入费用分配率；并计算各批完工产品成本，见表 10.5 至表 10.9。

表 10.5　基本生产成本二级账

2014 年 4 月　　金额：元

2014 年		摘　要	直接材料	生产工时	直接人工	制造费用	合计
月	日						
4	30	本月生产费用累计	57 800	38 820	15 528	23 292	96 620
4	30	累计间接费用分配率			0.4	0.6	
4	30	完工产品成本	27 600	23 020	9 208	13 812	50 620
4	30	月末在产品成本	30 200	15 800	6 320	9 480	46 000

注：表中的分配率计算方法：

直接人工分配率 = 15 528 ÷ 38 820 = 0.4

制造费用分配率 = 23 292 ÷ 38 820 = 0.6

完工产品应分配的直接人工费用 = 23 020 × 0.4 = 9 208（元）

完工产品应分配的制造费用 = 23 020 × 0.6 = 13 812（元）

表 10.6　基本生产成本明细账

品名：甲产品（批号：0020）　　2014 年 4 月　　产量：8 件（3 月投产，4 月全部完工）

2014 年		摘　要	直接材料	生产工时	直接人工	制造费用	合计
月	日						
3	31	期初生产品成本	8 000	4 000			
4	30	本月发生	10 000	5 020			
	30	本月累计	18 000	9 020			
	30	分配率			0.4	0.6	
	30	分配费用			3 608	5 412	9 020
	30	完工转出	18 000	9 020	3 608	5 412	27 020

表 10.7 基本生产成本明细账

品名:乙产品(批号:0021) 2014 年 4 月 产量:10 件 (3 月投产,4 月完工 4 件)

2014 年		摘 要	直接材料	生产工时	直接人工	制造费用	合计
月	日						
3	31	期初在产品成本	4 000	1 500			
4	30	本月发生	20 000	20 000			
	30	本月累计	24 000	21 500			
	30	分配率			0.4	0.6	
	30	完工分配费用		14 000	5 600	8 400	14 000
	30	完工转出	9 600	14 000	5 600	8 400	23 600
	30	月末在产品	14 400	7 500			

注:表中的直接材料,采用约当产量法进行分配,完工转出的成本 =(24 000 ÷ 10) ×4 =9 600(元)

表 10.8 基本生产成本明细账

品名:丙产品(批号:0122) 2014 年 4 月 产量:5 件(4 月投产,尚未完工)

2014 年		摘 要	直接材料	生产工时	直接人工	制造费用	合计
月	日						
4	30	本月累计	5 600	3 200			

表 10.9 基本生产成本明细账

品名:丁产品(批号:0123) 2014 年 4 月 完工产量:15 件(4 月投产,尚未完工)

2014 年		摘 要	直接材料	生产工时	直接人工	制造费用	合计
月	日						
4	30	本月累计	5 200	3 000			

表 10.10 基本生产成本明细账

品名:戊产品(批号:0124) 2014 年 4 月 产量:12 件(4 月投产,尚未完工)

2014 年		摘 要	直接材料	生产工时	直接人工	制造费用	合计
月	日						
4	30	本月累计	5 000	2 100			

五、简化分批法的优缺点和应用条件

采用简化分批法，由于生产费用利用累计间接计入分配率，在产品完工时合并一次计算完工产品成本，因而大大简化了生产费用的分配和登记工作，月末未完工产品的批次越多，核算工作就越简化。

但是这种方法只适用于在各月间接计入费用水平性差不多的情况下使用，否则会影响各月产品成本的正确性。由于间接计入费用的不均衡，而影响产品成本的计算准确。比如该批次产品存在跨月陆续完工的情况，生产前期的间接计入费用的水平偏低，因而在当月完工的产品，在计算间接计入费用分配率就会偏低，按间接计入分配率计算的完工产品应负担的各项间接计入费用，就会发生不应有的偏低；而生产后期的间接计入费用的水平偏高，则按间接计入分配率计算的完工产品应负担的各项间接计入费用，就会发生不应有的偏高。

另外，如果有各月投产批次不多或月末未完工产品的批次不多的情况存在，也不宜采用简化分批法。因为在这种情况下，绝大多数的产品为完工产品，仍需完成大量的间接计入费用的分配和登记工作，没有达到简化核算工作的目的。

本章小结

产品成本计算的分批法，是指以产品的批次作为成本计算的对象，用以归集生产费用，计算产品成本的一种方法，也称订单法。这种方法适用于单件、小批、单步骤生产或管理上不要求分步计算产品成本的多步骤生产企业。分批法的成本核算程序可以分为六个步骤，分批法又分为一般分批法和简化分批法两种。

简化分批法的特点在于：必须设置基本生产成本二级账；可以简化间接计入费用的分配的工作；各批次产品基本生产成本明细账中除了完工产品成本外，均不反映间接计入费用的项目成本，月末在产品只反映直接材料费用和生产工时数量。

简化分批法与一般分批法的区别在于：各批产品之间分配间接计入费用的工作以及完工产品与月末在产品之间分配费用的工作，是利用累计间接计入费用分配率计算完成，到产品完工时合并在一起进行的。

复习思考题

1. 什么是分批法？其主要特点是什么？
2. 分批法计算产品成本的程序是什么？有何优缺点？
3. 产品成本计算分批法的基本内容有哪些？适用什么情况下使用？
4. 简化分批法的特点是什么？
5. 简化分批法的优缺点及应用条件有哪些？

第十一章

Chapter 11

产品成本计算的分步法

【学习要点与目标】

通过本章学习,应了解分步法的基本特点;掌握逐步结转分步法和平行结转分步法的基本计算程序;熟练掌握逐步结转分步法和平行结转分步法的不同特点和优缺点;重点掌握逐步结转分步法、平行结转分步法的具体应用。

【案例导入】

某纺织厂设有三个纺纱车间,两个织布车间。另外,还有若干为纺纱织布车间服务的辅助生产车间。其中:第一纺纱车间纺的纱全部对外销售,第二纺纱车间纺的纱供第一织布车间使用,第三纺纱车间纺的纱供第二织布车间使用。纺纱和织布的工序包括清花、粗纺、并条、粗纱、细纱、捻线、织布等。各工序生产的半成品直接供下一工序使用,不经过半成品库。

该厂现行的成本计算模式是:第一纺纱车间采用品种法计算成本;第二纺纱车间和第一织布车间采用品种法计算成本;第三纺纱车间和第二织布车间采用逐步结转分步法计算成本。为了加强企业的成本管理,厂财务部制定新政策:要对各车间生产的半成品进行考核,应改进何种成本方法来计算各车间的产品成本?

第一节　分步法概述

一、分步法的含义及适用条件

产品成本计算的分步法,是指以产品的品种和生产步骤作为成本计算对象,归集生产费用,计算各步骤半成品和最终步骤产成品成本的方法。

分步法主要适用于大量大批复杂生产类型的企业,如纺织、冶金、造纸、化工、水泥等大量、大批、多步骤生产类型的企业,如纺织厂可分为纺纱、织布等生产步骤。这些企业的共同特点是生产工艺过程是由若干个在技术上可以间断的生产步骤所组成,除了最后一个步骤生产出产成品外，其他各个步骤生产出的半成品，可以用于下一个生产步骤继续进行生产加工或装配，也可以销售给其他单位。为了适应生产的这一特点，企业不仅要计算每一种产品的成本，还要按产品经过的生产步骤，计算各生产步骤的成本。

二、分步法的基本特点

分步法的特点主要表现在成本计算对象、成本计算期和生产费用的分配三个方面。

1. 成本计算对象

分步法是以各个加工步骤的各种产品作为成本计算对象，并据以设置基本生产明细账。即"基本生产成本"明细账按照生产步骤设置，账户中按产品品种反映。在大量大批多步骤生产类型下，每经过一个加工步骤生产出的半成品，其性质和形态各不相同，计量单位也可能不尽相同。因此，成本计算必须按各步骤的各种产品进行。

在实际工作中，产品成本计算的分步法与实际生产的步骤不一定完全一致，为了简化成本计算工作，可以只对管理上有必要分步计算成本的生产步骤单独设立产品成本明细账，单独计算产品成本；而对管理上不要求单独计算成本的生产步骤，则可与其他生产步骤合并，设立"基本生产成本"明细账计算其成本。

2. 成本计算期

在多步骤工艺过程的大量、大批生产的企业里，原材料连续地投入，各生产步骤的产品连续不断地向下一生产步骤移动，直至产成品完工验收入库。其产品成本计算期是定期的，一般在月末进行，与会计报告期是一致的，但与生产周期不一致。

3. 生产费用的分配

由于多步骤工艺过程的大量、大批生产的企业每个生产步骤月末均有一定数量的在产品与半成品或产成品，因此，月末要将生产费用采用适当方法在完工产品与在产品之间进行分配。

三、分步法的种类

由于分步法是按照各个生产步骤归集生产费用再汇总计算产成品成本的。因此，需要将各生产步骤归集的生产费用采用一定的方式进行结转，结转的方法分为逐步结转分步法和平行结转分步法两种。

逐步结转分步法要求先计算半成品成本，并且要结转到下一生产步骤，逐步累积计算出产品成本。

平行结转分步法不要求提供各生产步骤半成品成本，平时各生产步骤仅归集本步骤发生的各项费用，月末才采用一定的分配方法进行汇总，计算出完工产成品成本。

第二节　逐步结转分步法

一、逐步结转分步法概述

（一）概念

逐步结转分步法也称计算半成品成本法，它是按照产品加工步骤的顺序，逐步计算并结转半成品成本，直至最后步骤计算出产成品成本的一种方法。

（二）适用范围

逐步结转分步法主要适用于成本管理中需要提供各个生产步骤半成品成本资料的企业。例如，钢铁企业生产工艺过程包括炼铁、炼钢和轧钢三大生产步骤，铁砂通过炼铁工艺过程制成生铁，生铁通过炼钢工艺过程成为钢锭，钢锭通过轧钢工艺过程则成为钢材。在这种情况下，需要采用逐步结转分步法，计算各生产步骤半成品成本和完工产品成本。

逐步结转分步法的成本计算对象是各种产品成本及各个生产步骤中的半成品的成本。其成本计算程序是：首先归集第一步骤生产费用并计算第一步骤半成品成本，然后随着半成品实物转入第二步骤相同产品生产成本明细账；加上第二步骤发生的生产费用，求得第二步骤半成品成本；再随其实物转入第三步骤，依次逐步结转，直到最后步骤计算出产成品成本。

（三）计算程序

1. 设置产品成本计算单

逐步结转分步法下产品成本计算对象是每种产品及其所经过生产步骤的半成品成本。因此，应按每种产品及其所经过的生产步骤设置“产品成本计算单”。

2. 归集生产费用

逐步结转分步法下生产费用的归集是按产品和生产步骤进行的。当生产费用发生时，能直接确认为某种产成品或每步骤半成品的成本，应直接计入；不能直接计入的，则应该采用适当的方法分配计入。对于除第一步骤以外的其他各生产步骤，还应登记转入该步骤的上一步骤生产的半成品的成本。

3. 计算在产品成本

期末时，应将归集在各步骤成本计算单上的生产费用合计，采用适当的方法，在完工半成品（最后步骤为产成品）和狭义在产品之间进行分配。

4. 计算半成品成本

当在产品成本计算出来之后,对于除最后步骤外的其余各步骤来说,将生产费用合计扣除在产品的成本,其余额就是完工半成品的成本。半成品实物可一次全部转入下步骤,也可通过半成品库收发。随着半成品实物的转移,其成本也从本步骤成本明细账上转出,转入下一步骤成本计算单(或半成品明细账)中。

5. 计算产成品成本

在逐步结转分步法下,产成品成本是在最后步骤计算出来的。因此,将最后步骤成本计算单上的生产费用扣除期末在产品的成本,其余额就是完工产品成本。

现将逐步结转分步法计算产品成本的程序列示见表 11.1。

表 11.1　产品成本计算单

A产品第一步骤成本计算单		
成本项目	月初	本月
直接材料	1 000	8 000
燃料及动力	800	4 200
直接人工	1 200	2 500
制造费用	1 500	2 300
完工半成品成本	18 000	
在产品成本	3 500	

A产品第二步骤成本计算单		
成本项目	月初	本月
半成品	800	18 000
燃料及动力	1 000	1 600
直接人工	2 000	1 900
制造费用	1 500	1 500
完工半成品成本	15 000	
在产品成本	13 300	

A产品第三步骤成本计算单		
成本项目	月初	本月
半成品	900	15 000
燃料及动力	1 200	4 000
直接人工	2 300	3 000
制造费用	3 100	8 400
完工成本	23 100	
在产品成本	14 800	

表 11.1 中,成本结转程序是将各步骤所生产的半成品,直接转给下一步骤继续生产加工。

所以,半成品成本就在各步骤成本计算单之间直接结转。如果各步骤半成品完工后,通过半成品库收发的,则应设置半成品明细账。

逐步结转分步法在向下一步骤结转半成品成本时,有两种结转方式:综合结转和分项结转。

二、综合结转分步法

综合结转分步法是指上一生产步骤的半成品成本转入下一生产步骤时,是以"半成品"或"直接材料"综合项目计入下一生产步骤成本计算单的方法。

(一)综合结转分步法举例

企业对各生产步骤耗费的自制半成品采用综合结转法时,如果自制半成品是由半成品仓库负责收发,那么自制半成品按实际成本计价。由于各月完工入库的半成品成本不可能相同,通常采用加权平均法或先进先出法计算。如果自制半成品是从上一生产步骤直接转入的,则可将上一生产步骤半成品实际成本的合计数转入本步骤"基本生产成本"明细账。

【例 11.1】 某企业生产甲产品经过三个步骤完成,第一生产步骤生产 A 半成品,第二步骤生产 B 半成品,A、B 半成品均由半成品仓库领用,第二、第三步骤生产所需的 A、B 半成品直接转入下一生产步骤。该企业原材料在第一步骤开始生产时一次性投入,各步骤的月末在产品均按定额成本计价法计算。2014 年 4 月份有关资料见表 11.2 至表 11.4。

表 11.2 产量资料

2014 年 4 月　　单位:件

生产步骤	月初在产品数量	本月投产数量	本月完工数量	月末在产品数量
第一生产步骤	150	1 200	1 250	100
第二生产步骤	100	1 250	1 200	150
第三生产步骤	50	1 200	1 050	200

表 11.3 生产费用资料

2014 年 4 月　　单位:元

成本项目	月初在产品成本			本月生产费用		
	第一步骤	第二步骤	第三步骤	第一步骤	第二步骤	第三步骤
直接材料	11 400	9 830	6 120	89 950	—	—
直接人工	1 080	620	430	14 550	14 950	14 680
燃料及动力	288	180	120	3 872	4 410	3 880

续表 11.3

2014 年 4 月　　单位:元

成本项目	月初在产品成本			本月生产费用		
	第一步骤	第二步骤	第三步骤	第一步骤	第二步骤	第三步骤
制造费用	702	420	290	9 438	10 050	7 840
合计	13 470	11 050	6 960	117 810	29 410	26 400

表 11.4　月末在产品的单位定额成本

2014 年 4 月　　单位:元

生产步骤	自制半成品	直接材料	直接人工	燃料及动力	制造费用	合计
第一步骤		76.00	6.30	1.60	3.90	87.80
第二步骤	98.20		6.20	1.80	4.20	110.40
第三步骤	122.10		7.32	2.16	4.92	136.50

(1)编制第一步骤产品成本计算单,见表 11.5。

表 11.5　第一步骤产品成本计算单

2014 年 4 月　　单位:元

项目	直接材料	直接人工	燃料及动力	制造费用	合计
月初在产品成本	11 400	1 080	288	702	13 470
本月生产费用	89 950	14 550	3 872	9 438	117 810
合计	101 350	15 630	4 160	10 140	131 280
完工产品成本	93 750	15 000	4 000	9 750	122 500
月末在产品成本	7 600	630	160	390	8 780

(2)编制第二步骤产品成本计算单,见表 11.6。

表 11.6　第二步骤产品成本计算单

2014 年 4 月　　单位:元

项目	自制半成品	直接人工	燃料及动力	制造费用	合计
月初在产品成本	9 830	620	180	420	11 050
本月生产费用	122 500	14 950	4 410	10 050	151 910

续表 11.6

2014 年 4 月　　单位:元

项目	自制半成品	直接人工	燃料及动力	制造费用	合计
合计	132 330	15 570	4 590	10 470	162 960
完工产品成本	117 600	14 640	4 320	9 840	146 400
月末在产品成本	14 730	930	270	630	16 680

(3)编制第三步骤产品成本计算单,见表 11.7。

表 11.7　第三步骤产品成本计算单

2014 年 4 月　　单位:元

项　目	自制半成品	直接人工	燃料及动力	制造费用	合计
月初在产品成本	6 120	430	120	290	6 960
本月生产费用	146 400	14 680	3 880	7 840	172 800
合　计	152 520	15 110	4 000	8 130	179 760
完工产品成本	128 100	13 650	3 570	7 140	152 460
月末在产品成本	24 420	1 460	430	990	27 300

从上例可以看出,综合结转分步法中各步骤耗用上一步骤的半成品成本,是以“直接材料”或“自制半成品”项目综合反映在下一步骤产品成本计算单上,核算工作比较简便,简化了计算手续,但计算出来的产品成本不能提供按原始成本项目反映的成本资料。在生产步骤较多的情况下,逐步综合结转以后,表现在产成品成本中的绝大部分费用是最后一个步骤所耗半成品的费用,其他费用只是最后一个步骤的费用,在产品成本中所占的比重很小,这显然不符合企业产品成本的实际结构,因而不能据以从整个企业的角度来考核分析产品成本的构成状况。因此还必须对自制半成品项目进行成本还原,即将产成品成本还原为按原成本项目反映的成本。

(二)综合结转法的成本还原

成本还原是指将产成品中所耗费的自制半成品的综合成本,逐步分解还原成直接材料、直接人工、燃料及动力和制造费用等原始成本项目,从而以原始成本项目反映产成品成本的构成。

成本还原的具体做法是从最后生产步骤开始,将其所耗费的上一生产步骤自制半成品的综合成本,按照上一生产步骤本月完工率产品的成本项目比重分解还原为原来的成本项目,从后向前逐步分解还原,一直分解至第二步骤,然后将各生产步骤还原后各成本项目的数额相加,即可取得产成品各成本项目的原始成本。

1. 项目比重还原法

项目比重还原法是指根据本月产品成本中所耗费上一生产步骤本月完工半成品各成本项目金额占本月完工该种半成品总成本的比重,据以将本步骤耗费的半成品成本分解还原,从而取得产成品原始成本结构的方法。其计算公式为

$$\text{上一生产步骤半成品各成本项目金额占总成本的比重}=\frac{\text{上一生产步骤本月完工半成品各成本项目金额}}{\text{本月完工该种半成品总成本}}$$

还原成上一生产步骤各成本项目金额 = 上一生产步骤本月完工半成品成本项目金额 × 该半成品成本项目金额占半成品总成本的比重

【例 11.2】 现按前例甲产品三个生产步骤的基本生产成本明细账的有关资料(表11.5、表 11.6、表 11.7),用项目比重还原法计算 A 产品各成本项目的原始结构见表 11.8。

表 11.8 产品成本还原计算表

2014 年 4 月

单位:元

项目	B 半成品	A 半成品	直接材料	直接人工	燃料及动力	制造费用	合 计
本月第二步骤完工半成品成本 (1)		117 600		14 640	4 320	9 840	146 400
本月第二步骤完工半成品成本项目占总成本比重 (2)		80.3%		10%	2.95%	6.75%	100%
还原前产成品成本 (3)	128 100			13 650	3 570	7 140	152 460
对产成品所耗半成品成本还原 (4)		102 864		12 810	3 779	8 647	128 100
本月第一步骤完工半成品成本 (5)			93 750	15 000	4 000	9 750	122 500
本月第一步骤完工半成品成本项目占总成本比重 (6)			76.53%	12.24%	3.27%	7.96%	100%
对第二步骤所耗半成品成本还原 (7)			78 722	1 2591	3 364	8 187	102 864
还原后产成品总成本 (8) = (3) + (4) + (7)			78 722	39 051	10 713	23 974	152 460
还原后产成品单位成本 (9)			75	37.2	10.2	22.8	145.2

2. 还原率法

还原率法是指根据本月产品成本中所耗费上一步骤半成品的综合成本占该种半成品的总成本的比例,分别乘以所耗费费用该种半成品的各个成本项目金额进行还原,从而取得产成品

原始成本结构的方法。

$$成本还原率=\frac{本月完工产品耗费上一生产步骤半成品成本}{本月完工上一生产步骤该种半成品总成本}$$

还原为上一生产步骤各成本项目的金额＝上一生产步骤本月完工半成品各成本项目金额×成本还原率

【例 11.3】 现按前例甲产品三个生产步骤的基本生产成本明细账的有关资料(表 11.5、表 11.6、表 11.7),用还原率法计算 A 产品各成本项目的原始结构见表 11.9。

表 11.9 产品成本还原计算表

2014 年 4 月 单位:元

项 目	B 本成品	A 半成品	还原分配率	直接材料	直接人工	燃料及动力	制造费用	合计
还原前产品成本 (1)	128 100				13 650	3 570	7 140	152 460
本月第二生产步骤完工产成品成本 (2)		11 7600			14 640	4 320	9 840	146 400
第一次成本还原 (3)	-128 100	102 900	0.875		12 810	3 780	8 610	0
本月第一步骤完工半成品成本 (4)				93 750	15 000	4 000	9 750	122 500
第二次成本还原 (5)		-102 900	0.84	78 750	12 600	3 360	8 190	0
还原后产成品总成本 (6)=(1)+(3)+(5)				78 750	39 060	10 710	23 940	152 460
还原后产成品单位成本 (7)				75	37.2	10.2	22.8	145.2

注:$第一次成本还原率=\frac{128\ 100}{146\ 400}=0.875$

$第二次成本还原率=\frac{102\ 900}{122\ 500}=0.84$

(三)综合结转分步法的优缺点

采用综合结转分步法可以在各生产步骤的产品成本明细账,反映各该步骤所耗半成品费用的水平和本步骤加工费用的水平,有利于各生产步骤的成本管理。但缺点是为了从整个企业的角度反映产品成本的原始构成,加强企业综合的成本管理,还需要进行成本还原,从而增加了计算工作量。

三、分项结转分步法

分项结转分步法是指各生产步骤将其所耗费的上一生产步骤的自制半成品分成本项目记入与其"基本生产成本"明细账户相同的成本项目内反映的方法。如果自制半成品要通过半成品收发，在"自制半成品"明细账户中，也要按照成本项目分别登记。

分项结转既可以按半成品实际单位成本结转，也可以按其计划成本结转。在按计划成本结转时，要分成本项目调整成本差异，因而计算工作量较大。实际工作中，一般按实际成本分项结转。分项结转法的基本原理与综合结转法基本相同。

（一）分项结转分步法举例

【例 11.4】　某公司有两个基本生产车间，大量生产甲产品。其生产过程是：原材料在第一车间一次性投入，并将原材料加工成 A 半成品；第二车间将 A 半成品加工成甲产成品。2014 年 4 月有关资料见表 11.10。

表 11.10　产量资料

2014 年 4 月

单位：件

项　目	一车间	二车间
月初在产品	200	100
本月投产	300	300
本月完工	400	250
月末在产品	100	150

表 11.11　定额及生产费用资料

2014 年 4 月

单位：元

项　目	单位定额成本		月初在产品成本（定额成本）		本月发生生产费用	
	一车间	二车间	一车间	二车间	一车间	二车间
直接材料	200	200	40 000	20 000	300 000	—
燃料及动力	50	60	5 000	3 000	100 000	12 000
直接人工	30	20	3 000	1 000	5 000	4 500
制造费用	40	10	4 000	500	6 000	2 000
合计	320	290	52 000	24 500	411 000	18 500

根据上述资料,可编制一车间产品成本计算单,见表11.12。

表11.12　一车间产品成本计算单

2014年4月　　　　单位:元

项　目	直接材料	燃料及动力	直接人工	制造费用	合　计
月初在产品成本(定额成本)	40 000	5 000	3 000	4 000	52 000
本月发生生产费用	300 000	100 000	5 000	6 000	411 000
合计	340 000	105 000	8 000	10 000	463 000
完工产成品成本	320 000	102 500	6 500	8 000	437 000
月末在产品成本(定额成本)	20 000	2 500	1 500	2 000	26 000

根据一车间转出完工半成品成本,分成本项目转入二车间成本计算单中相同的成本项目中,即可编制二车间产品成本计算单,见表11.13。

表11.13　二车间产品成本计算单

2014年4月　　　　单位:元

项　目	直接材料	燃料及动力	直接人工	制造费用	合　计
月初在产品成本(定额成本)	20 000	3 000	1 000	500	24 500
本月发生生产费用	—	12 000	4 500	2 000	18 500
上车间转入	320 000	102 500	6 500	8 000	437 000
合计	340 000	117 500	12 000	10 500	480 000
完工产成品成本	310 000	113 000	10 500	9 750	443 250
月末在产品成本(定额成本)	30 000	4 500	1 500	750	36 750

(二)分项结转分步法优缺点

采用分项结转分步法可以直接反映产成品各成本项目的原始结构,便于从整个企业角度考核和分析产品计划的执行情况,不需要进行成本还原,计算工作较为简便。但是这种方法的成本结转工作较为复杂,而且在各生产步骤完工产品成本中反映不出所耗费的上一生产步骤半成品的成本和本步骤加工费用的水平,不便于对完工的半成品成本和产成品成本进行综合分析。这种方法适用于管理上不要求分别反映各生产步骤完工产品所耗费的半成品成本,而要求按照原始成本项目计算产品成本的企业。

第三节　平行结转分步法

一、平行结转分步法概述

（一）概念

平行结转分步法又称不计列半成品成本分步法，是指各生产步骤不计算半成品成本，只计算本生产步骤所发生的生产费用以及这些费用中应计入产成品成本的数额，然后将各生产步骤应计入同一产成品成本的数额平行结转，汇总计算产成品成本的方法。

（二）适用范围

平行结转分步法一般适用于半成品种类繁多，逐步结转半成品成本的工作量又较大，管理上不要求提供各步骤半成品成本资料的企业采用。

（三）计算程序

（1）按产品生产步骤和产品品种开设生产成本明细账，各步骤成本明细账按成本项目归集本步骤发生的生产费用，但不包括上一生产步骤转来的自制半成品成本。

（2）将各生产步骤成本计算单中所归集的生产费用在产成品和广义在产品之间进行分配，计算各生产步骤费用应计入产成品成本的份额。

（3）将各步骤应计入产成品成本的费用份额平行相加汇总后，就得到产成品总成本和单位成本。

（4）将各步骤产品成本计算单上归集的生产费用，扣除应计入产成品成本中的份额，其余额就是在产品成本。

现将平行结转分步法计算产品成本的程序列示见表 11.14。

表 11.14　产品成本计算单

甲产品第一步骤成本计算单	
成本项目	40 000
直接材料	30 000
直接人工	20 000
制造费用	10 000
合计	100 000
应计入产品成本中的份额	60 000

续表 11.14

甲产品第二步骤成本计算单	
成本项目	—
直接材料	7 000
直接人工	80 000
制造费用	3 500
合计	90 500
应计入产品成本的份额	90 000

甲产品第三步骤成本计算单	
成本项目	—
直接材料	145 000
直接人工	25 600
制造费用	118 300
合计	288 900
应计入产品成本的份额	25 000

甲产品成本汇总计算表	
第一步骤应计入成品成本的份额	60 000
第二步骤应计入成品成本的份额	90 000
第三步骤应计入成品成本的份额	250 000
合计	400 000

在采用平行结转分步法计算产品成本时，若在产品成本按约当产量法计算，则各步骤应计入产成品成本中的份额按下列公式计算：

某步骤应计入产成品成本中的份额 = 产成品数量 × 该步骤半成品单位成本

$$某步骤半成品单位成本 = \frac{该步骤月初在产品成本 + 该步骤本月发生的生产费用}{该步骤完工产品数量（约当产量）}$$

上式中各步骤完工产品数量（约当产量）是由三部分组成的，即本月完工产成品数量、各步骤月末尚未完工的在产品数量以及本步骤已经加工完成转到半成品库和以后各步骤尚未制成为产成品的半成品数量，其计算公式为

某步骤完工产品数量（约当产量）= 本月完工产成品数量 +

该步骤月末在产品约当产量 +

该步骤已完工留存在半成品库和以后各步骤月末半

成品数量

可见,平行结转分步法下的在产品指的是广义的在产品。在计算时,若原材料在生产开始时一次性投入,则计算直接材料费用时各步骤在产品均不必折算为约当产量,而加工费用一般是随着加工进度陆续发生的,则应对各步骤月末在产品按约当产量进行计算。

二、平行结转分步法举例

【例 11.5】 某企业生产 A 产品,经过三个生产步骤。由于该产品在各步骤的半成品不对外销售,管理上也不需要计算各步骤半成品成本,为简化核算,企业采用平行结转分步法计算产品成本。采用约当产量法计算各步骤应计入产成品成本份额,原材料在生产开始时一次性投入,各生产步骤狭义在产品的完工程度均为 50%。该企业 2014 年 6 月份有关资料见表 11.15至表 11.19。

表 11.15　产量记录

2014 年 6 月　　单位:件

项　目	第一步骤	第二步骤	第三步骤
月初在产品数量	20	35	30
本月投产数量	100	80	105
本月完工数量	90	85	100
月末在产品数量	10	30	35

表 11.16　生产费用资料

2014 年 6 月　　单位:元

项　目	月初在产品成本				本月发生费用			
	第一步骤	第二步骤	第三步骤	合计	第一步骤	第二步骤	第三步骤	合计
直接材料	12 000	—	—	12 000	31 500	—	—	31 500
燃料及动力	2 400	2 200	650	5 250	6 240	5 800	2 350	14 390
直接人工	3 500	3 120	890	7 510	8 650	7 280	3 235	19 165
制造费用	2 200	2 000	600	4 800	5 900	5 800	2 400	14 100
合计	20 100	7 320	2 140	29 560	52 290	18 880	7 985	79 155

表 11.17　第一步骤产品成本计算单

2014 年 6 月　　单位:元

项　目		直接材料	燃料及动力	直接人工	制造费用	合计
月初在产品成本		12 000	2 400	3 500	2 200	20 100
本月发生费用		31 500	6 240	8 650	5 900	52 290
合计		43 500	8 640	12 150	8 100	72 390
产量	完工产品数量	100	100	100	100	
	在产品数量	75	70	70	70	
	合计	175	170	170	170	
单位成本		248.57	50.82	71.47	47.65	
应计入产成品成本的份额		24 857	5 082	7 147	4 765	41 851
月末在产品成本		18 643	3 558	5 003	3 335	30 539

表 11.18　第二步骤产品成本计算单

2014 年 6 月　　单位:元

项　目		直接材料	燃料及动力	直接人工	制造费用	合计
月初在产品成本			2 200	3 120	2 000	7 320
本月发生费用			5 800	7 280	5 800	18 880
合计			8 000	10 400	7 800	26 200
产量	完工产品数量		100	100	100	—
	在产品数量		50	50	50	—
	合计		150	150	150	—
单位成本			53.33	69.33	52	—
应计入产成品成本的份额			5 333	6 933	5 200	17 466
月末在产品成本			2 667	3 467	2 600	8 734

表 11.19　第三步骤产品成本计算单

2014 年 6 月　　单位:元

项　目	直接材料	燃料及动力	直接人工	制造费用	合计
月初在产品成本		650	890	600	2 140
本月发生费用		2 350	3 235	2 400	7 985

续表 11.19

2014 年 6 月　　单位:元

项　目		直接材料	燃料及动力	直接人工	制造费用	合计
合计			3 000	4 125	3 000	10 125
产量	完工产品数量		100	100	100	100
	在产品数量		17.5	17.5	17.5	—
	合计		117.5	117.5	117.5	—
单位成本			25.53	35.11	25.53	—
应计入产成品成本的份额			2 553	3 511	2 553	8 617
月末在产品成本			447	614	447	1 508

根据上述计算,将各步骤成本计算单中“应计入产品成本中的份额”平行进行汇总,即可编制成如下完工产品成本汇总计算单,见表 11.20。

表 11.20　完工产品成本汇总计算单

2014 年 6 月　　金额:元

项目	直接材料	燃料及动力	直接人工	制造费用	合计
第一步骤	24 857	5 082	7 147	4 765	41 851
第二步骤		5 333	6 933	5 200	17 466
第三步骤		2 553	3 511	2 553	8 617
成本合计	24 857	12 968	17 591	12 518	67 934
单位成本	248.57	129.68	175.91	125.18	679.34

三、平行结转分步法的优缺点

(一)优点

(1)由于各个生产步骤所确定的应计入产成品成本的数额仅仅是各个生产步骤生产产品所耗费的原材料和加工费用,不包括前一生产步骤自制半成品成本,因此各个生产步骤可以同步计算本步骤生产产品所耗费的应计入完工产成品成本的数额,通过汇总就可以取得完工产成品的成本,各个生产步骤能同步计算产品成本,从而加速了成本的计算工作。

(2)由于各个生产步骤都按产品成本的原始项目进行核算,因此不必进行成本还原,从而节省了大量的成本计算工作,简化了成本核算,有利于及时提供成本信息。

(二)缺点

(1)由于不能反映各生产步骤半成品成本,因此难以全面地反映各生产步骤实际耗费的生产费用水平,因此不利于各生产步骤成本的管理、分析和考核。

(2)各生产步骤完工的半成品成本在产成品未完工之前,仍保留在原生产步骤中,造成半成品实物转移与资金转移不一致,不利于各生产步骤的实物管理与资金管理。

本章小结

产品成本计算的分步法是指以产品的生产步骤和产品品种作为成本计算对象,归集生产费用,计算各步骤半成品和最终步骤产成品成本的方法。

分步法主要适用于大量大批复杂生产类型的企业,如纺织、冶金、造纸、化工、水泥等大量、大批、多步骤生产类型的企业,如纺织厂可分为纺纱、织布等生产步骤。其特点是以各个加工步骤的各种产品作为成本计算对象,其产品成本计算期是定期的,一般在月末进行,与会计报告期是一致的,但与生产周期不一致,月末要将生产费用采用适当方法在完工产品与在产品之间进行分配。分步法分为逐步结转分步法(综合结转分步法、分项结转分步法)和平行结转分步法。

复习思考题

1. 简述分步法的概念和分类、特点和适用范围。
2. 简述逐步结转分步法的特点与计算程序,适用于哪些类型的企业?
3. 综合结转分步法的特点是什么?适用于哪些类型的企业?
4. 试述综合结转分步法的计算程序。
5. 为什么要进行成本还原?还原的方法有哪些?具体如何还原?
6. 分项结转分步法的特点是什么?适用于哪些类型的企业?
7. 试述分项结转分步法的计算程序。
8. 简述平行结转分步法的特点与计算程序,适用于哪些类型的企业?

第十二章

Chapter 12

产品成本计算的其他方法

【学习要点与目标】

通过本章学习，应了解分类法及定额法的含义，熟悉分类法及定额法的适用范围，掌握分类法及定额法的成本核算程序，重点掌握按系数法和定额比例进行分类产品成本的计算；重点掌握定额法的具体应用；重点掌握脱离定额差异的计算。

【案例导入】

某公司3月份聘请了一位新财务处长。上任伊始，他利用10天时间对公司现状进行了摸底调查。经调研，他发现公司目前存在的主要问题是产品加工的各项定额制定不合理，因此，他提出自4月份开始调整成本定额，将生产甲产品的原材料定额由原来的每件130千克降低为每件120千克；加工工时由原来的每件150小时降低为140小时。

该公司4月初有产品20件正在加工，这20件在产品月初的有关资料见表12.1。

表12.1 甲产品在产品月初资料

成本项目	产量/件	消耗定额	计划单价	定额成本	定额差异	定额变动差异
直接材料	20	130(千克)	4.50	5 500	+600	+150
直接人工	20	150(小时)	4.40	520	-150	—
制造费用	20	150(小时)	4.20	460	-60	—
合计	—	—	—	6 480	390	+150

本月份该公司生产甲产品应分配的直接材料费用23 600元，材料成本差异率为1.5%，直接人工为4 630元，制造费用为1 600元。本月投产100件，月末完工64件。

要求成本核算部门提交出采用定额法计算的产品的实际成本。相信你通过本章的学习，一定会解答以上问题。

第一节 分类法

一、分类法的含义及适用范围

分类法是指先以产品的类别作为成本计算对象,归集生产费用,计算出各类完工产品的成本,然后采用一定的方法再将总成本在同类产品中进行分配,计算出各种产品成本的方法。

分类法主要适用于产品品种、规格繁多,而且又可以按一定标准分类的大量生产企业,如无线电元件、针织、视频、化学试剂生产等企业;另外,分类法还适用于联产品、副产品和等级品生产的企业以及企业除主要产品以外生产的零星产品的成本计算。

二、分类法的特点

分类法的特点主要表现在成本计算对象、成本计算期和生产费用的分配三个方面。

(一)成本计算对象

分类法是以产品的类别作为成本计算对象,按产品类别设置“基本生产成本”明细账户,归集生产费用。对于各类产品所耗费的直接费用,直接记入各类产品的“基本生产成本”明细账户,对于各类产品共同发生的间接费用,应采用适当的方法分配后,再记入各类产品的“基本生产成本”明细账户。

(二)成本计算期

分类法的成本计算期要根据企业产品生产组织的特点和管理上的需要来确定。如果是大量、大批生产,可以结合品种法或分步法计算产品成本,其成本计算期应与会计报告期相一致,以日历月份作为成本计算期,固定在月末计算产品成本;如果是小批生产,可以结合分批法计算产品成本,其成本计算期则与会计报告期不一致,以生产周期作为成本计算期。

(三)生产费用的分配

分类法如果结合品种法或分步法计算产品成本,在月末应将该类产品所归集的生产费用在完工产品与在产品之间进行分配;分类法如果结合分批法计算产品成本,在月末所归集的费用则不需要进行分配,该类产品如未完工是在产品成本,如完工则是产成品成本。

三、分类法的计算程序

在采用分类法计算产品成本时,首先要按照产品的性质、结构、用途和所耗用的原材料,以及生产工艺过程等方面的特点不同,将产品划分为若干类别,以每一类产品作为成本计算对象,设置产品成本明细账,按成本项目归集生产费用,计算各类产品成本;然后选择适当的分配标准,将各类完工产品的总成本,在该类产品中各品种或规格的产品之间进行分配,计算出每类产品内各种产品的成本。

将各类完工产品的总成本分配给该类产品中的不同品种或不同规格的产品,必须先选择合理的分配标准。同类产品内各种不同品种或规格的产品之间分配费用的标准,可以采用产品的经济价值指标,如计划成本、定额成本、销售价格等;也可以采用产品的技术性指标,如重量、体积、长度、浓度、含量等。企业应选择与产品生产耗费高低有密切联系,又简便易行的分配标准。各成本项目可以采用不同的分配标准分配费用,使分配的结果更加合理。

按产品类别计算出某类产品成本后,要将其在同类产品之间进行分配,分配的方法通常有系数分配法和定额比例法两种。

(一)系数分配法

在实际工作中采用分类法计算产品成本时,为了简化类内不同品种、规格产品成本分配的计算工作,一般是将类内产品的分配标准折合为系数,按系数分配计算类内每种产品的成本,因此,分类法又称系数法。

确定系数的具体做法是,在同类产品中选择一种产量较大、生产比较稳定或规格适中的产品作为标准产品,把这种产品的分配系数确定为1,将其他产品的单位产品分配标准数据与标准产品的数据相比,求出的比例即为其他产品的系数。

系数确定后,把各种产品的实际产量乘上系数,换算成标准产品产量,或称为总系数,再按各种产品总系数比例分配计算类内各种产品成本。采用系数法分配计算类内各种产品成本时,即可按综合系数分配,也可分成本项目采用单项系数分配。另外,材料费用一般按系数进行分配,其他各项费用既可以按系数进行分配,也可以按定额工时比例分配。具体的计算程序包括:

1. 确定系数

企业在确定系数时,通常在同一类别的产品中,选择一种产量较大、生产稳定或者规格适中的产品作为标准产品。将标准产品的系数定为“1”,再将其他各种产品的分配标准与标准产品的分配标准相比较,计算出其他各种产品的系数。产品系数的计算公式为

$$某种产品单位系数=\frac{该产品的分配标准}{标准产品的分配标准}$$

$$某种产品总系数=该种产品实际完工产量\times该种产品的单位系数$$

通常分别计算产品原材料费用总系数和加工费用总系数。

2. 确定各成本项目费用分配率

根据各类产品成本计算表各成本项目反映的金额,分别将其除以类别内各种产品总系数

之和，以取得各成本项目费用分配率，其计算公式为

$$\text{某类产品某成本项目费用分配率}=\frac{\text{该类完工产品该成本项目费用总额}}{\text{该类内各种产品总系数之和}}$$

3. 计算分配各种产成品成本

根据同类产品内各种产品的总系数，以及该类产品各成本项目费用分配率，分配各种产成品的成本。其计算公式为

某种产品应负担某成本项目的费用 = 该种产品该成本项目总系数 × 该类产品该成本项目费用分配率

(二) 定额比例法

定额比例法是指将各类产品的总成本，按照定额比例在同一类别内各种产品之间进行分配的方法。具体的计算程序包括：

1. 确定分配标准

采用定额比例法分配原材料费用，通常采用定额原材料费用或定额消耗量作为分配标准；分配加工费用通常采用定额工时或者各项费用定额作为分配标准。

2. 确定各成本项目费用分配率

根据各类产品成本计算表各成本项目反映的金额，将其分别除以类别内各种产品分配标准之和，取得各成本项目费用分配率。其计算公式为

$$\text{某类产品某成本项目费用分配率}=\frac{\text{该类完工产品该成本项目费用总额}}{\text{该类内各种产品分配标准之和}}$$

3. 计算分配各种产成品成本

根据同类产品内各种产品的分配标准，以及该类产品各成本项目费用分配率分配各种产品成本。其计算公式为

某种产品应负担某成本项目的费用 = 该种产品该成本项目分配标准 × 该类产品该成本项目分配率

四、分类法的实际应用

(一) 系数分配法举例

【例 12.1】 ABC 企业采用分类法进行产品成本计算，甲类产品包括 X、Y、Z 三个品种，其中 X 产品为标准产品。类内产品成本分配的方法为：直接材料按材料费用定额系数为标准，其他费用项目按定额工时系数为标准，2014 年 5 月份甲类完工产品成本以及产量和定额见表 12.2 和 12.3 所示。

表 12.2　甲类产品成本计算单

2014 年 5 月

单位:元

项目	直接材料	直接人工	制造费用	合计
月初在产品成本(定额成本)	8 800	3 400	5 400	17 600
本月发生费用	90 950	45 100	49 500	185 550
完工产品成本	85 000	35 550	47 600	168 150
月末在产品成本(定额成本)	14 750	12 950	7 300	350 000

表 12.3　产量及定额资料

2014 年 5 月

名　称	产量/件	单位产品材料费用定额/元	单位产品工时定额/小时
X 产品	300	150	12
Y 产品	300	120	14
Z 产品	240	180	11.8

要求:根据上列资料用系数分配法分配甲类产品成本。

(1)确定甲类产品内各种产品的系数。

已知 X 为标准产品,那么其原材料费用和加工费用系数均为 1,

①先确定各种产品的单位系数如下:

$$\text{Y 产品原材料费用系数}=\frac{120}{150}=0.8$$

$$\text{Z 产品原材料费用系数}=\frac{180}{150}=1.2$$

$$\text{Y 产品加工费用系数}=\frac{14}{12}\approx 1.17$$

$$\text{Z 产品加工费用系数}=\frac{11.8}{12}\approx 0.98$$

②再根据单位系数计算出各种产品总系数,编制产品系数计算表,见表 12.4。

表 12.4　产品系数计算表

产品	产量/件	原材料费用		加工费用	
		单位系数	总系数	单位系数	总系数
X 产品	300	1	300	1	300
Y 产品	300	0.8	240	1.17	351
Z 产品	240	1.2	288	0.98	235
合计	—	—	828	—	886

(2)根据表 12.2 和表 12.4 中的有关资料,计算 X、Y、Z 三种产品原材料费用分配率和加工费用分配率,编制产品各项费用分配率计算表,见表 12.5。

表 12.5　产品各项费用分配率计算表

2014 年 5 月

项目	直接材料	直接人工	制造费用	合计
产品总成本	85 000	35 550	47 600	168 150
产品总系数	828	886	886	—
费用分配率	102.67	40.12	53.72	—

(3)根据表 12.2 和表 12.5 计算表有关资料,分配甲类产品的成本,编制各种产品成本计算表,见表 12.6。

表 12.6　各种产品成本计算表

2014 年 5 月

项　目	产量/件	分配标准		完工产品总成本			
		原材料费用总系数	加工费用总系数	直接材料	直接人工	制造费用	合计
费用分配率	—	—	—	102.67	40.12	53.72	—
X 产品	300	300	300	30 801	12 036	16 116	58 953
Y 产品	300	240	351	24 641	14 082	18 856	57 579
Z 产品	240	288	235	29 558	9 432	12 628	51 618
合　计	840	828	886	85 000	35 550	47 600	168 150

(二)定额比例法举例

【例12.2】　根据前例ABC企业的资料,用定额比例法分配甲类产品成本。

(1)确定甲类产品的分配标准。

根据单位产品的费用定额和工时定额计算各种产品的定额费用和定额工时,编制产品定额费用与定额工时计算表,见表12.7。

表12.7　产品定额费用与定额工时计算表

2014年5月

产品	产量	原材料定额费用		定额工时	
		单位费用定额	定额费用	单位工时定额	定额工时
X产品	300	150	45 000	12	3 600
Y产品	300	120	36 000	14	4 200
Z产品	240	180	43 200	11.8	2 832
合计	840	—	124 200	—	10 632

(2)计算费用分配率。

根据表12.2和表12.7中的有关资料,计算各成本项目费用分配率,编制产品各项费用分配率计算表,见表12.8。

表12.8　产品各项费用分配率计算表

2014年5月

项目	直接材料	直接人工	制造费用
产品总成本	85 000	35 550	47 600
分配标准	124 200	10 632	10 632
费用分配率	0.684 4	3.343 7	4.477 1

(3)分配甲类产品成本。

编制各种产品成本计算表,见表12.9。

表 12.9 产品成本计算表

2014 年 5 月

项目	产量	分配标准		完工产品总成本			
		原材料定额费用	产品定额工时	直接材料	直接人工	制造费用	合计
费用分配率		—	—	0.688 4	3.343 7	4.477 1	—
X 产品	300	45 000	3 600	30 978	12 037	16 118	59 133
Y 产品	300	36 000	4 200	24 782	14 044	18 804	57 630
Z 产品	240	43 200	2 832	29 240	9 469	12 678	51 387
合　计	840	124 200	10 632	85 000	35 550	47 600	168 150

四、分类法的优缺点

采用分类法计算产品成本，由于以产品类别作为成本计算对象，因此应按产品类别设置基本生产成本明细账。各种费用汇总分配表也相应地按产品类别计算编制，从而大大简化了分配费用的工作和“基本生产成本”明细账的登记工作，并且能够在产品品种、规格较多的情况下掌握各类产品的成本水平。但是，由于对同一类别内各种产品成本的计算，都是按事先设定的标准进行分配的，因此，计算的各种产品的成本具有一定的假定性。

第二节　定 额 法

一、定额法的含义及适用范围

定额法是以产品的品种(或类别)作为成本计算对象，根据产品的实际产量，计算产品的定额生产费用以及实际费用脱离定额的差异，用完工产品的定额成本，加上或减去定额差异、定额变动差异，从而计算出完工产品成本和在产品成本的一种方法。

定额法一般适用于产品已经定型，品种不多，规格、型号、工艺过程比较稳定，定额管理制度比较健全，各项消耗定额比较准确、稳定，成本核算工作基础较好的企业。

在定额法下，产品实际成本的计算与其他成本计算方法不一样，其实际成本的计算公式为

产品的实际成本 = 定额成本 ± 定额差异 ± 定额变动

若材料按计划成本核算，还应加减材料成本差异。

二、定额法的特点

(一)成本计算对象

定额法是产品成本计算的辅助方法,企业采用定额法的目的是为了加强成本定额管理和日常成本控制,因此其成本计算对象既可以是某个加工步骤的自制半成品,也可以是产成品。

(二)成本计算期

由于定额法必须与品种法、分批法或分步法结合运用,当定额法与品种法或分步法结合运用时,成本计算期与会计报告期相一致;当定额法与分批法结合运用时,成本计算期与产品生产周期相一致,而与会计报告期不一致。

(三)事先制定各种产品的各项消耗定额

在定额法下,为了便于对产品生产过程中的各种耗费按定额成本进行日常控制,就需要对各种产品的原材料消耗和工时消耗制定相应的定额,以作为成本控制的目标。

(四)对产品成本实行事中控制

在定额法下,企业发生的每项生产费用,都应根据产品的定额成本分别核算符合定额的耗费和脱离定额的差异,并及时分析差异产生的原因,采取必要的措施,以加强对产品成本的控制。

(五)以定额成本作为产品成本计算的基础

产品实际成本的计算是在计算出产品定额成本的基础上,加减脱离定额差异、定额变动差异和材料成本差异而取得的。

三、定额法的计算程序

(一)定额成本的计算

定额成本是根据现行定额和计划单价制定的。制定定额成本所使用的成本项目,应与计算产品实际成本的成本项目相同,并随着生产技术的改进和劳动生产率的提高等实际情况的变动而及时修订。

产品的单位定额成本的制定,应包括零件、部件的定额成本和产品定额成本。一般是先制定某产品的所有零件的定额成本,包括材料、动力、工时等消耗定额,再根据各项消耗定额、材料计划单价,工资计件单价或计划工资率(即每小时的计划工资),以及计划费用率(即小时计划的间接制造费用)等资料,计算产品的各项费用定额和产品的单位定额成本。

定额成本的计算是通过编制定额成本计算表进行的,它的编制方法应视企业的具体情况来选择。在零部件不多的情况下,一般是先编制零件定额成本表,然后再汇总编制部件和产成品定额成本表。

在零部件较多的情况下为了简化编制手续和核算工作,也可以不编制零部件定额表(即不计算零部件定额成本),直接编制产成品定额成本表。其格式见表 12.10。

表 12.10　定额成本表

成本项目		定额材料		定额工时		金额合计
		数量	计划单价	数量	计划工资率或费用率	
直接材料	A 材料	6 000	8			48 000
	B 材料	5 000	6			30 000
	小计					78 000
直接人工				20 000	2	40 000
制造费用				10 000	3	30 000
合计						148 000

(二)脱离定额差异的计算

脱离定额差异是指在生产过程中各项实际生产费用脱离现行定额的差异,它反映了各项生产费用支出的合理程度和现行定额的执行情况。企业应及时地对定额差异进行核算,以便控制生产费用的发生,降低产品成本。脱离定额差异的计算,是采用定额法计算产品成本的一个重要环节,对于脱离定额差异,一般是按成本项目进行计算的。

1. 原材料脱离定额差异的计算

(1)限额领料法。

采用限额领料法,必须实行限额领料制度,符合限额的原材料应根据限额领料单等定额凭证领发;超过限额的消耗,需另行填制专用的领料单(差异凭证)。超额领用的材料,全部是脱离定额的超支差异,退料但也视为差异凭证,限额领料单中的原材料余额与退料单中所列原材料数量全部原材料脱离定额的节约差异。如果企业超限额领料单是增加产量引起的,则应办理追加限额手续,仍采用限额领料单领料。月末时,将限额领料单内的材料余额和各种差异凭证进行汇总,即可计算出定额差异。

采用限额领料时,应注意的是领料差异与耗用差异有时并不完全一致。有时领到车间的

材料并未耗用,有时还有期初余额。因此,应按以下公式计算本期直接材料的实际消耗量:

本期直接材料实际消耗量 = 本期领用材料数量 + 期初结余材料数量 − 期末结余材料数量

(2)分批切割法。

对于某些经常大量使用的材料或贵重材料,通常是通过下料车间切割后,才能加工使用。原材料的节约或浪费大部分在切割车间实现。在这种情况下,应采用专设的材料切割核算凭证材料切割核算单等核算材料脱离定额的差异及其原因。材料切割核算单应按切割材料的批别开设,根据单中所列的切割成的材料数量和消耗定额,可计算求得材料的定额消耗量,以此与材料实际消耗量比较,就可以确定脱离定额的差异。材料定额消耗量和脱离定额的差异,也应填入材料切割核算单,并且注明其发生差异的原因,由主管人员签证。采用材料切割核算单进行材料切割的核算,能及时反映材料的耗用情况和发生差异的原因。如与车间或班组的经济核算结合起来,则更有利于加强对材料耗用的控制和监督。

(3)盘存法。

对于不能采用切割法核算的原材料,为了更好地控制用料,除了采用限额领料法外,还应采用盘存法核算用料差异。盘存法是指按期通过盘点车间的在产品数量和结余材料数量,计算出本期产品所耗用的材料实际耗用量和定额差异,以控制用料的方法。即首先根据完工产品数量和在产品盘存数量确定本期投产产品数量;其次,根据本期投产产品数量及其投料方式和原材料消耗定额,计算得出原材料定额消耗量;同时,根据限额领料单和超额领料单等领料、退料凭证和车间余料的盘存数量,计算原材料的实际消耗量;最后,将原材料的实际消耗量与定额消耗量相比较,计算原材料定额差异。

无论企业采用哪种核算方法,材料定额费用和材料脱离定额差异均应按照成本计算对象分批或定期汇总,编制材料定额费用及脱离定额差异汇总表,以集中反映某种或某批产品耗费的各种材料的定额费用和脱离定额的差异,并分析原材料耗费脱离定额差异的原因。

表 12.11 材料定额费用及脱离定额差异汇总表

材料类别	计量单位	计划单价	定额费用		实际费用		脱离定额差异		差异原因分析
			数量	金额	数量	金额	数量	金额	
原料	千克	10.00	5 000	50 000	4 800	48 000	−200	−2 000	略
主要材料	千克	6.00	4 000	24 000	3 500	21 000	−500	−3 000	
合计		—	—	74 000	—	69 000	—	5 000	

注:脱离定额差异数量(或金额)=[实际耗用数量(或金额)−定额耗用数量(或金额)]×计划单价

2. 加工费用脱离定额差异的计算

生产工人工资的脱离定额差异,因工资形式而异。在计件工资形式下,生产工人工资定额差异的核算与材料定额差异的核算方法相类似,按计件单价计算的工资即是定额工资,可以反映在产量记录中;脱离定额差异的部分应设置“工资补付单”等差异凭证予以反映,还应说明差异发生的原因,并且要经过一定的审批手续。

在计件工资形式下,生产工人工资定额差异是由工时差异和小时平均工资差异两方面因素造成的。工时差异,是以实际产量的实际工时与实际产量的定额工时相比求得的。小时平均工资差异,要在月末实际生产工人工资总额确定以后,除以生产工人实际工时,算出实际小时平均工资,同计划小时平均工资相比求得。

【例 12.3】 某企业基本生产车间 3 月 1 日有甲在产品 600 件,该月又投产甲产品 1 500 件,单位产量定额工时为 5 小时,计划该月完工产品的约当产量为 1 200 件,计划定额生产工人的人工费用为 60 000 元。生产甲产品实际耗费生产工人工时 5 500 小时,实际发生生产工人人工费用为 60 500 元,计算人工费用脱离定额差异如下:

$$\text{计划小时人工费用分配率} = \frac{60\ 000}{1\ 200 \times 5} = 10$$

$$\text{实际小时人工费用分配率} = \frac{60\ 500}{5\ 500} = 11$$

$$\text{工时效率人工费用差异} = (5\ 500 - 6\ 000) \times 10 = -5\ 000$$

$$\text{人工费用分配率差异} = (11 - 10) \times 5\ 500 = 5\ 500(\text{元})$$

$$\text{人工费用脱离定额差异} = -5\ 000 + 5\ 500 = 500(\text{元})$$

3. 制造费用和其他费用脱离定额差异的计算

制造费用一般属于间接费用,在日常核算中不能按照产品直接确定脱离定额的差异,需待月末按车间汇总实际制造费用总额,并分配于各种产品后,才能确定产品应负担的实际制造费用。

(三)定额变动差异的计算

定额变动差异是指由于对旧定额进行修改而产生的新旧定额之间的差额。定额变动差异的产生,说明了企业生产技术水平的提高和生产组织的改善对定额的影响程度。定额变动差异的产生,是定额本身变动的结果,与生产费用的节约或超支无关,而脱离定额差异反映的则是生产费用的节约或超支额。

各项消耗定额的修订通常是在月初、季初或年初定期进行的。当月初有在产品时,定额发生变动,其在产品的定额成本并未修订,仍然按照原来的消耗定额计算,而新投入生产的产品按修订后新的消耗定额计算定额成本。为了使两者能在同一基础上相加,就需要将月初在产品原来的定额成本调整成为按修订后新的消耗定额计算的定额成本,从而产生了定额变动差异。定额变动差异应按成本项目分别计算,其计算公式为

月初在产品某成本项目定额变动差异 = 月初在产品该成本项目按原消耗定额计算的定额成本 - 月初在产品该成本项目按新消耗定额计算的定额成本

为了简化计算工作，定额变动差异也可以采用系数折算的方法。即按新消耗定额所计算出来的单位产品定额成本，与原消耗定额计算出来的单位产品定额成本相对比，求得系数，然后根据系数计算月初在产品定额变动差异，其计算公式为

$$系数=\frac{按新定额计算的单位产品某成本项目的成本}{按原定额计算的单位产品某成本项目的成本}$$

月初在产品某成本项目定额变动差异＝按原定额计算的月初在产品该成本项目的成本×(1－系数)

【例 12.4】 某工厂基本生产车间决定从 9 月 1 日起修订甲产品原材料消耗定额，单位产品原材料费用原定额成本为 100 元，修订后单位产品原材料费用新定额成本为 95 元，其他成本项目定额不变。月初甲产品有 500 件在产品，原材料在开始生产时一次性投入，按原定额计算原材料定额成本为 30 000 元，计算月初甲在产品原材料定额变动差异如下：

$$系数=\frac{95}{100}=0.95$$

$$月初甲在产品原材料定额变动差异=30\,000\times(1-0.95)=1\,500(元)$$

定额变动差异通常应按照定额成本的比例，在完工产品与月末在产品之间进行分配。如果月初在产品在本月份已全部完工，那么定额变动差异应全部由完工产品负担；如果定额变动差异数额不大，为了简化核算手续，也可以全部由完工产品负担，则期末在产品就不分配定额变动差异。

(四)材料成本差异的分配

在采用定额法下，为了有利于分析和考核材料消耗定额的执行情况，日常材料的核算都是按计划成本进行的。因此，材料费用包括材料定额及其定额差异，平时也是按材料计划单位成本进行计算的。每月末计算产品成本时应根据材料成本差异率按下列公式计算材料成本差异：

某产品应分配的材料成本差异＝(该产品材料定额费用±材料脱离定额差异)×材料成本差异率

【例 12.5】 某厂 2 月份材料成本差异率为 －3%，某产品的定额成本为 10 000 元，材料脱离定额差异为超支 150 元，则某产品应分配的材料成本差异计算如下：

$$(10\,000+150)\times(-3\%)=-304.5(元)$$

(五)计算完工产品实际成本

采用定额法计算产品成本，在对各种产品的定额成本、脱离定额差异、材料成本差异和定额变动差异进行核算后，通过“基本生产成本”明细账户的归集，形成生产费用合计，月末将归集的生产费用合计在完工产品与月末在产品之间进行分配，以计算完工产品的实际成本。其

计算的程序如下。

1. 计算完工产品和月末在产品的定额成本

完工产品某项目定额成本 = 完工产品数量 × 该项目单位定额成本

期末在产品某项目定额成本 = 某项目定额成本期初数 + 该项目定额成本本月发生数 - 完工产品该项目定额成本

2. 分配定额成本差异

某成本项目差异分配率 = 完工产品某项目应分配定额成本差异 = 完工产品该项目定额成本 × 该成本项目差异分配率

月末在产品某项目应分配定额成本差异 = 月末在产品该项目定额成本 × 该成本项目差异分配率

3. 计算完工产品实际成本

产品实际成本 = 产品定额成本 ± 脱离定额差异 ± 定额变动差异 ± 材料成本差异

【例 12.6】 某企业生产甲产品，采用定额法计算产品成本，原材料在开始生产时一次性投入。月初在产品 10 件，月初在产品有关资料见表 12.12。

表 12.12 月初在产品资料

成本项目	产量/件	消耗定额	计划单价	定额成本	定额差异	定额变动差异
直接材料	10	130(千克)	5.00	5 400	+800	+150
直接人工	10	150(小时)	0.40	259	-120	—
制造费用	10	150(小时)	0.30	196	-80	—
合计	—			5 855	+600	+150

自本月初起，原材料消耗定额由 130 千克降低为 115 千克，工时由 150 小时降低为 130 小时，本月份甲产品应分配的直接材料费用 23 050 元，材料成本差异率为 -1%，直接人工为 2 450元，制造费用 1 600 元，本月投产 50 件，月末完工 45 件。

根据上述资料，按定额法计算甲产品成本的结果如下。

①月初在产品定额变动差异的计算：

直接材料定额变动差异 = (130 - 115) × 5 × 10 = 750(元)

直接人工定额变动差异 = (150 - 130) × 0.4 × 10 = 80(元)

制造费用定额变动差异 = (150 - 130) × 0.3 × 10 = 60(元)

②本月投产产品定额成本的计算：

直接材料定额成本 = 115 × 50 × 5 = 28 750(元)

直接人工定额成本 = 130 × 50 × 0.4 = 2 600(元)

制造费用定额成本 = 130 × 50 × 0.3 = 1 950(元)

③脱离定额差异计算：

直接材料脱离定额差异 = 23 050 − 28 750 = −5 700(元)

应分配材料成本差异 = (28 750 − 5 700) × (−1%) = −230.5(元)

脱离定额合计差异 = −5 700 − 230.5 = −5 930.5(元)

直接人工定额差异 = 2 450 − 2 600 = −150(元)

制造费用定额差异 = 1 600 − 1 950 = −350(元)

④完工产品定额成本的计算：

直接材料定额成本 = 45 × 115 × 5 = 25 875(元)

直接人工定额成本 = 45 × 130 × 0.4 = −2 340(元)

制造费用定额成本 = 45 × 130 × 0.3 = 1 755(元)

⑤脱离定额差异额合计的计算：

直接材料脱离定额差异 = +800 − 5 930.5 = −5 130.5(元)

直接人工脱离定额差异 = −120 − 150 = −270(元)

制造费用脱离定额差异 = −80 − 350 = −430(元)

⑥脱离定额差异率的计算：

直接材料脱离定额差异率 = −0.154

直接人工脱离定额差异率 = −0.097

制造费用脱离定额差异率 = −0.206

⑦定额变动差异合计的计算：

直接材料定额变动差异合计 = 150 + 750 = 900(元)

直接人工定额变动差异合计 = 80(元)

制造费用定额变动差异合计 = 60(元)

⑧定额变动差异率的计算：

$$直接材料定额变动差异率 = \frac{900}{33\ 400} = 0.027$$

$$直接工资定额变动差异率 = \frac{80}{2\ 779} = 0.029$$

$$制造费用定额变动差异率 = \frac{60}{2\ 086} = 0.029$$

⑨编制产品成本计算表，见表 12.13。

表 12.13　产品成本计算单

单位:元

项目	月初产品成本			月初在产品定额变动		本月费用		费用合计			分配率		完工产品				月末在产品成本			
	定额成本	脱离定额差异	定额变动差异	定额变动差异	定额成本调整	定额成本	脱离定额差异	定额成本	脱离定额差异	定额变动差异	脱离定额差异	定额变动差异	定额成本	脱离定额差异	定额变动差异	实际成本	定额成本	脱离定额差异	定额变动差异	实际成本
直接材料	5 400	+800	+150	-750	750	28 750	-5 930.5	33 400	-5 130.5	900	-0.154	0.027	2 587.5	-3 984.75	698.63	22 588.88	7 525	-1 145.75	203.37	6 580.62
直接人工	259	-120	-	-80	80	2 600	-150	2 779	-270	80	-0.097	0.029	2 340	-226.98	67.86	2 180.88	439	43.02	12.14	408.12
制造费用	196	-80	-	-60	60	1 950	-350	2 086	-430	60	-0.206	0.029	1 755	-36 153	5 090	1 444.37	331	-68.47	9.1	271.63
合计	5 855	+600	+150	-890	890	33 300	-6 430.5	38 265	-5 830.5	1 040	-	-	29 970	-4 573.26	817.39	26 214.13	8 295	-1 257.24	222.61	7 260.37

第三节　联产品和副产品

一、联产品成本的计算

联产品是指企业使用同样的原材料，在同一生产过程中，同时生产出两种或两种以上具有不同使用价值的主要产品。如炼油厂生产的原油，通过提炼过程，可以同时生产出汽油、煤油、柴油和气体等几种主要产品，这些产品都是联产品。

投入相同的原材料，经过同一生产过程后，在某一个点分离为各种联产品，通常称这个点为"分离点"，分离后的联产品，有的可以直接销售，有的必须加工后再销售。在分离点之前，各种联产品的生产费用是综合在一起的，所以称为联合成本或共同成本，而把进一步加工成本称为归属成本。联产品的成本计算，就是将分离点前联产品的联合成本采用适当的分配方法，在各联产品之间进行分配。常用的分配方法有以下几种：

（一）系数分配法

系数分配法是将各种联产品的实际产量乘以事先制定的各该联产品的系数（或按某标准换算的系数），把实际产量换算成相对产量（标准产量），然后将联产品的联合成本按各联产品的相对产量比例来进行分配。采用系数分配法，应注意合理确定系数，以正确反映各联产品单位耗用。

（二）实物量分配法

实物量分配法是将产品的联合成本按各联产品之间重量比例进行分配。这种方法是先将联合成本除以各联产品的产量之和，求得平均单位成本；再以各种联产品的实物数量乘以平均单位成本，求得各种联产品的产品成本。

（三）相对销售价值分配法

相对销售价值分配法的依据是售价较高的联产品应该成比例地负担较高份额的联合成本的理论。采用这种方法，是先求得联合成本总额，然后再除以分离点上所有联产品的销售价值总额，得到联产品成本与销售价值的百分率。把联产品中每种产品的销售价值乘以这一百分率，即得出每种联产品所应分配的成本。

（四）联产品成本计算举例

【例 12.7】　某企业投入某种原材料，经同一加工过程同时主产出 A、B、C 三种联产品。

设各联产品之间规定的系数是1:0.8:1.15，本月完工A产品200件，B产品200件，C产品150件，无期初、期末在产品。该月发生的联合成本分别为直接材料324 250元，直接人工67 200元，制造费用49 650元。三种产品在分离后即可直接出售，单位售价分别为A产品70元，B产品40元，C产品50元。根据资料分别按系数分配法、实物量分配法和相对销售价值分配法计算联产品成本。

表12.14 联产品成本计算表（系数分配法）

产品名称	产量	系数	相对产量	分配比例	应负担的成本			
					直接材料	直接人工	制造费用	合计
A产品	200	1	200	0.38	123 215	25 536	18 867	167 618
B产品	200	0.8	160	0.30	97 275	20 160	14 895	132 330
C产品	150	1.15	172.5	0.32	103 760	21 504	15 888	141 152
合计	550	—	532.5	1	324 250	67 200	49 650	441 100

表12.15 联产品成本计算表（实物量分配法）

产品名称	产量	分配比例	应负担的成本			
			直接材料	直接人工	制造费用	合计
A产品	200		117 910	24 438	18 054	160 400
B产品	200		117 910	24 438	18 054	160 400
C产品	150		88 430	18 324	13 542	120 300
合计	550	802	324 250	67 200	49 650	441 100

表12.16 联产品成本计算表（相对销售价值分配法）

产品名称	产量	单价	售价总额	分配比例	应负担的成本			
					直接材料	直接人工	制造费用	合计
A产品	200	70	14 000	0.47	152 398	31 584	23 336	207 318
B产品	200	40	8 000	0.27	87 548	18 144	13 406	119 098
C产品	150	50	7 500	0.25	84 304	17 472	12 908	114 684
合计	550	—	29 500	1	324 250	67 200	49 650	441 100

二、副产品的成本计算

副产品是指在同一生产过程中,使用相同的原材料,在生产主要产品时附带生产出来的非主要产品,或利用生产中的废料加工而成的产品。例如,原油的加工过程中产生的渣油、石油焦,制皂过程中产生的甘油等。

进行副产品成本计算时,如果副产品的价值和比重较大,一般将主、副产品作为一类,采用分类法计算出全部主、副产品的总成本,然后采用一定方法,在主、副产品之间进行分配,计算出各种主、副产品的成本。如果副产品价值较低,比重不大,通常是将副产品按一定的标准作价,从分离前的联合成本中扣除。

(一)不需要进一步加工的副产品的计价

对于分离后不需进一步加工的副产品,可以按它的售价扣除税金、销售费用和销售利润后作为副产品应负担的成本,从联合成本中扣除。

【例 12.8】 设某公司在生产 A、B 主要产品的同时还生产了 C 副产品,本月 C 副产品产量为 20 000 千克,每千克单价 5 元,单位产品应负担税金 0.5 元,单位销售费用和销售利润为 1.4 元。假定副产品成本从各成本项目中扣除,则成本计算见表 12.17。

$$C \text{ 副产品应负担的联合成本} = 20\ 000 \times (5 - 0.5 - 1.4) = 62\ 000(\text{元})$$

表 12.17 副产品成本计算表

成本项目	联合成本	C 副产品应负担的成本	A、B 主产品应负担的成本
直接材料	98 600	27 050	71 550
直接人工	68 500	18 792	49 708
制造费用	58 900	16 158	42 742
合计	226 000	62 000	164 000

(二)需要进一步加工的副产品的计价

副产品在分离后,需要进一步加工再出售,其成本计价也有两种不同的处理方法。

一种方法是副产品只负担可归属成本,而不分担分离点前发生的任何成本。这种方法简便易行,但它低估了副产品的成本,高估了主产品的成本。另一种方法是副产品既负担联合成本,也负担分离点之后的可归属成本。这种方法下,联合成本的分摊,也可以采用前述方法,按销售价格扣除税金、销售费用、销售利润,再减去进一步加工发生的可归属成本来计算。

仍以前例资料，假定C副产品在分离后还需进一步加工，可归属成本中直接人工4 000元，制造费用1 500元。

C副产品应负担的联合成本 = 20 000 × (5 - 0.5 - 1.4) - 4 000 - 1 500 = 56 500(元)

副产品成本计算表见表12.18。

表12.18 副产品成本计算表

成本项目	联合成本	C副产品应负担的成本	可归属成本	C副产品总成本
直接材料	98 600	24 650		24 650
直接人工	68 500	17 125	4 000	21 125
制造费用	58 900	14 725	1 500	16 225
合计	226 000	56 500	5 500	62 000

上述计算结果表明，与不需要进一步加工的副产品计价的方法基本相同，只是C副产品应负担的联合成本从62 000元降到了56 500元，这是因为扣除了C副产品进一步加工发生的可归属成本5 500元。

本章小结

产品成本计算的辅助方法包括很多，本章主要介绍分类法及定额法。分类法是指先以产品的类别作为成本计算对象，归集生产费用，计算出各类完工产品的成本，然后采用一定的方法再将总成本在同类产品中进行分配，计算出各种产品成本的方法。

分类法主要适用于产品品种、规格繁多，而且又可以按一定标准分类的大量生产企业，如无线电元件、针织、视频、化学试剂生产等企业；另外，分类法还适用于联产品、副产品和等级品生产的企业以及企业除主要产品以外生产的零星产品的成本计算。

定额法是以产品的品种(或类别)作为成本计算对象，根据产品的实际产量，计算产品的定额生产费用以及实际费用脱离定额的差异，用完工产品的定额成本，加上或减去定额差异、定额变动差异，从而计算出完工产品成本和在产品成本的一种方法。定额法一般适用于产品已经定型，品种不多，规格、型号、工艺过程比较稳定，定额管理制度比较健全，各项消耗定额比较准确、稳定，成本核算工作基础较好的企业。

复习思考题

1. 什么是产品成本计算分类法？其核算程序包括哪几步骤？

2. 分类法下类内产品成本的分配方法有哪些？其适用条件是什么？

3. 什么是产品成本计算分类法？其使用范围及特点如何？
4. 定额法有什么特点？产品的定额成本如何制定？
5. 脱离定额差异如何计算？
6. 脱离定额差异与定额变动差异的区别是什么？
7. 定额法下完工产品和月末在产品定额成本的计算和各种差异应如何分配？

第十三章

Chapter 13

标准成本制度

【学习要点与目标】

通过本章学习，了解标准成本制度的形成情况，一般了解标准成本制度的作用以及实施标准成本制度的步骤和条件；掌握标准成本制度的特点，标准成本的分类，标准成本的制定方法，标准成本制度与定额成本制度；熟练掌握标准成本差异的计算和分析；重点掌握标准成本及成本差异的账务处理。

【案例导入】

某企业生产甲产品，主要耗用A、B两种材料，经过一个生产加工过程。2014年5月预计生产2 000件，本月预算固定制造费用为50 000元，预算变动制造费用为60 000元，预算工时为20 000小时。变动制造费用分配率和固定制造费用分配率按直接人工工时计算。甲产品的标准成本资料见表13.1。

表13.1 甲产品的标准成本资料

2014年5月 单位：元

项目	标准消耗量	标准单价	金额
直接材料	20千克	10	200
直接人工	20小时	6	120
变动制造费用	20小时	2.5	50
固定制造费用	20小时	2.8	56
单位产品标准成本			426
变动制造费用预算分配率	3	固定制造费用预算分配率	2.5

甲产品月初没有在产品，本月投产900件，并于当月全部完工；本月销售甲产品800件，每件售价950元。本月其他有关实际资料见表13.2。

表 13.2　甲产品生产费用表

2014 年 5 月

项　目	采购材料数量	实际耗用量	实际单价/元	实际成本/元
直接材料	20 000 千克	19 800 千克	9.5	188 100
直接人工		19 800 小时	5.2	102 960
变动制造费用			2.8	55 400
固定制造费用			2.1	41 580
实际产品成本总额				388 040

该企业应如何采用标准成本制度进行账务处理？相信通过本章的学习，你一定能解答出有关标准成本及其差异的计算与分析问题。

第一节　标准成本制度概述

一、标准成本制度的形成

标准成本制度是根据标准成本来计算成本，能将成本计划、成本控制和成本分析有机地结合起来的一种成本制度。标准成本是企业根据产品的各项标准消耗量（如材料、工时等）及标准费用率计算出来的产品的标准成本。利用标准成本与实际成本相比较的差异，可以分析差异产生的原因，采取相应的措施，控制费用的支出，逐渐达到标准成本的水平，从而可以不断降低产品的实际成本。

标准成本制度的产生，与 1903 年泰罗发表的《工厂管理》一书有着密切的联系。该书中提出产品的标准操作程序及时间定额，给标准成本制度的产生提供了启示。1904 年泰罗理论的继承者美国效率工程师哈尔顿·爱默森首先在美国铁道公司应用标准成本法。1909 年，他在《作为经营和工作基础的效率》一文中对标准成本进行了更详细的研究。因为他不是会计师，因此没有提出标准成本的会计账务处理方法。他在 1918 ~ 1920 年发表了一系列文章，曾介绍一套分析成本差异的工时，并对科目、分类账及成本分析叙述得十分详细。1920 年在美国全国成本会计师协会召开的首届年会上，会计人员与工程技术人员设计了一套将实际成本与标准成本结合起来的方法。同时设置“效率差异”与“价格差异”科目，核算实际人工、实际材料与其各自标准之间的差异。1923 年，随着间接费用差异的确定，标准成本差异的分析雏形基本上形成了，至此，标准成本脱离试验阶段而进入实施阶段。1930 年，哈里逊总结了对标准成本计算所做的研究，写成了《标准成本》一书，这本书是世界上第一部论述标准成本制度的专著。在这之后，标准成本制度开始兴起和发展起来，而且从美国传入英国、德国、日本和瑞典等国家。从此，成本会计进入了一个崭新的发展时期。

二、标准成本制度的特点和作用

(一)标准成本制度的特点

标准成本制度的核心是按标准成本记录和反映产品成本的形成过程和结果,并借以实现对成本的控制。

(1)标准成本制度只计算各种产品的标准成本,不计算各种产品的实际成本。"生产成本""产成品""自制半成品"等账户的借贷方,均按标准成本入账。

(2)实际成本与标准成本发生的各种差异,分别设置各种差异账户进行归集,以便对成本进行日常控制和考核。常用的差异账户有:"材料数量差异""材料价格差异""人工效能差异""工资率差异""变动制造费用效能差异""变动制造费用耗用差异""固定制造费用产量差异""固定制造费用预算差异"等。这些账户借方反映的都是超支差异,贷方反映的都是节约差异。期末应该将各成本差异的余额予以结清。

(3)标准成本制度可以与变动成本法相结合,达到成本管理和控制的目的。标准成本制度将制造费用分成固定部分和变动部分,分别揭示其差异,便于根据成本的可控性和不可控性,明确差异的责任,寻找降低成本的途径。

(二)标准成本制度的作用

(1)标准成本可以起到事前成本控制的作用。由于制定的标准成本一般需要经过努力才能达到,这样,可以调动广大职工工作积极性,使各自负责的成本达到标准成本的需求。因此,标准成本可以作为企业职工工作努力的目标,衡量实际成本节约或超支的尺度。

(2)标准成本可以加强成本的事中控制。标准成本制度的重点在于进行成本的事中控制,用标准成本与实际成本进行比较,可以及时检查差异及其产生的原因,并采取相应的措施加以改进,从而不断地减少不利差异。对有利差异不断加以巩固,从而有效地对成本进行控制。

(3)标准成本可以实现事后的成本控制。对于成本实际执行的结果,应进行分析和总结。对于实际成本与标准成本产生的各种差异,要进行实事求是的分析,找出产生差异的各种因素。对于各种因素要分析具体情况,针对不同的情况采取不同的措施,在下一阶段的成本核算工作中使成本不断降低,实现成本的事后控制。

第二节　标准成本的制定

标准成本是企业根据产品的各项标准消耗量(如材料、工时等)及标准费用率计算出来的产品成本。利用标准成本与实际成本进行比较，可以分析差异产生的原因，采取相应的措施，控制费用的支出，逐渐达到标准成本的水平，从而可以不断降低产品的实际成本。

在一般情况下，标准成本可以按零件、部件和各生产阶段成本项目制定，即分别按直接材料、直接人工和制造费用制定。对于其中的制造费用，还可以分为变动费用和固定费用两类。在零件较少的情况下，可以先制定零件的标准成本，在此基础上制定部件和产品的标准成本；在零件较多的情况下，可以不制定零件的标准成本而先制定部件的标准成本，再制定产品的标准成本，或直接制定产品的标准成本。

一、直接材料标准成本的制定

直接材料的标准成本是根据产品或零、部件的标准耗用量和材料的标准单价计算的，其计算公式为

直接材料标准成本 = 产品或零、部件某种材料标准耗用量 × 该种材料标准单价

上式中材料的标准耗用量可以从工程技术部门提供的制造单位产品所需要的各种原材料消耗量取得，材料的标准单价可由供应部门提供。

将产品的零部件各种材料的标准成本相加，即可计算出产品的直接材料标准成本。

二、直接人工标准成本的制定

直接人工的标准成本是根据产品或零、部件的标准工时和小时标准工资率计算的，其计算公式为

直接人工标准成本 = 产品或零、部件某种材料标准工时 × 小时标准工资率

上式中的标准工时应按加工工序来制定，制定标准工时应考虑直接加工工时和工人必要的间歇和停工时间等，单位产品消耗的各工序标准工时由技术部门和生产部门提供；小时标准工资率一般采用计划工资率，一般由人力资源部门提供。

将产品各种零、部件的标准工资相加，即可计算出产品的直接人工标准成本。

三、制造费用标准成本的制定

制造费用一般是按责任部门编制制造费用预算的形式进行的，并且分固定制造费用和变动制造费用分别编制，其中变动制造费用一般应按不同的生产量来计算，以适应数量的变动。

制造费用的标准成本是根据零、部件的标准工时和固定（或变动）制造费用标准分配率计算的，其计算公式为

固定（或变动）制造费用标准成本 = 产品或零、部件单位产品的标准工时 ×

固定(或变动)制造费用标准分配率

上式中固定制造费用标准分配率和变动制造费用标准分配率的计算公式为

$$固定制造费用标准分配率=\frac{固定制造费用预算}{预算工时}$$

$$变动制造费用标准分配率=\frac{变动制造费用预算}{预算工时}$$

将产品各种零、部件的固定(或变动)标准制造费用相加,即可计算出产品的制造费用标准成本。

第三节 标准成本差异的计算及账务处理

标准成本差异是指产品的实际成本与标准成本之间的差额。如果该差额为正,是逆差,为不利差异,说明企业实际成本大于标准成本;如果该差额为负,是顺差,为有利差异,说明企业实际成本小于标准成本。企业对标准成本差异分析的目的就是发现问题,找出差异形成的原因和责任,进而采取相应的措施,消除不利差异,发展有利差异,实现对成本的有效控制,促进成本的降低,提高企业经济效益。

标准成本差异产生的原因很多,归纳起来,不外乎是数量差异和价格差异,按成本项目进一步划分为八大差异或九大差异。分别是:直接材料数量差异,直接材料价格差异,直接人工效率差异,直接人工工资率差异,变动制造费用效率差异,变动制造费用耗费差异,固定制造费用产量差异和固定制造费用预算差异。固定制造费用产量差异又可分为固定制造费用能力差异和固定制造费用效率差异。

一、标准成本差异的计算与分析

(一)直接材料标准成本差异的计算与分析

直接材料标准成本差异是指直接材料实际成本与其标准成本的差异,其包括材料数量差异和材料价格差异两部分。材料数量差异是指生产过程中材料实际耗用量和标准耗用量之间的差额与材料标准价格之间的乘积。材料数量差异反映了企业生产单位生产产品的材料消耗的浪费或节约,以及由于产品结构改变、材料加工方法改变、材料数量改变等所造成的超支或节约数,该差异的责任应该由生产单位承担。材料价格差异是指材料采购的实际价格和标准价格之间的差异与材料实际用量之间的乘积,该差异的责任应该由采购部门承担。材料数量差异和价格差异的计算公式为

材料数量差异 =（实际用量 - 标准用量）× 标准价格

材料价格差异 =（实际价格 - 标准价格）× 实际用量

计算结果如果是正数，表示超支，即逆差，为不利差异；如果为负数，则表示节约，即顺差，为有利差异。

上述公式使用了因素分析中的连环替代法分析，数量差异为第一因素，价格差异为第二因素。这里的材料差异分析是在产量不变的情况下进行的。也就是说，材料的实际用量和标准用量都是在同一产量下的耗用量，只不过单位消耗量不同而已。

【例 13.1】 某企业甲产品本月实际产量为 180 件，材料消耗定额为 8 千克，每千克标准价格为 20 元，实际耗用材料 1 500 千克，实际单价为 28.5 元，其直接材料标准成本差异计算如下：

直接材料的实际成本 = 1 500 × 28.5 = 42 750（元）

直接材料的标准成本 = 180 × 8 × 20 = 28 800（元）

直接材料成本差异 = 42 750 - 28 800 = 13 950（元）

其中：

材料数量差异 =（1 500 - 180 × 8）× 20 = 1 200（元）

材料价格差异 =（28.5 - 20）× 1 500 = 12 750（元）

上述计算结果说明，该企业材料数量差异及材料价格差异都是正数，两者都为逆差，是不利差异，应分别由生产单位和采购部门进一步查找原因，落实责任，并提出改进意见。

（二）直接人工标准成本差异的计算与分析

直接人工成本包括直接人工效率差异和工资率差异。直接人工效率差异是因实际耗用工时脱离标准而导致的成本差异，是实际工时和标准工时之间的差额与标准工资率的乘积，即等同于直接材料的数量差异。工资率差异是每小时实际工资率和标准工资率之间的差额与实际工时之间的乘积，即等同于直接材料的价格差异。一般来说，直接人工的效率差异应由生产单位负责，因为其差异通常可能是由于机器运转不正常，材料或零件传递方法不当，工人技术不熟练等与生产活动相关的原因造成的。直接人工工资率差异一般应由主管人事的部门负责，但如果是非生产工时造成的差异，如停工待料时间的工资、开会时间的工资等，仍由生产单位负责。直接人工的效率差异和工资率差异的计算公式为

直接人工的效率差异 =（实际工时 - 标准工时）× 标准工资率

直接人工的工资率差异 =（实际工资率 - 标准工资率）× 实际工时

同理，计算结果为正，表示超支，是逆差，为不利差异；计算结果为负，表示节约，是顺差，为有利差异。

【例 13.2】 承例 13.1 中产品的直接人工标准工时为每件 4 小时，每小时标准工资率为 0.60 元，实际耗用的工时为 700 小时，实际工资率为 0.70 元，则标准成本差异计算如下：

直接工人的实际成本 = 700 × 0.7 = 490（元）

直接人工的标准成本 = 180 × 4 × 0.6 = 432（元）

标准成本差异 = 490 − 432 = 58（元）

其中：

直接人工效率差异 =（700 − 180 × 4）× 0.6 = −12（元）

直接人工工资率差异 =（0.7 − 0.6）× 700 = 70（元）

（三）变动制造费用标准成本差异的计算与分析

变动制造费用标准成本差异包括变动制造费用效率差异和变动制造费用耗费差异。变动制造费用效率差异是因实际耗用工时脱离标准工时而导致的成本差异，即相当于直接材料的数量差异，它是实际工时和标准工时之间的差额与标准费用分配率之间的乘积。变动制造费用耗费差异是因变动制造费用实际耗费脱离标准而导致的成本差异，即相当于直接材料的价格差异，它是实际费用分配率和标准费用分配率之间的差额与实际工时之间的乘积。其计算公式为

变动制造费用效率差异 =（实际工时 − 标准工时）× 标准费用分配率

变动制造费用耗费差异 =（实际费用分配率 − 标准费用分配率）× 实际工时

计算结果为正，表示超支，是逆差，为不利差异；计算结果为负，表示节约，是顺差，为有利差异。

【例 13.3】 假定例 13.2 企业本月甲产品实际发生的变动制造费用为 4 500 元，标准制造费用分配率为每小时 4.2 元，实际制造费用为每小时 5.5 元，则变动制造费用成本差异计算如下：

变动制造费用标准成本差异 = 4 500 − 180 × 4 × 4.2 = 1 476（元）

其中： 变动制造费用效率差异 =（700 − 180 × 4）× 4.2 = −84（元）

变动制造费用耗费差异 =（5.5 − 4.2）× 700 = 910（元）

（四）固定制造费用成本差异的计算与分析

由于固定制造费用相对固定，一般不随产量的变化而变化，产量的变动只会影响单位固定制造费用，这就是说，实际产量与设计生产能力规定的产量或计划产量的差异会对产品应负担的固定制造费用发生影响。所以，固定制造费用标准成本差异的分析方法与其他费用成本差异的分析方法有所不同。固定制造费用成本差异一般包括固定制造费用产量差异和固定制造费用预算差异两部分。固定制造费用产量差异是指在固定费用预算不变的情况下，由于实际

产量和计划产量不同而造成的差异，其差异的原因与现有生产能力的利用程度有关。固定制造费用预算差异是指实际固定制造费用与预算固定制造费用的差异。其计算公式为

固定制造费用用量差异 = 固定费用预算 − 实际产量 × 单位产品标准费用分配率

固定制造费用预算差异 = 固定制造费用实际数 − 固定制造费用预算总额

计算结果为正数表示超支，负数为节约。也可以将上述产量差异进一步分解为能力差异和效率差异，其计算公式为

固定制造费用能力差异 =（计划产量标准工时 − 实际产量标准工时）× 标准费用分配率

固定制造费用效率差异 =（实际产量实际工时 − 实际产量标准工时）× 标准费用分配率

这样对固定制造费用标准成本差异的分析就有两差异分析法和三差异分析法两种方法。

【例 13.4】　假定例 13.3 中企业某月甲产品计划产量为 190 件，实际制造费用为 4 900 元，标准费用分配率为 5 元，某固定制造费用标准成本差异计算如下：

固定制造费用成本差异 = 490 − 180 × 4 × 5 = 1 300（元）

用两差异分析法分析如下：

固定制造费用产量差异 = 190 × 4 × 5 − 180 × 4 × 5 = 200（元）

固定制造费用预算差异 = 4 900 − 190 × 4 × 5 = 1 100（元）

用三差异分析法分析如下：

固定制造费用能力差异 =（190 × 4 − 180 × 4 900 ÷ 700）× 5 = − 2 500（元）

固定制造费用效率差异 =（180 × 4 900 ÷ 700 − 180 × 4）× 5 = 2 700（元）

固定制造费用预算差异 = 4 900 − 190 × 4 × 5 = 1 100（元）

二、标准成本制度下的会计核算及账务处理

（一）标准成本制度下的成本核算程序

（1）为各成本计算对象按成本项目制定。

（2）按成本对象设产品成本明细账。根据上月成本明细账，填入月初在产品成本。

（3）编制各成本费用分配表，分别反映其标准成本和实际成本，并列出其差异。

（4）将标准成本记入成本明细账，结转完工产品的标准成本。

（5）计算、分析各种成本差异，每月末根据各成本差异科目的余额编制成本差异汇总表，将各种成本差异余额转入“主营业务成本”或“本年利润”明细账，计入当月损益。

（二）标准成本制度下的账户设置

在标准成本制度下，需要加设如下标准成本差异科目：“直接材料数量差异”“直接材料价

格差异”“直接人工效率差异”“直接人工工资率差异”“变动制造费用效率差异”“变动制造费用耗费差异”“固定制造费用产量差异”“固定制造费用预算差异”科目。如果固定制造费用标准成本差异采用三差异分析法，其中“固定制造费用产量差异”科目可改设“固定制造费用能力差异”和“固定制造费用效率差异”两个科目。

这些成本差异科目的借方登记超支差异，贷方登记节约差异和差异转销额（超支用蓝字，节约用红字）。

（三）标准成本制度下的账务处理

【例 13.5】 现以例 13.1 至例 13.4 为例，对本月甲产品的各种成本差异进行归集，并编制会计分录如下：

(1)借：生产成本——基本生产成本	28 800	
直接材料数量差异	1 200	
直接材料价格差异	12 750	
贷：原材料		42 750
(2)借：生产成本——基本生产成本	432	
直接人工工资率差异	70	
贷：直接人工效率差异		12
应付职工薪酬		490
(3)借：制造费用	3 600	
变动制造费用耗费差异	1 050	
贷：变动制造费用效率差异		84
原材料、应付职工薪酬等		4 500
(4)借：制造费用	3 600	
固定制造费用产量差异	200	
固定制造费用预算差异	1 100	
贷：原材料、应付职工薪酬等		4 900
或：借：制造费用	3 600	
固定制造费用效率差异	2 700	
固定制造费用预算差异	1 100	
贷：固定制造费用能力差异		2 500
原材料、应付职工薪酬等		4 900
(5)借：生产成本——基本生产成本	7 274	

贷:制造费用　　7 274

(6)假设本月生产的甲产品全部完工:

借:库存商品　　36 506

　贷:生产成本——基本生产成本　　36 506

(7)将全部标准成本差异转入本月“主营业务成本”科目:

借:主营业务成本　　16 134

　贷:直接材料数量差异　　1 200

　　直接材料价格差异　　12 750

　　直接人工工资率差异　　70

　　直接人工效率差异　　(12)

　　变动制造费用耗费差异　　910

　　变动制造费用效率差异　　(84)

　　固定制造费用产量差异　　200

　　固定制造费用预算差异　　1 100

通过这项结转分录,月末各成本差异科目均无余额。

【例 13.6】　本章【案例引入】的内容,通过前面的学习,现在解答案例引入的问题。

1. 计算确定材料成本差异

(1)价格差异。

$$材料标准成本 = 20\ 000 \times 10 = 200\ 000(元)$$

$$材料实际成本 = 20\ 000 \times 9.5 = 190\ 000(元)$$

(2)数量差异。

$$材料标准成本 = 20 \times 10 \times 900 = 180\ 000(元)$$

$$材料实际成本 = 19\ 800 \times 10 = 198\ 000(元)$$

2. 计算确定直接人工成本差异

(1)标准总工时 $= 20 \times 900 = 18\ 000$(小时)

(2)直接人工标准成本 $= 6 \times 18\ 000 = 108\ 000$(元)

(3)实际小时工资率 $= 102\ 960 \div 19\ 800 = 5.2$(元/小时)

(4)直接人工效率差异 $= (19\ 800 - 18\ 000) \times 6 = 10\ 800$(元)

(5)直接人工的工资率差异 $= 19\ 800 \times (5.2 - 6) = -15\ 840$(元)

3. 计算确定变动制造费用成本差异

(1)变动制造费用标准成本 $= 20 \times 2.5 \times 900 = 45\ 000$(元)

(2)变动制造费用实际分配率 = 55 440 ÷ 19 800 = 2.8(元/小时)

(3)变动制造费用效率差异 = (19 800 - 20 × 900) × 2.5 = 4 500(元)

(4)变动制造费用耗费差异 = 55 440 - 19 800 × 2.5 = 5 940(元)

4. 计算确定固定制造费用成本差异

(1)固定制造费用标准成本 = 20 × 2.8 × 900 = 50 400(元)

(2)固定制造费用实际分配率 = 41 580 ÷ 19 800 = 2.1(元/小时)

(3)固定制造费用效率差异 = (19 800 - 900 × 20) × 2.8 = 5 040(元)

(4)固定制造费用生产能力利用差异 = 50 000 - 19 800 × 2.5 = -500(元)

(5)固定制造费用耗费差异 = 41 580 - 50 000 = -8 420(元)

本章小结

标准成本制度是根据标准成本来计算成本,标准成本是企业根据产品的各项标准消耗量(如材料、工时等)及标准费用率计算出来的产品的标准成本。利用标准成本与实际成本相比较的差异,可以分析差异产生的原因,采取相应的措施,控制费用的支出,逐渐达到标准成本的水平,从而可以不断降低产品的实际成本。

复习思考题

1. 什么是标准成本制度?其特点是什么?如何制定标准成本?
2. 标准成本制度实施的步骤是什么?
3. 直接材料成本差异的影响因素有哪些?如何计算?
4. 直接人工成本差异的影响因素有哪些?如何计算?
5. 影响制造费用成本差异的因素有哪些?如何计算?

第十四章

Chapter 14

成本报表

【学习要点与目标】

本章以讲授成本报表的概念、作用和种类为核心，来了解成本报表的体系构成，明确成本报表编制的作用，熟练掌握成本报表的构成与编制方法。目标：能够理解成本报表的作用，掌握各种成本报表的编制，了解制造费用和期间费用明细表的结构。

【案例导入】

某工厂A、B、C三种主要产品，企业实行定额成本制度，成本核算采用品种法，基本生产成本设有“原材料、直接人工、燃料和动力、制造费用”等成本项目。管理当局将成本控制的重点确定为变动成本，为此，管理部门要求财务会计部门每月报告三种主要产品的变动成本资料，提供必要的分析依据。试设计一张用于成本变动分析的内部报表，来满足管理部门的信息需求。

第一节　成本报表概述

一、成本报表的概念

成本报表是根据日常成本核算资料及其他相关资料定期编制的，用来反映和监督企业一定期间产品成本和期间费用水平及其构成情况的一种会计报表。

成本报表是向企业经营管理者提供成本信息的内部管理会计报表，考核和分析企业在一定时期内成本计划执行情况及其结果的报告文件。正确及时地编制成本报表是成本会计的一项重要内容。

二、成本报表的种类

成本报表不是对外报送或公布的会计报表，所以其种类和格式不是由国家会计准则、制度规定的,是由企业自行确定的,具有灵活性和多样性的特点。成本报表可以按照不同的标准进行分类,主要可以按照成本报表反映的经济内容,以及报表编制的时间分类。

(一)按报表反映的经济内容分类

成本报表按其反映的经济内容,一般可以分为反映费用支出情况的报表和反映产品成本情况的报表。

(1)反映费用支出情况的报表主要有"制造费用明细表""管理费用明细表""销售费用明细表""财务费用明细表"。

(2)反映产品成本情况的报表主要有"全部商品产品成本表""主要产品单位成本表"。

(二)按报表编制时间分类

成本报表按编制时间,可以分为年度报表、半年度报表、季度报表、月度报表、旬报、周报、日报和班报。

三、成本报表的特点

成本报表作为满足企业经营管理需要的内部报表,不对外报送或公布,与财务会计报告中的资产负债表、利润表和现金流量表等对外会计报表相比,具有以下特点。

(一)服务内部

成本报表主要为企业内部管理服务,满足企业管理者、成本责任者对成本信息的需求。在市场经济条件下,激烈的竞争使企业对自己的生产和经营情况、产品成本和期间费用水平及其构成情况采取保密态度。也就是说,一方面可以反映企业产品成本水平,体现产品的市场竞争能力,另一方面是进行成本控制、考核、分析的依据。正因为成本报表是为满足企业内部经营管理目标提供信息,所以成本报表一般对外进行保密。

(二)内容灵活

一个企业的成本信息总数与其生产工艺技术过程和生产组织特点及成本管理的要求密切相关,各企业需要获取的成本信息总有不同的侧重点。因此,成本报表的种类、格式、指标项目、报送时间和范围都可以根据企业需要自行规定。企业自行设计和编制的成本报表具有较大的灵活性和多样性。

(三)综合性

成本报表是会计核算资料与其他技术经济资料(固定资产的利用程度、劳动效率等)密切结合的产物,包括产品产量多少,产品质量的高低,原材料消耗多少,工人劳动生产率的高低,以及生产经营管理工作的好坏等，都会直接或间接地反映到费用和成本指标上来。由于成本报表提供的信息广泛，因此具有综合性的特点。

四、成本报表的作用

成本报表是为企业内部管理需要而编制，主要向企业职工、各级管理部门、企业领导及有关部门提供成本信息。主要表现在以下几个方面：

（一）综合反映报告期内的产品成本

通过成本报表资料，能够及时发现在生产、技术、质量和管理等方面取得的成绩和存在的问题。

（二）可利用成本报表资料进行成本分析

通过成本报表资料的分析，可以揭示影响产品成本指标和费用项目变动的因素和原因，从而可以有针对性地采取措施，把注意力放在解决那些属于不正常的、对成本有重要影响的关键性差异上，这样对于加强日常成本的控制和管理就有了明确的目标。

（三）成本报表为制订成本计划提供依据

成本报表是企业进行成本、利润的预测、决策以及编制产品成本和各项费用计划，制定产品价格的重要依据。

五、成本报表的编制要求和依据

（一）编制要求

为了满足企业管理层对成本报表的需求，充分发挥成本报表的作用，成本报表的编制应符合下列基本要求：

1. 真实性与准确性

真实性与准确性，即成本报表的指标数字必须真实准确，能如实地反映企业成本工作的实际情况。不允许弄虚作假，篡改数字。因此企业在编制成本报表前，所有经济业务都要登记入账，对不应当列入成本的项目必须进行调整。做到先结账，后编表。做到账实相符、账账相符与表表相符。

2. 完整性

完整性，即应编制的各种成本报表必须齐全；应填列的指标和文字说明必须全面；表内项目和表外补充资料不论根据账簿资料直接填列，还是分析计算填列，都应当准确无缺，不得随意取舍。

3. 及时性

及时性,即按规定日期报送成本报表,保证成本报表的及时性,以便各方面利用和分析成本报表,充分发挥成本报表的应有作用。

(二)编制依据

成本报表的编制依据主要有:本期会计账簿记录,以前年度的会计报表资料,本期成本费用计划,以及企业有关的统计资料和其他资料。

第二节　商品产品成本表

一、商品产品成本报表的概念和作用

商品产品成本表是反映企业在报告期内生产的全部商品产品的总成本以及各种主要产品的单位成本和总成本的报表。该表分为基本报表和补充资料两部分。基本报表部分应按可比产品和不可比产品填列。补充资料部分主要反映可比产品成本的降低额和降低率。

利用该表可以定期、总括地考核全部商品产品和主要商品产品成本计划的执行结果,分析各种可比产品成本降低任务的完成情况。对企业产品成本工作从总体上进行评价,为进一步分析指出方向。

二、商品产品成本表的结构

商品产品成本表按可比产品和不可比产品分别反映其实际产量、单位成本、本月总成本、本年累计总成本。对于实际产量按本月实际和本年累计实际两项内容反映;对于单位成本,分别按上年实际、本年计划、本月实际和本年累计实际平均四项内容进行反映;对于本月总成本和本年累计总成本分别按上年实际、本年计划和本年实际三项内容反映。具体格式和内容见表 14.1。

所谓可比产品是指上年或者以前年度正式生产过,具有较完备成本资料的产品;不可比产品是指上年或以前年度未正式生产过的产品,因而没有成本资料。对于上年研制成功,今年正式投产的产品,也应作为不可比产品。在成本计划中,对不可比产品只规定本年的计划成本,而对可比产品不仅规定计划成本指标,而且规定成本降低计划指标,即本年度可比产品计划成本比上年度(或以前年度)实际成本的降低额和降低率。

表 14.1 商品产品成本表

编制单位:朝阳工厂　　2013 年 12 月　　金额单位:元

产品名称	规格	计量单位	实际产量		单位成本				本月总成本			本年累计总成本		
			本月	本年累计	上年实际平均	本年计划	本月实际	本年累计实际平均	按上年实际平均单位成本计算	按本年计划单位成本计算	本月实际	按上年实际平均单位成本计算	按本年计划单位成本计算	本年实际
			①	②	③	④	⑤ =	⑥	⑦	⑧ = ①×④	⑨	⑩ = ②×③	⑪ = ②×④	⑫
A 产品		件	50	500	84	82	83	81	4 200	4 100	4 150	42 000	41 000	40 500
B 产品		件	20	300	760	750	735	763	15 200	15 000	14 700	228 000	225 000	228 900
可比产品合计									19 400	19 100	18 850	270 000	266 000	269 400
甲产品		件	8	70		125	128	126		1 000	1 024		8 750	8 820
乙产品		件	3	40		370	365	374		1 110	1 095		14 800	14 960
不可比产品合计										2 110	2 119		23 550	23 780
全部商品产品合计										21 210	20 969		289 550	293 180

补充资料:①可比产品成本降低额 600 元(本年计划降低额为 2 800 元)

②可比产品成本降低率 0.222%(本年计划降低率 1.508 6%)

三、商品产品成本表的编制方法

(一)“产品名称”项目

“产品名称”项目,应填列主要的“可比产品”和“不可比产品”,主要商品产品的品种要按规定填写。

(二)“实际产量”项目

“实际产量”项目,反映本月和从年初起至本月末止各种主要商品产品的实际产量。“本月”数,根据产品成本计算单或基本生产成本明细账的记录计算填列。

“本年累计”数,根据上期(上月)该表的本栏数加上本期(本月)本表的“本月”数计算填列。

(三)“单位成本”项目

(1)“上年实际平均”数,反映各种主要产品的上年实际平均单位成本。应根据上年度该表所列的“本年累计实际平均”数分别进行填列。

(2)“本年计划”数,反映各种主要商品产品的本年计划单位成本。应根据年度成本计划的有关数字填列。

(3)“本月实际”数,反映本月生产的各种商品产品的实际单位成本。应根据本月有关产品成本计算单或基本生产成本明细账的完工产品单位成本资料,按下列公式计算填列:

$$某产品本月实际单位成本=某产品本月实际总成本/某产品本月实际产量$$

(4)“本年累计实际平均”数,反映从年初起至本月末止企业生产的各种产品的实际单位成本。应根据本年度的相关产品成本计算单的有关数字,按下列公式计算填列:

$$某产品本年累计实际平均单位成本=\frac{某产品本年累计实际总成本}{某产品本年累计实际产量}$$

(四)“本月总成本”项目

(1)“按上年实际平均单位成本计算”数,是用本表的本月实际产量乘以上年计划单位成本数计算填列。

(2)“按本年计划单位成本计算”数,是用本表的本月实际产量乘以本年计划单位成本数计算填列。

(3)“本月实际”数,是根据本月产品生产成本计算单或基本生产成本明细账的有关资料填列。

（五）“本年累计总成本”项目

（1）“按上年实际平均单位成本计算”数，是用本年累计实际产量乘以上年实际平均单位成本计算填列。

（2）“按本年计划单位成本计算”数，是用本年累计实际产量乘以本年计划单位成本计算填列。

（3）“本年实际”数，是根据本年的产品成本计算单或基本生产成本明细账的有关资料计算填列。

（六）商品产品成本表中补充资料

本表补充资料中的“可比产品成本降低额”和“可比产品成本降低率”只填列本年累计实际数，应按下列公式计算填列：

可比产品成本降低额 = 可比产品本年实际累计总成本合计 - 可比产品按上年实际平均单位成本计算的本年累计总成本合计

可比产品成本降低率 = 可比产品成本降低额/可比产品按上年实际平均单位成本计算的本年累计总成本合计 ×100%

可比产品成本降低率的“本年计划数”应根据年度成本计划填列，可比产品成本的“降低额”和“降低率”项目，在表内以“ + ”号表示，“超支额”和“超支率”，应在表内以“ - ”号表示，见表 14.1 中资料。

第三节　主要产品单位成本表

一、主要产品单位成本表的概念和作用

主要产品是指企业经常生产，在企业全部产品中所占比重较大，能概括反映企业生产经营面貌的那些产品。主要产品单位成本表是反映企业在报告期内生产的各种主要产品单位成本的构成情况和各项主要技术经济指标执行情况的报表。该表按主要产品分别编制，是对全部商品产品成本表所列各种主要产品成本资料所做的进一步补充说明。

利用主要产品单位成本表所提供的资料，可以考核主要产品单位成本计划的执行情况；可以反映企业各种主要产品的单位成本水平及其变动趋势；有助于生产同种产品的不同企业之间进行成本对比。总之，利用该表，有助于分析主要产品单位成本变动的内在原因，挖掘潜力，降低产品成本。

二、主要产品单位成本表的结构

主要产品单位成本表的结构可分为上半部和下半部。

上半部分别按成本项目列示历史先进水平、上年实际平均、本年计划、本月实际和本年累计实际平均的单位成本。

下半部分则分别列示主要技术经济指标的历史先进水平、上年实际平均、本年计划、本月实际和本年累计实际平均的单位用量。主要产品单位成本表的格式和内容见表 14.2。

表 14.2　主要产品单位成本表

编制单位:朝阳工厂　　2013 年 12 月

产品名称	A 产品		本月计划产量			1 850
规　格			本月实际产量			2 000
计量单位	台		本年累计计划产量			21 500
销售单价	160 元		本年累计实际产量			22 000
成本项目	行次	历史先进水平	上年实际平均	本年计划	本月实际	本年累计实际平均
直接材料	1	78.80	74.91	71.19	66.80	67.09
直接人工	2	32.40	42.48	42.48	45.00	45.89
制造费用	3	11.80	12.61	12.33	11.20	12.02
合 计	4	123	130	126	123	125
主要技术指标	5	用量	用量	用量	用量	用量
甲材料	6	69	73	70	69.6	68.8
工时	7	10	12	12	12.5	13

三、主要产品单位成本表的编制方法

主要产品单位成本表应按企业主要产品分别编制,即每种主要产品编制一张报表。编制依据主要是有关产品的“产品成本明细账”资料、成本计划、历年有关成本资料、上年度有关资料及产品产量、材料和工时的消耗量等资料。

(1)“本月计划产量”和“本年累计计划产量”项目,应根据本月和本年产品产量计划填列。

(2)“本月实际产量”和“本年累计实际产量”项目,应根据统计提供的产品产量资料或产品入库单填列。

(3)“成本项目”项目,应按规定填列。

(4)“主要技术经济指标”项目,反映主要产品每一单位产量所消耗的主要原材料、燃料、工时等的数量,根据业务技术核算资料填列。

(5)“历史先进水平”项目,反映本企业历史上该种产品成本最低年度的实际平均单位成本和实际单位用量,根据有关年份成本资料填列。

(6)“上年实际平均”项目,反映上年实际平均单位成本和单位用量,根据上年度本表的“本年累计实际平均”单位成本和单位用量的资料填列。

(7)“本年计划”项目,反映本年计划单位成本和单位用量,根据年度成本计划资料填列。

(8)“本月实际”项目,反映本月实际单位成本和单位用量,根据本月完工的该种产品成本填列。

(9)“本年累计实际平均”项目,反映本年年初至本月月末该种产品的平均实际单位成本和单位用量,根据年初至本月月末的已完工产品成本明细账等有关资料,采用加权平均计算后填列。其计算公式为

某产品的实际平均单位成本＝该产品累计总成本/该产品累计产量

某产品的实际平均单位用量＝该产品累计总用量/该产品累计产量

不可比产品,“历史先进水平”和“上年实际平均”的单位成本和单位用量不填列。

本表中按成本项目反映的“上年实际平均”“本年计划”“本月实际”“本年累计实际平均”的单位成本合计,应与产品生产成本表中的各该产品单位成本金额分别相等。

第四节　制造费用与期间费用明细表

各种费用是指企业在生产经营过程中,各个车间、部门为进行产品生产,组织和管理生产经营活动所发生的制造费用、管理费用、财务费用和销售费用。其中制造费用属于产品成本的组成部分,属于成本费用,后三种属于期间费用。编制各种费用报表的作用在于反映各项费用的计划执行情况,分析各种费用变动原因及对产品成本和当期损益的影响。

一、制造费用明细表

(一)制造费用明细表的概念和作用

制造费用明细表是反映企业在报告期内发生的各项制造费用及其构成情况的报表。该表只反映基本生产车间的制造费用,不包括辅助生产车间的制造费用,以免重复。

利用该表所提供的资料,可以考核制造费用计划完成情况,分析制造费用的构成情况和增减变动原因,以便进一步采取措施,节约开支,降低费用,从而降低产品的制造成本。

(二)制造费用明细表的结构

制造费用明细表按制造费用项目,分别反映各项费用的“本年计划数”“上年同期实际数”“本月计划数”“本月实际数”和“本年累计实际数”。制造费用明细表格式和内容见表14.3。

表14.3　制造费用明细表

编制单位:朝阳工厂　　2013年12月　　单位:元

项　目	行次	本年计划数	上年同期实际数	本月计划数	本月实际数	本年累计实际数
职工薪酬	1	120 000	90 000	10 000	11 666	140 000
折旧费	2	90 000	88 000	7 500	7 200	86 400
租赁费	3	61 000	57 600	5 083	4 616	55 400
修理费	4	52 000	52 800	4 333	4 308	51 700
办公费	5	30 000	31 400	2 500	2 750	33 000
水电费	6	48 000	50 500	4 000	3 941	47 300
机物料消耗	7	16 000	17 500	1 333	1 291	15 500
低值易耗品	8	22 000	23 100	1 833	1 816	21 800
保险费	9	50 000	63 000	4 166	4 108	49 300
劳动保护费	10	44 000	41 000	3 666	3 600	43 200
其他	11	20 000	20 800	1 666	1 750	21 000
制造费用合计		553 000	535 700	46 080	47 046	564 600

(三)制造费用明细表的编制方法

(1)“本年计划数”各项数字,根据本年成本计划中的制造费用计划填列。

(2)“上年同期实际数”各项数字,根据上年同期本表“本年累计实际数”填列。

(3)“本月计划数”各项数字,根据有关计划资料填列。

(4)“本月实际数”各项数字,根据制造费用明细账中各费用项目本月发生额填列。

(5)“本年累计实际数”各项数字,根据制造费用明细账中各费用项目本年累计发生额填列,也可以由本月实际数加上上月本表中本年累计实际数后填列。

二、期间费用明细表

(一)期间费用明细表的概念

期间费用明细表是反映企业一定会计期间内各项费用的发生额及其构成情况的报表,包括管理费用明细表、销售费用明细表和财务费用明细表。

利用该表所提供的资料,考核企业各项期间费用的构成和变动情况,以便进一步采取措施,压缩开支,不断降低费用成本。

(二)期间费用明细表的结构

期间费用明细表一般按照其费用项目,分别反映“本年计划数”“上年实际数”“本年实际数”。具体结构见表 14.4 至表 14.6。

表 14.4　管理费用明细表

编制单位:朝阳工厂　　　　2013 年度　　　　单位:元

项目	行次	本年计划数	上年实际数	本年实际数
职工薪酬	1	95 000	92 000	96 000
折旧费	2	70 000	71 000	73 000
差旅费	3	56 000	51 000	53 400
修理费	4	30 000	31 000	38 000
办公费	5	42 000	41 000	46 030
物料消耗	6	12 000	12 000	11 000
劳动保险	7	10 000	9 900	10 000
低值易耗品摊销	8	9 000	9 500	9 300
…	…	…	…	…
其他	11	18 000	20 500	15 000
管理费用合计	12	389 750	399 450	387 730

表 14.5　销售费用明细表

编制单位:朝阳工厂　　2013 年度　　单位:元

项目	行次	本年计划数	上年实际数	本年实际数
职工薪酬	1	85 000	82 800	83 100
运杂费	2	8 000	8 600	8 560
差旅费	3	44 200	43 920	43 400
修理费	4	2 800	2 800	2 890
办公费	5	21 500	20 800	19 700
物料消耗	6	2 200	2 260	3 100
包装费	7	4 000	5 082	4 600
折旧费	8	6 000	6 800	5 700
…	…	…	…	…
其他	11	2 000	1 600	2 070
销售费用合计	12	180 600	157 692	185 860

表 14.6　财务费用明细表

编制单位:朝阳工厂　　2013 年度　　单位:元

项目	行次	本年计划数	上年实际数	本年实际数
利息支出	1	110 000	118 000	102 000
金融机构手续费	2	22 000	21 800	21 350
汇兑损失	3	4 500	5 700	6 100
其他	4	12 000	15 000	11 420
财务费用合计	5	148 500	160 500	140 870

(三)期间费用明细表的编制方法

管理费用明细表、财务费用明细表和销售费用明细表各项目的填列方法基本相同。

(1)“本年计划数”各项目数,根据本年度各项费用预算费用填列。

(2)“上年实际数”各项目数,根据上年度本表的“本年实际数”栏相应数字填列。

(3)“本年实际数”各项目数,分别根据管理费用明细账、销售费用明细账和财务费用明细账本年累计发生额合计数填列,也可以根据上月该表的本年累计实际数与本月该表的本月实际数之和填列。

第五节　其他成本报表

一、其他成本报表的特点

企业除了按期编制前述各种成本报表外,还需要根据成本管理的需要和责任成本会计的要求,编报一些其他成本报表,这些报表主要服务于企业内部的成本控制。与主要成本报表相比较,其他成本报表具有以下几个特点。

(一)形式上更具有灵活性

其他成本报表提供的信息多种多样,既有报告期末实际数据,又有期中成本预测数据;既有列示实际与计划对比数据,又有进行差异分析资料;既有以货币单位为主报告的成本、费用信息,又有以工时、实物量报告的消耗资料;表中栏目、行次的设置更是因时、因地、因内容而异。此外,其他成本报表既注重与责任会计组织的配合,又强调对其他技术经济资料的使用。

(二)内容上更注重针对性

其他成本报表对企业成本控制中各环节的具体情况和工作重心,提供具体的成本费用和用量信息。为此,这些报表注重比较,包括实际与预算或标准的比较、不同时期的比较等,尤其侧重对例外成本差异的比较与分析。如成本与产量情况表,专门报告某种产品某一特定时期的成本内容及产量资料;材料成本及用量考核表,可按产品类别就各项产品对材料的耗用情况,报告实际用量、标准用量及差量;废料回收情况表、废料销售情况表,则针对废料的控制与管理提供有关实际数据。

(三)时间上更强调及时性

为了给企业的成本管理提供更为直接、更具参考价值的信息,有助于企业各有关部门随时了解发生的各种消耗情况,掌握成本控制的主动权,其他成本报表的编报更强调时效性。除了定期编制有关月报以外,有的企业针对不同时期、不同部门、不同的成本费用及消耗情况,要求及时编报半月报、旬报、周报乃至日报、班报。

(四)编报主体的多样性

商品产品成本表等主要成本报表,由企业财会部门负责编报,其他成本报表的编制则不局限于财会部门。一方面,其他成本报表与责任会计组织相配合,反映的成本资料往往是与责任者直接有关的或责任者能控制的,以便于考核责任者的业绩;另一方面,其他成本报表主要服务于内部成本控制,因而往往需要提供具体车间、班组甚至岗位的具体的成本消耗信息。所以，其他成本报表的编制者，可以是厂部财务部门，如厂部责任成本报告、厂部质量报告，也可以是车间、科室等归口分级管理单位，如车间责任成本报告、车间质量成本报告、按班组编报的工人工作效率月报等。

二、几种常见的其他成本报表

由于成本报表属于内部报表，因此其格式是随着反映的具体内容，可以自己设计，允许不同内容可以有不同格式，同一内容在不同时期也可有不同格式。其形式种类繁多，这里不能一一罗列。现仅介绍几种常见的其他成本报表，仅供参考。

（一）责任成本报告

责任成本报告的格式和内容见表14.7。

表14.7　第一基本生存车间责任成本报告

编制单位：朝阳工厂　　　　2013年12月　　　　单位：元

项　目	预算	调整预算	实际	业务量差异	耗费、效率差异
	①	②	③	④＝②－①	⑤＝③－②
直接：A材料					
材料耗用量差异					
直接人工					
效率差异					
费用率差异					
变动制造费用					
效率差异					
费用率差异					
变动成本合计					
可控固定成本					
管理人员工资					
折旧					
合　计					
…	…	…	…	…	…

(二)材料考核表

材料考核表主要有三种:材料耗用量月报、材料耗用成本月报、材料成本差异分析月报。月报格式参见表14.8至表14.10。

表14.8 材料耗用量月报

仓库

材料名称: 2013年12月 单位:千克

日期	本日数				本月累计数				本年累计数			
	实际用量	定额用量	差异	差异率/%	实际用量	定额用量	差异	差异率/%	实际用量	定额用量	差异	差异率/%
(略)												
合计												

表14.9 材料耗用成本月报

2013年12月 单位:元

部门	计划价格成本(实际用量×计划单价)	定额(或标准)成本(定额用量×计划单价)	差异额	差异率/%
一车间 二车间				
合计				

表14.10 材料成本差异分析月报

2013年12月

凭证编号	供货单位名称	材料名称	计量单位	采购数量	实际成本		计划成本		差异		
					单位成本	总成本	单位成本	总成本	单位成本	总成本	差异率/%

(三)损失报告表

为了分析各项生产损失的金额及其产生的原因,企业根据自身情况可以编制生产损失报告表，具体格式见表 14.11。

表 14.11　生产损失报告表

2013 年 12 月

<table>
<tr><th colspan="2" rowspan="3">项　目</th><th rowspan="3">原因</th><th rowspan="3">数量</th><th rowspan="3">工时</th><th colspan="4">修复费用</th><th colspan="6">报废净损失</th><th rowspan="3">备注</th></tr>
<tr><th rowspan="2">材料</th><th rowspan="2">人工</th><th rowspan="2">制造费用</th><th rowspan="2">小计</th><th colspan="4">生产成本</th><th rowspan="2">回收残料</th><th rowspan="2">净损失</th></tr>
<tr><th>料费</th><th>工费</th><th>制造费用</th><th>小计</th></tr>
<tr><td rowspan="3">废品损失</td><td>可修复</td><td></td><td></td><td></td><td></td><td></td><td></td><td></td><td></td><td></td><td></td><td></td><td></td><td></td><td></td></tr>
<tr><td>不可修复</td><td></td><td></td><td></td><td></td><td></td><td></td><td></td><td></td><td></td><td></td><td></td><td></td><td></td><td></td></tr>
<tr><td>合　计</td><td></td><td></td><td></td><td></td><td></td><td></td><td></td><td></td><td></td><td></td><td></td><td></td><td></td><td></td></tr>
<tr><td colspan="2" rowspan="2">停工损失</td><td rowspan="2"></td><td colspan="3">职工薪酬</td><td colspan="2">办公费</td><td colspan="2">折旧费</td><td colspan="3">水电费</td><td>其他</td><td>合计</td><td rowspan="2"></td></tr>
<tr><td colspan="3"></td><td colspan="2"></td><td colspan="2"></td><td colspan="3"></td><td></td><td></td></tr>
</table>

（四）人工成本考核表

人工成本考核表主要用来反映人工成本的情况。根据此表可以有效控制人工成本，具体格式见表 14.12。

表 14.12　人工成本考核表

2013 年 12 月

<table>
<tr><th rowspan="2">工号或工人姓名</th><th colspan="3">实际人工费用</th><th colspan="3">定额工人费用</th><th colspan="3">差异</th></tr>
<tr><th>实际工时</th><th>实际小时工资</th><th>实际人工费用</th><th>定额工时</th><th>定额小时工资</th><th>定额工人费用</th><th>工时差异</th><th>工资率差异</th><th>人工费用差异</th></tr>
<tr><td>李明</td><td>100</td><td>30</td><td>3 000</td><td>90</td><td>30</td><td>2 700</td><td>10</td><td></td><td></td></tr>
<tr><td>张强</td><td>110</td><td>20</td><td>2 200</td><td>100</td><td>20</td><td>2 000</td><td>10</td><td></td><td></td></tr>
</table>

本 章 小 结

成本报表属于对内会计报表，它是按照成本会计的需求，根据企业日常成本核算资料定期或不定期编制，用以反映企业生产成本水平、构成及其升降变动情况，考核和分析一定时期内生产费用预算和产品成本计划执行情况的报告文件。按成本报表反映的主要经济内容划分，可以分为商品产品成本报表、主要产品单位成本表、制造费用明细表、管理费用明细表、销售费用明细表及其他成本报表。

复习思考题

1. 成本报表的种类有哪些？其有何作用？
2. 成本报表的编制要求有哪些？
3. 什么是产品成本表？该表结构如何？如何编制？
4. 商品产品成本表的作用有哪些？如何编制？
5. 如何编制制造费用和期间费用报表？

第十五章

Chapter 15

成本分析与成本考核

【学习要点与目标】

通过本章内容的学习,应当了解成本考核在成本会计中的作用,了解成本考核指标的分类,掌握责任成本的考核方法;了解成本分析的意义,了解影响产品成本的各种因素,掌握成本分析的原则与评价标准,掌握成本分析的程序与方法,熟练掌握因素分析方法中连环替代法和差额计算法的运用,熟练掌握全部商品产品成本分析,重点掌握可比产品成本降低任务完成情况分析和产品单位成本分析的原理和方法。

【案例导入】

东方公司多年以来生产甲、乙两种产品,这两种产品需要经过第一、第二两个基本生产车间。此公司将两个基本车间分别划分为责任中心。现在东方公司计划招聘成本核算人员,向应聘者提出的考试题目之一是评价这两个责任中心的目标成本节约额、目标成本节约率;考试题目之二是分析甲、乙产品的成本降低任务完成情况分析,找出影响本公司产品成本降低情况的因素。假如你作为应聘者,应怎样顺利通过招聘呢?

第一节　成本分析与成本考核概述

一、成本分析与成本考核的概念

（一）相关概念

1. 成本分析

成本分析,是指利用成本核算资料和其他有关资料,全面分析成本水平与构成的变动情况，系统地研究影响成本变动的因素和原因，挖掘降低成本的潜力。

具体进行成本分析时，可以将实际成本核算资料与计划成本、上年同期实际成本、本企业的历史先进水平等进行对比分析。通过成本分析，可以正确认识和掌握成本变动的规律，明确影响成本升降的责任，以便采取措施，从而实现降低成本的目标，并为编制成本计划和制定新的经营决策提供依据，也为成本考核提供依据。

2. 成本考核

成本考核，是指将报告期的成本、成本效益的各项实际完成指标同计划指标、定额指标和预算指标进行对比，评价企业成本管理工作的成绩及存在问题的一项工作。

在经济活动完成之后，将成本、成本效益的实际指标同计划指标进行比较，可以评价企业成本计划的完成情况，以提高企业的成本管理水平，提高企业的经济效益。需要强调的是，成本考核要与一定的奖惩制度相结合，通过成本考核，用经济、行政手段进行激励，可以调动各成本责任单位与全体员工更好地完成成本计划的积极性。

成本分析与成本考核是现代成本会计的两大职能，各职能之间既相互联系，又相互独立，缺一不可。两者是实现成本决策目标和成本计划的有效手段，只有通过成本分析，查明影响成本高低的原因，制定和执行改进和完善企业管理的措施，才能有效降低成本；通过正确评价和考核各责任单位的工作业绩，才能调动各部门和全体职工的积极性，进行有效控制，为切实执行成本计划，实现企业既定目标提供动力。

（二）影响产品成本的因素

企业产品成本的提高或者降低，是各种因素共同影响、综合作用的结果。这些影响产品成本的因素可以分为宏观因素和微观因素两大类。

1. 宏观因素

宏观因素即外部因素，是从整个国民经济活动这样一个宏观的方面来观察的因素，具体如下：企业地理位置和资源条件，企业规模和技术装备水平，企业的专业化协作水平，市场需求和价格水平等。

（1）企业地理位置和资源条件。

企业所处的地理位置和资源条件影响着产品成本的高低。地理因素的重要性很大程度上在于对运输成本的影响。亚当·斯密曾指出近海地区在减少运输成本方面的重要性。比如，由于地理位置的不同，会影响企业交通运输条件的不同，进而造成运费、包装费、在途运输损耗的不同，影响到原材料、燃料的储备数量，造成储存成本的差异，最终引起产品成本的高低。在人类社会经济发展中，地理及交通因素始终与成本控制纠结在一起，是成本分析问题研究中一项不可忽视的因素。

（2）企业规模和技术装备水平。

企业规模的大小影响着产品成本水平的高低。规模大,技术装备水平高,产品产量大,消耗低,资源得到充分利用,产品质量好,生产车间的劳动生产率高,因此产品成本就比小规模的企业要低。工业企业规模是制约工业产品成本的一个极其重要的因素,它往往决定着工业产品的"先天成本"。企业的日常成本控制,仅限于防止浪费、降低消耗、节约支出等措施,而对于因企业规模不合理而导致的成本偏高,则是无能为力的,"先天不足"会造成"后患无穷"。

(3)企业的专业化协作水平。

专业化协作可以组织成批生产和大量生产,这样投资少,见效快,有助于提高企业经营管理水平,充分利用企业生产设备和劳动力,使得生产技术和生产工艺得到不断改进,促进产品成本降低。

(4)市场需求和价格水平。

企业的生产经营活动离不开市场,市场需求决定着企业产品的生产方向、产品品种、产量等诸多方面。市场经济中企业需要根据市场需求变化趋势以及顾客意图去制订生产计划,最大限度地发挥企业的生产能力,影响产品成本水平。在市场调控下,各项物资价格在价值规律的作用下发生波动,对产品成本水平产生影响。

2. 微观因素

微观因素也可归纳为内部因素,是从企业本身的经济活动这样一个微观的方面来观察的因素,具体包括:劳动生产率水平,生产设备、原材料和燃料动力的利用情况,产品生产的工作质量,企业的成本管理水平,企业文化建设等。

(1)劳动生产率水平。

提高劳动生产率,可以减少单位产品的工时消耗,进而减少单位产品成本中的工资费用;可以增加产量,进而降低单位产品成本中的固定费用。通常情况下,劳动生产率的提高是与技术进步等密切相关的,这样会连带着促进固定资产、原材料等利用程度的改善,减少物化劳动的消耗。

(2)生产设备、原材料和燃料动力的利用情况。

生产设备、原材料、燃料动力在企业产品生产中不可缺少,发挥着重要作用。它们的利用情况必然影响到产品成本水平的高低。提高生产设备、原材料、燃料动力的利用率,就会使同等数量的生产设备生产出更多有用的产品,就可以用较少的原材料和燃料动力制造出质量高、效能好的产品。

(3)产品生产的工作质量。

产品生产过程中,不可避免会出现一些废品。在成本核算中,废品成本是由同类合格品负担。如果产品生产工作质量高,产生的废品少,则合格品多,产品的单位成本随着下降。反之,则会提高产品单位成本。

(4)企业的成本管理水平。

现代成本管理包括对成本的预测、决策、计划、控制、核算、分析和考核,它们互为条件,相辅相成,科学地组织成本管理,达到降低成本的目的。企业的成本管理水平提高,产品成本水平就降低。

(5)企业文化建设。

企业文化是职工在长期的生产经营活动中形成的共同理想、基本价值观、作风、生产习惯和行为规范的总称,是企业在经营管理过程中创造的具有本企业特色的精神财富的总和,对企业全体职工有感召力和凝聚力,能把众多人的兴趣、目的、需要以及由此产生的行为统一起来,是企业长期文化建设的反映。号召全体职工有主人翁责任感,生产一线的广大职工以企业为家,为企业的发展献计献策,激发职工的生产热情,这对于降低产品成本,提高经济效益具有重要意义。

二、成本分析的任务、原则和评价标准

(一)成本分析的任务

(1)促进企业完成和超额完成成本计划,查明企业成本计划完成或未完成的原因,对成本计划本身及其执行结果进行评价,总结成本管理的经验教训,认识和掌握成本变动的规律。

(2)可以对各种备选决策方案进行成本效益比较,从而为成本决策机构做出正确的决策提供客观依据。

(3)不断降低产品成本,提高经济效益,可以保持企业在激烈的市场竞争中立于不败之地。

(4)检查企业成本管理行为的合理合法性,从而促进企业更好地贯彻执行国家有关成本管理的法规和制度。

(5)划清成本管理的经济责任,了解各项成本管理的经济责任制度是否健全,促进企业完善成本管理责任制。

(二)成本分析的原则

成本分析时要着重掌握如下原则:全面分析与重点分析相结合的原则;专业分析与群众分析相结合的原则;经济分析与技术分析相结合的原则;纵向分析与横向分析相结合的原则;事后分析与事前、事中分析相结合的原则;报表数据分析与实地分析相结合的原则。

(三)成本分析的评价标准

成本分析的评价标准主要有历史标准、行业标准和预算标准等。

1. 历史标准

历史标准是指企业在以前年度中某项成本指标的最低水平。根据历史标准,企业可以判

断现在的工作与以前相比,是取得成绩了,还是倒退了,使企业看到自己的差距。

2. 行业标准

行业标准是指由企业主管部门根据所属行业的生产经营的实际情况所制定的同行业的成本指标水平。根据行业标准,可以了解本企业在同行业中所处的水平,赶超先进,弥补不足。

3. 预算标准

预算标准或称计划标准或目标标准,是指企业预先规定的在计划期内产品生产耗费和各种产品的成本水平,具体包括主要产品单位成本预算、商品产品成本预算、制造费用预算、销售费用、管理费用和财务费用预算等。

三、成本考核的任务、原则和评价标准

(一)成本考核的任务

1. 评价企业生产成本计划的完成情况

成本计划,是根据成本决策所确定的方案和目标,具体规定计划期内各种生产耗费水平和各种产品成本水平,并提出实现规定成本水平所应采取的具体措施。

成本计划执行的过程,也是进行成本控制的过程。成本计划是建立成本管理责任制的基础,对于企业进行成本控制、挖掘降低成本的潜力,具有重要作用。会计期末,当企业计算出实际消耗的各种生产费用后,可以与计划成本进行对比,以分析、评价企业成本计划的实际完成情况。

2. 评价有关财经纪律和管理制度的执行情况

社会主义企业的生产经营活动必须遵守国家有关的方针、政策和财经法律,以保证国家利益和人民利益不受损害。因此,考核企业是否降低了成本、是否提高了成本效益,就必须以国家有关的方针、政策和财经法律为依据,及时纠正违法违纪的不合理行为。通过成本考核,评价有关财经纪律和管理制度的执行情况。

3. 激励责任中心与全体员工的积极性

现代企业应建立成本责任制,把成本责任指标分解落实到各部门、各层次和各相关人员,实行责权利相结合,以提高全体职工降低成本的责任心和积极性,从而增强企业活力。成本考核是成本责任制顺利进行的保证,通过考核,可以分清责任,正确评价各责任单位工作成绩,起到鼓励先进鞭策落后的作用。只有通过成本考核,把成本管理的好坏,同每个人的切身利益紧密结合起来,才能保证促使企业全员改进工作,努力降低成本,不断增加效益。

(二)成本考核的原则

成本考核是一项非常具体的实际工作,涉及范围广,分析评判对象复杂,影响因素也很多,

奖惩结果在员工中的反应激烈。这些管理工作上的特征要求成本考核工作必须讲究原则，使得考核工作有法可依、有章可循、有奖可评、有责可究。这些原则包括如下三方面：

1. 以政策法令为依据

在对企业及企业内部进行成本考核时，必须以国家的政策法令为依据，从协调国家、企业、个人三者关系的标准出发，实施对企业经济活动级成本指标完成情况的全面考核评价。

2. 以企业计划为标准

企业的成本计划是成本考核的重要依据，它是全体职工努力实现的目标，也是各部门和环节工作的标准。因此，对企业及企业内部进行成本考核时，必须以计划为标准，对于计划在执行中出现的与现实的差距，企业应积极反馈，找出原因，及时总结经验教训。

3. 以完整可靠的资料、指标为基础

成本考核工作开展得成功与否，在很大程度上取决于对信息、资料、指标的汇集、选样和选用，考核的信息、资料、指标必须完整可靠，否则，就失去了考核的依据。在实际工作中，在进行成本考核之前，必须对成本信息、资料及其所计算的指标进行全面的检查和审定之后，才能做出恰当的科学评价。

4. 以提高经济效益为目标

全面成本管理的最终目的，是获得最佳投入产出比例，也就是要最大限度地提高经济效益。对于那些促使产品成本下降的部门，应该给予肯定和奖励，否则，就要承担相应的经济责任。只有考核合理、奖罚分明，才能调动各部门和全体职工的积极性，为降低成本、提高效益提供动力。

（三）成本考核的评价标准

1. 实物指标和价值指标

实物指标是从产品使用价值的角度出发，按照它的自然单位来表示的指标。比如消耗汽油用公升，消耗钢铁用千克或吨等。这些都是成本考核所采用的实物性指标形式。

价值指标则是指以货币为统一尺度所表示的指标。生产费用、产品成本、车间办公费用等指标都属于成本考核中采用的价值性指标。实物指标是基础，价值指标是综合反映，两者共同结合起来才能全面反映成本指标的完成情况。

在成本指标中，实物指标是基础，价值指标是一种综合性指标。

2. 数量指标和质量指标

数量指标是反映企业在一定时期内某一工作数量的指标，如产量、生产费用、总成本等。

质量指标是反映企业一定时期内工作质量或相对水平的指标，如单位成本、可比产品成本相对降低率等。

质量指标不一定都能用数量的形式表达出来，如产品质量的好与坏，但是应力求将质量指标定量化、数值化，使它反映的质量问题更确切、更直观。在成本考核中，将数量指标与质量指标结合在一起，才能全面准确地认识和掌握成本变化的规律。

3. 单项指标和综合指标

单项指标是反映成本变化中某一个侧面的指标，如某种产品的单位成本等。综合指标是总括反映成本的指标，如产品总成本、全部生产费用等。两者的关系是：单项指标是基础，综合指标是单项指标的总括。

四、成本分析与成本考核的意义

(1)从指标的重要性和综合性角度看，成本不仅是一个重要的经济指标，而且也是一个综合性很强的指标。

①成本指标的重要性表现在：成本是补偿生产耗费的重要尺度，是制定价格的基础，是管理的重要杠杆，是决策的重要因素。

②成本指标的综合性表现在：成本反映了企业生产、供应、销售、管理各方面活动的成果。

(2)从降低成本的经济意义看，降低产品成本，意味着生产经营过程中人力、物力、财力消耗减少，从而意味着社会资源的充分利用，降低成本，意味着企业利润的增加，从而为国家提供的积累和为投资者提供的可分配利润随之增加，当生产同种产品的多数企业的成本有了降低时，就有可能降低该产品的价格，从而为消费者带来益处。

(3)从成本管理的循环过程看，成本管理是由预测、决策、计划、核算、控制、分析和考核等环节所组成的循环，在这一循环过程中，分析处于重要地位。成本分析是重新编制成本计划，进行新一轮成本预测、决策的重要依据，是成本核算和成本控制的继续和发展。

第二节　成本分析

一、成本分析的内容、要求和程序

(一)成本分析的内容

(1)对全部产品成本计划的完成情况进行总的定期评价，主要涉及产品总成本计划完成情况(按产品类别及成本项目构成)、主要产品单位成本计划完成情况等的分析与评价。

(2)对影响成本高低的各种因素进行原因分析，主要涉及产品成本项目构成角度的主要产品单位成本分析及成本控制体系执行情况等的分析与评价。

(3)对企业成本水平进行专项分析，主要涉及技术经济指标变动对成本影响及专项管理成本等的分析与评价。

（二）成本分析的程序

成本分析的基本程序包括以下几个阶段和步骤：

1. 成本分析准备阶段

成本分析准备阶段的主要工作有：

(1)明确成本分析目的，成本分析的主要目的是全面分析成本水平与构成的变动情况，研究影响成本升降的各种因素及其变动原因，以便挖掘降低成本的潜力，控制成本，促使经济效益提高。为了达到这一目的，必须制订成本分析计划。

(2)确立成本分析标准，进行成本分析，通常情况下是以企业制订的成本计划指标作为成本分析标准。

(3)收集成本分析资料，占有大量完备的各种资料，是正确进行成本分析的基础。

2. 成本分析实施阶段

成本分析实施阶段的主要工作有：

(1)报表整体分析，工业企业编制的成本报表，主要有商品产品成本表、主要产品单位成本表和制造费用明细表等。进行成本分析时，首先要对成本报表整体进行分析。

(2)成本指标分析，也称成本指标对比，是在已经核实资料的基础上，对成本的各项指标的实际数进行各种形式、各个方面的比较。

(3)基本因素分析，相互联系地研究各项成本指标发生差异的原因。

3. 成本分析报告阶段

成本分析报告阶段的主要工作：

(1)得出成本分析结论，要在研究有关成本指标差异形成过程的基础上，进行因素分析。将有关因素加以分类，衡量各个因素对指标差异产生的影响程度和影响方式，在相互联系中，找出起决定作用的主要因素。综合分析各方面因素对指标差异的影响程度。

(2)提出可行的措施和建议。成本分析在揭露矛盾和分析矛盾以后，要对企业成本工作做出评价，提出措施，解决矛盾。

(3)编写成本分析报告。

成本分析报告，是在完成了成本分析全部程序之后，对成本分析结果做出的文字报告。

二、成本分析的基本方法

（一）比较分析法

比较分析法是最基本的分析方法。它是指通过实际数与基数的对比来揭示实际数与基数之间的差异,以便了解差距与不足的一种成本分析方法。比较分析法的作用,在于揭露矛盾,评价业绩,揭示不足,挖掘潜力。

目前,实际工作中进行经济指标对比,通常有以下几种形式:

(1)实际指标与成本计划或定额指标对比,分析成本计划或定额的完成情况。

(2)实际指标与前期的实际指标对比,观察企业成本指标的变动情况和变动趋势,了解企业生产经营工作的改进情况。

(3)企业实际指标与国内外同行业先进指标对比,可以在更大的范围内找差距,推动企业改进经营管理。

在运用比较分析法时,要考虑指标的内容、计价标准、时间长度和计算方法的可比性。在同类企业进行成本指标对比时,要考虑客观条件是否基本接近,在技术上、经济上是否具有可比性。

(二)比率分析法

比率分析法实质上是将反映成本状况,或与成本水平相关的两个因素联系起来,通过计算比率,反映它们之间的关系,借以评价企业成本状况和经营状况的一种成本分析方法。比率分析主要包括:

(1)相关比率分析,它是以某个项目和其他有关但又不同的项目加以对比,求出比率,以便更深入地认识某方面的生产经营情况。这些指标包括产值成本率、销售收入成本率、成本利润率。

(2)趋势比率分析,是将不同时期同类指标的数字进行对比以求出比率,分析该项指标增减速度和发展趋势,以判断企业某方面业务的趋势,并从其变化中发现企业在经营方面所取得的成果或不足。

(3)构成比率分析,这是确定某一经济指标各个组成部分占总体的比重,观察它的构成内容及变化,以掌握该项经济活动的特点和变化趋势的一种方法。

比率分析法计算简单,容易判断其计算结果;可以使某些指标在不同规模的企业之间进行比较,甚至能在一定程度上超越行业间的差别进行比较。

(三)因素分析法

因素分析法是依据分析指标与其影响因素之间的关系,按照一定的程序和方法,确定各因素对分析指标差异影响程度的一种技术方法。广义的因素分析法包括了连环替代法、差额计算法、按百分比计算的差额计算法、因素分解法与因素分摊法等,其中最常用的方法是连环替代法和差额分析法。

1. 连环替代法

连环替代法是从数值上测定各个相互联系因素对有关经济指标的差异影响程度的一种分

析方法。通过这种计算,可以衡量各项因素影响程度大小,有利于分清原因和责任,使评价工作更有说服力,并可作为订措施、挖潜力的参考。

这种分析方法的计算程序如下:

(1)根据影响某项经济指标完成情况的因素,按其依存关系将经济指标的基数(计划数或上期数等)和实际数分解为两个指标体系。

(2)以基数指标体系为计算的基础,用实际指标体系中每项因素的实际数逐步顺序地替换其基数;每次替换后,实际数就被保留下来,有几个因素就替换几次;每次替换后计算出由于该因素变动所得新的结果。

(3)将每次替换所算的结果,与这一因素被替换前的结果进行比较,两者的差额就是这一因素变化对经济指标差异的影响程度。

(4)将各个因素的影响数值相加,其代数和应同该经济指标的实际数与基数之间的总差异数相符。

假设经济指标 N 是由相互联系的 A、B、C 三个因素组成,上年数与本年数的公式为

上年数: $N_0 = A_0 \times B_0 \times C_0$

本年数: $N_1 = A_1 \times B_1 \times C_1$

综合指标上年数: $N_0 = A_0 \times B_0 \times C_0$ ①

第一次替代: $N_2 = A_1 \times B_0 \times C_0$ ②

第二次替代: $N_3 = A_1 \times B_1 \times C_0$ ③

第三次替代(本年数): $N_1 = A_1 \times B_1 \times C_1$ ④

②-①即 $N_2 - N_0$ 是 A 因素变化影响综合指标的结果:

$$N_2 - N_0 = (A_1 - A_0) \times B_0 \times C_0$$

③-②即 $N_3 - N_2$ 是 B 因素变化影响综合指标的结果:

$$N_3 - N_2 = A_1 \times (B_1 - B_0) \times C_0$$

④-③即 $N_1 - N_3$ 是 C 因素变化影响综合指标的结果:

$$N_1 - N_3 = A_1 \times B_1 \times (C_1 - C_0)$$

把各因素变动的影响程度结合起来,即

$$(N_1 - N_3) + (N_3 - N_2) + (N_2 - N_0) = N_1 - N_0 = D$$

【例 15.1】 某企业 2013 年 9 月某种原材料费用的实际数是 9 240 元,而其计划数是 8 000元。实际比计划增加 1 240 元。由于原材料费用是由产品产量、单位产品材料消耗用量和材料单价三个因素的乘积构成的,因此,可以将材料费用这一总指标分解为三个因素,然后逐个分析它们对材料费用总额的影响方向和程度。现假定这三个因素的数值见表 15.1。

表 15.1 材料费用的影响因素及数值情况表

2013 年 9 月　　单位:元

项目	单位	计划数	实际数
产品产量	件	100	110
单位产品材料消耗量	千克	8	7
材料单价	元	10	12
材料费用总额	元	8 000	9 240

根据上表资料,材料费用总额实际值较计划值增加了 1 240 元。运用连环替代法,可以计算各因素变动对材料费用总额的影响方向和程度如下:

计划值:$100 \times 8 \times 10 = 8\ 000$(元)　(1)

第一次替代(产品产量因素):$110 \times 8 \times 10 = 8\ 800$(元)　(2)

第二次替代(单位材料消耗量因素):$110 \times 7 \times 10 = 7\ 700$(元)　(3)

第三次替代(材料单价因素):$110 \times 7 \times 12 = 9\ 240$(元)　(4)

由于产品产量增加对材料费用的影响为

⑥ - ⑤ = 8 800 - 8 000 = 800(元)

单位产品材料消耗量节约对材料费用的影响为

⑦ - ⑥ = 7 700 - 8 800 = -1 100(元)

由于材料单价提高对材料费用的影响为

⑧ - ⑦ = 9 240 - 7 700 = 1 540(元)

综合这三个因素对材料费用总额的影响为

800 - 1 100 + 1 540 = 1 240(元)

但该方法也有一定的局限性,在运用时应注意它的如下特点:

①连环替代的顺序性。替代因素时,必须按照各因素的依存关系,排列成一定的顺序并依次替代,不可随意地加以颠倒,否则就会出现不同的计算结果。一般而言,确定正确排列因素替代程序的原则是,按分析对象的性质,从诸多因素相互依存的关系出发,并使分析结果有助于分清责任。

②替代因素的连环性。连环替代法是严格按照各因素的排列顺序逐次以一个因素的实际数替换其基数。除第一次替换外,每个因素的替换都是在前一个因素替换的基础上进行的。

③计算结果的假设性。运用这一方法在测定某一因素影响时,是以假定其他因素不变为条件的。

2. 差额分析法

差额分析法是连环替代法的一种简化形式。它是利用各个因素的实际数与基数之间的差额,直接计算各个因素对经济指标差异的影响数值。这一方法的特点在于运用数学提出因数的原理,来简化连环替代法的计算程序。应用这种方法与应用连环替代法的要求相同,只是在计算上简化一些。所以,在实际工作中应用比较广泛。

这种分析方法的计算程序如下:

(1)确定各因素的实际数与基数的差额。

(2)以各因素的差额,乘上计算公式中该因素前面的各因素的实际数,以及列在该因素后面的其余因素的基数,就可求得各因素的影响值。

(3)将各个因素的影响值相加,其代数和应同该项经济指标的实际数与基数之差相符。

【例 15.2】　沿用【例 15.1】的资料,采用差额分析法的计算分析如下:

由于产量增加,对材料费用的影响:

$$(1\ 100-100)\times 8\times 10=800(\text{元})$$

由于材料消耗节约,对材料费用的影响:

$$(7-8)\times 110\times 10=-1\ 100(\text{元})$$

由于价格提高,对材料费用的影响:

$$(12-10)\times 110\times 7=1\ 540(\text{元})$$

综合以上三个因素对材料费用总额的影响:

$$800-1\ 100+1\ 540=1\ 240(\text{元})$$

三、全部商品产品成本计划完成情况分析

(一)全部商品产品成本分析概述

产品总成本是指企业成本分析期内的实际总成本耗费,制造业企业的全部商品产品可以分为可比产品和不可比产品两大类。可比产品是指本企业在以前年度正式生产过的,有历史成本资料的产品;不可比产品则是指本企业在以前年度从未生产过的,在本年度新投产的产品。因为不可比产品不存在以前成本分析期的实际平均成本,因此,在进行全部商品产品成本分析时,要将全部商品本年实际总成本与上年或计划总成本进行比较。在进行这种分析时,上年或计划总成本不是按上年或计划产量乘以其单位成本求得,为了剔除商品产量变动的影响,单纯考虑成本水平的变动,分析时首先要将上年或计划总成本调整为按本年实际产量计算的上年或计划总成本,然后再进行对比分析。

(二)全部商品产品成本计划完成情况分析的步骤

1. 确定全部商品产品实际总成本较计划总成本的升降额和升降率

其计算公式为

$$全部商品总成本升降额 = \sum(某产品实际单位成本 \times 该产品实际产量) - \sum(某产品计划单位成本 \times 该产品实际产量)$$

$$本年全部商品产品成本降低率 = \frac{本年全部商品产品成本降低额}{\sum(各种产品计划单位成本 \times 实际产量)} \times 100\%$$

2. 分别计算可比产品与不可比产品及其具体产品的实际总成本较计划总成本的升降额和升降率

计算方法同上式基本相同。在分析比较可比产品成本时，还必须将其计划单位成本同上年第四季度实际单位成本进行对比，如果发现前者高于后者，则说明计划成本较保守，它起不到控制成本的作用。

分析不可比成本发现超支时，就应进一步查其原因，特别要注意，企业在分配共同费用时，是否有对不可比产品多分配一些，而对可比产品少分配一些，以便超额完成可比产品成本降低任务。

【例 15.3】 假定某企业 2013 年共生产甲、乙、丙三种产品，其中，甲、乙产品是可比产品，丙产品是不可比产品。相关资料见表 15.2。

表 15.2　商品产品成本表

2013 年 12 月　　金额单位:元

产品名称		计量单位	本年实际产量	单位成本			总成本		
				上年实际平均	本年计划	本年实际	按上年实际平均单位成本计算	按本年计划单位成本计算	本年实际
可比产品	甲	件	80	500	420	440	40 000	33 600	35 200
	乙	件	60	1 000	820	780	60 000	49 200	46 800
	小计		—	—	—	—	100 000	82 800	82 000
不可比产品	丙	件	10		600	610		6 000	6 100
全部商品产品成本								88 800	88 100

根据表 15.2 的资料，可对该企业全部商品产品成本计划完成情况分析如下：

$$全部商品产品总成本升降额 = 88\ 100 - 88\ 800 = -700(元)$$

$$全部商品产品总成本升降率 = -700 \div 88\ 800 \times 100\% = -0.79\%$$

分析结果表明，该企业全部商品产品实际成本比计划有所降低，但这并不能保证企业已经全面完成了成本计划，因为这要求每种产品成本计划都能圆满完成。为此，需要按照可比产品、不可比产品和每种产品具体进行分析，可以编制全部商品产品成本计划完成情况分析表，见表15.3。

表15.3 商品产品成本分析表(按产品类别)

2013年12月　　　　金额单位:元

商品产品		实际产量		与计划的差异	
		计划成本	实际成本	升降额	升降率/%
可比产品	甲	33 600	35 200	+1 600	+4.55
	乙	49 200	46 800	-2 400	-4.88
	小计	82 800	82 000	-800	-0.98
不可比产品	丙	6 000	6 100	+100	+1.67
全部商品产品		88 800	88 100	-700	-0.79

从成本分析表的分析结果看，该企业全部商品产品实际成本比计划降低，但从具体构成上看，虽然可比产品成本计划完成了，但可比产品中的甲产品成本超支了，不可比产品丙产品的成本也超支了。这些说明企业并未全面完成成本计划，需要进一步分析甲、丙产品成本超支的具体原因。

四、可比产品成本降低任务及其完成情况分析

(一)可比产品成本降低任务及其完成情况的计算

可比产品是指上年度已经正式生产，而且其成本资料保存完整的产品。为了确定计划期内充分挖掘潜力的情况下，可比产品应达到的降低任务、计划降低额和计划降低率，对于可比产品的实际总成本，除了和计划成本比较外，还要同实际产量按上年单位成本计算的总成本相比较，以确定可比产品实际总成本的降低额和降低率，并同成本计划所规定的降低额和降低率相比较，以考核可比产品成本降低任务的完成情况。由于可比产品成本所占比重一般较大，所以分析可比产品降低任务的完成情况，具有重要的现实意义。

可比产品成本降低情况包括降低额和降低率，其计算公式为

成本降低额 = 实际降低额 - 计划降低额 =

$$\sum[\text{实际产量} \times (\text{上年实际单位成本} - \text{本年实际单位成本})] -$$

$$\sum[\text{计划产量} \times (\text{上年实际单位成本} - \text{本年计划单位成本})]$$

成本降低率 = 实际降低率 - 计划降低率

【例 15.4】 光明实业 2013 年度生产甲、乙两种可比产品的成本降低任务和实际完成情况见表 15.4、表 15.5。要求:计算分析本企业 2013 年度甲、乙产品降低任务的完成情况。

表 15.4 可比产品成本计划降低任务

金额单位:元

可比产品	计划产量	单位成本		总成本		计划降低任务	
		上年实际	本年计划	上年实际	本年计划	降低额	降低率/%
甲	1 650	100	90	165 000	148 500	16 500	10
乙	550	200	190	110 000	104 500	5 500	5
合计	—	—	—	275 000	253 000	22 000	8

表 15.5 可比产品成本实际降低情况表

金额单位:元

可比产品	实际产量	实际单位成本	总成本			实际降低情况	
			上年实际	本年计划	本年实际	降低额	降低率/%
甲	2 200	89	220 000	198 000	195 800	24 200	11
乙	550	188	110 000	104 500	103 400	6 600	6
合计	—	—	330 000	302 500	299 200	30 800	9.333

可比产品成本降低任务完成情况:

成本降低额 = 30 800 - 22 000 = 8 800(元)

成本降低率 = 9.333% - 8% = 1.333%

计算结果表明,该企业可比产品实际成本降低额比计划多降低了 8 800 元,实际成本降低率比计划多降低了 1.333%,超额完成了可比产品成本降低任务。在此基础上,应进一步分析影响可比产品成本降低任务完成情况的各种因素,确定各因素的影响程度,指出进一步降低成本的方向。

(二)影响可比产品成本降低任务完成情况的因素

影响可比产品成本降低任务完成情况的因素具体有三:一是产量因素,二是品种构成因素,三是单位成本因素。各因素变动对可比产品成本降低任务完成情况的影响有一定的原理和规律,在分析各因素影响时注意分析前提和假设条件。

产品产量变动的影响原理是:在品种构成和单位成本不变的条件下,产量变动只影响成本降低额,不影响成本降低率;而且产量变动与成本降低额变动保持相同比例。

品种构成变动的影响原理是:当企业生产两种或两种以上产品时,各种产品的成本降低率是不同的(前提条件),这时,如果各种产品产量变动不是同比例,就会产生品种构成变动对分析对象的影响。这种影响还会产生两种比较特殊的情况,应引起注意。

单位成本因素变动的影响原理是较为直观易懂,即实际单位成本越低,降低任务将完成得越好。

在这三个影响因素中,产品单位成本降低是主要因素,企业应该在完成产品品种计划的条件下,根据市场需要增加产量,努力降低产品单位成本,这才是完成成本降低计划的正确途径。

五、产品单位成本分析

(一)产品单位成本的比较分析

产品单位成本的比较分析,是指利用比较分析法,对主要产品单位成本本期实际数比计划数、上期数和历史先进水平的升降情况进行的分析,查明影响单位成本升降的原因。进行分析时可依据主要产品单位成本表等核算资料。

【例 15.5】　假设某企业甲产品单位成本资料,见表 15.6。

表 15.6　A 产品单位成本表

2013 年度　　金额单位:元

成本项目	历史先进水平	上年实际	本年计划	本年实际
直接材料	280	300	297	294
直接人工	70	65	65	66
制造费用	130	135	133	130
合计	480	500	495	490

以本年实际单位成本同本企业历史先进水平、上年单位成本、计划单位成本比较的分析结果,见表 15.7。

表 15.7　本年实际单位成本同历史先进水平、上年单位成本、计划单位成本比较

成本项目	比历史先进水平		比上年		比计划	
	增减额/元	增减率/%	增减额/元	增减率/%	增减额/元	增减率/%
直接材料	+14	+5	-6	-2	-3	-1.01
直接人工	-4	-5.75	+1	+1.54	+1	+1.54
制造费用	0	0	-5	-3.7	-3	-2.25
合计	+10	+2.08	-10	-2	-5	-1.01

从比较分析的结果来看，A 产品本年实际单位成本比计划降低了 5 元，比上年降低了 10 元，但是却比历史最好水平提高了 10 元，并且本年实际单位成本的项目，除了直接人工外，其他两个项目均比上年和计划节约了。这说明了企业本年在降低产品单位成本方面取得了一些工作业绩，但是与历史先进水平比还有较大差距，应再接再厉，充分挖掘成本降低的潜力。

(二)产品单位成本各主要项目分析

以下我们具体说明产品单位成本各主要项目的分析方法。

1. 直接材料项目的分析

直接材料成本通常占产品单位成本的比重较大，这一项目的升降对产品单位成本的高低有着重要的影响，所以直接材料项目的分析是产品单位成本分析的重点。分析单位产品直接材料的变动原因，一般用差额计算法进行差异分析，以便找到单位产品直接材料变动的具体原因。

首先，将各种主要材料的本期实际成本与计划成本进行比较，也可与上年成本相比较，查明哪些材料成本升降较大。

其次，分析直接材料成本升降的原因。一般来说，直接材料成本高低取决于单位产品材料消耗数量和材料的单价，这两个因素变动对直接材料成本影响的计算公式为

材料耗用量差异的影响 =（实际单位耗用量 - 计划单位耗用量）× 材料的计划单价

材料价格差异的影响 = 实际单位耗用量 ×（材料实际单价 - 材料计划单价）

【例 15.6】 A 产品直接材料单位成本实际比计划超支了 3 元，根据成本计划和 A 产品单位成本核算资料，编制直接材料成本分析表，见表 15.8。

表 15.8 直接材料成本分析表

材料名称	计量单位	材料耗用量		材料单价		材料成本		差异	
		计划	实际	计划	实际	计划	实际	数量	价格
甲材料	千克	28.5	31	10	9	285	279	+25	-31
乙材料	千克	9	9	8	9	72	81	0	+9
合计						357	360	+25	-22

根据表中的资料，分别计算单位产品材料消耗数量和材料单价两因素对 A 产品直接材料成本变动的影响：

$$材料耗用量差异的影响 = (31 - 28.5) \times 10 = 25(元)$$

$$材料价格差异的影响 = 31 \times (9 - 10) + 9 \times (9 - 8) = -22(元)$$

分析计算表明，A 产品单位材料成本实际比计划超支了 3 元，主要是由于材料消耗数量上升使得 A 产品直接材料成本提高了 25 元，但材料单价的下降，又使得 A 产品直接材料成本超

值额由 25 元下降到 3 元。

在分析出材料单位耗用量和材料价格变动对单位产品成本影响后，还需进一步分析材料单位耗用量和材料价格变动的具体原因。

影响材料单位耗用量的因素有很多，有的因素会造成材料用量的超支，有的则会带来材料支出的节约。影响材料单位耗用量的因素可归纳如下：产品设计和工艺技术过程的变化，职工操作技术水平，边角余料、废料回收利用情况的变化，废品率的高低，材料质量的变化等。

分析影响材料价格的因素时，要注意区分两种情况：一种是与企业主观努力无关的因素，如采购价格的整体变动；另一种是与企业主观努力有关的因素，如采购费用的节约或超支。影响材料价格的因素一般包括：材料运费的变动（这又取决于采购地点和运输方式的选择），运输过程中的损耗程度，材料整理加工费及检验费的变化等。

在分析这些因素对材料成本的影响时，不仅要同生产技术、生产组织结合，还要同企业的生产经营管理结合，便于企业从多个方面寻求降低成本的途径。

2. 直接人工项目的分析

产品生产成本中的直接人工是指生产职工的工资及按规定提取的职工福利费。在大多数企业里，各生产车间生产的产品品种有很多，工资费用一般是按照生产工时消耗分配计入产品成本。因此，产品单位成本中直接人工成本的多少，就取决于单位产品工时耗用及小时工资率两个因素，其表达式为

$$\text{单位产品直接人工} = \text{单位产品工时消耗量} \times \text{小时工资额或小时工资率}$$

根据该表达式，采用差额计算法，两个因素对直接人工成本的影响程度可按如下公式进行计算：

$$\text{单位产品生产工时差异的影响} = (\text{单位产品实际工时} - \text{单位产品计划工时}) \times \text{计划小时工资率}$$

$$\text{小时工资率差异的影响} = (\text{实际小时工资率} - \text{计划小时工资率}) \times \text{单位产品实际工时}$$

【例 15.7】　假设某企业生产多种产品，其中，甲产品直接人工实际单位成本比计划成本增加了 40 元，根据成本计划和甲产品单位成本核算资料，可对直接人工项目进行分析，编制直接人工成本分析表，详见表 15.9。

表 15.9　直接人工成本分析表

项目	单位	计划数	实际数	差异
单位产品的生产工时	小时/件	25	30	+5
小时工资率	元/小时	11	10.5	-0.5
单位产品的直接人工	元/件	275	315	+40

根据表 15.7 的资料,甲产品直接人工成本增加了 40 元,各因素变动的影响分析如下:

单位产品生产工时差异的影响 = (30 - 25) × 11 = 55(元)

小时工资率差异的影响 = 30 × (10.5 - 11) = -15(元)

分析结果表明,甲产品直接人工成本增加了 40 元,是由于单位产品耗用工时超支而超支工资成本 55 元,由于小时工资率下降使单位产品工资成本降低 15 元,两因素共同影响的结果是使单位产品工资成本上升了 40 元。单位产品耗用工时超支了,表明企业生产职工劳动生产率下降了,这是企业工作落后的表现,企业应结合具体情况做进一步分析。

3. 制造费用项目分析

制造费用是企业各生产单位为组织和管理生产所发生的各项费用,以及固定资产使用费、维护费等费用。制造费用项目的分析与单位产品直接人工项目的分析比较类似。

在制造费用按照生产工时消耗分配计入产品成本的企业里,单位产品制造费用成本,取决于单位产品的生产工时和小时费用率两个因素,用计算公式表示为

单位产品的制造费用 = 单位产品的生产工时 × 小时费用率

其中　　小时费用率 = 制造费用总额/生产工时消耗总额

单位产品的生产工时和小时费用率两个因素变动,对制造费用成本的影响可按下列公式计算:

效率差异的影响 = (单位产品的实际生产工时 - 单位产品的计划生产工时) × 计划小时费用率

小时费用率差异的影响 = 单位产品的实际生产工时 × (实际小时费用率 - 计划小时费用率)

【例 15.8】　甲产品单位成本的制造费用实际成本比计划成本减少了 5 元,根据成本计划和甲产品单位成本核算资料,可对制造费用项目进行分析,编制制造费用成本分析表,见表 15.10。

表 15.10　制造费用分析表

项目	单位	计划数	实际数	差异
单位产品的生产工时	小时/件	25	30	+5
小时费用率	元/小时	8	6.5	-1.5
单位产品的制造费用	元/件	200	195	-5

分析:根据表 15.10 的资料,甲产品单位产品的制造费用节约了 5 元,各因素变动的影响分析如下:

$$单位产品生产工时差异的影响 = (30-25)\times 8 = 40(元)$$

$$小时费用率差异的影响 = 30\times(6.5-8) = -45(元)$$

分析结果表明，单位产品的生产工时上升使得甲产品的制造费用提高了40元，而小时费用率的下降又使得甲产品的制造费用降低了45元，两个因素共同作用的结果是使甲产品单位产品制造费用实际比计划节约了5元。

为进一步了解制造费用变动的原因，提出改进措施，降低产品成本，在对单位产品生产工时和小时费用率进行分析的基础上，企业还应按照制造费用各明细项目逐项分析。

第三节　成本考核

一、成本考核的内容

成本考核是考核各责任中心特别是成本中心业绩的主要手段。通过考核，促进各责任中心控制和降低各种耗费，并借以控制和降低各种产品的生产成本。成本考核工作主要包括以下几方面：

（一）编制和修订责任成本的预算

责任成本预算是根据预定的生产量、生产消耗标准和成本标准运用弹性预算方法编制的各责任中心的预定责任成本。严格地遵守和完成责任成本预算是各责任中心应履行的职责。

责任成本预算应该按各责任中心的预定业务量进行编制，编制时采用弹性预算的基本原理，按照成本性态，将总责任成本划分为固定成本和变动成本。固定成本和变动成本应该分开计算。

$$\begin{aligned}总责任成本 &= 变动成本业务量\times 单位标准成本 + 固定成本\\ &= 业务量\times 单位标准成本 + 固定成本\end{aligned}$$

在编制责任成本预算时，必须注意的问题是当实际业务量与计划业务量不一致时，责任成本预算应按实际业务量予以调整；当企业与市场环境发生变化时，应不断地修订产品生产消耗的标准成本，以不断适应环境的变化。

（二）确定成本考核的指标

成本考核的指标主要集中于目标成本完成情况，包括目标成本降低额和目标成本降低率两个指标。

$$目标成本降低额 = 预算成本 - 实际成本$$

$$目标成本降低率 = 目标成本节约额/目标成本\times 100\%$$

【例15.9】　某公司生产甲、乙、丙三种产品，每种产品都需经过A、B两个基本生产车间加工，另有 C 辅助生产车间提供劳务，其发生的费用按一定的比例分配计入产品成本。A、B、C 三个车间均为成本中心。2013 年 A、B、C 三个责任中心的责任成本预算分别为 300 000 元，172 000 元和 89 000 元，而 A、B、C 三个责任中心的实际责任成本分别为 267 000 元、184 000 元和 89 000 元。要求：计算 A、B、C 三个责任中心的目标成本节约额。

A 责任中心目标成本降低额 = 300 000 − 267 000 = 33 000(元)

B 责任中心目标成本降低额 = 172 000 − 184 000 = −12 000(元)

C 责任中心目标成本降低额 = 89 000 − 89 000 = 0

其中正数为节约额，负数为超支额。

各成本中心的目标成本降低率计算如下：

A 责任中心目标成本降低率 = 33 000/300 000 × 100% = 11%

B 责任中心目标成本降低率 = −12 000/172 000 × 100% = −6.98%

C 责任中心目标成本降低率 = 0/89 000 × 100% = 0

(三)根据考核结果评价成本管理工作

目标成本节约额和目标成本节约率两指标是相辅相成的，因此评价一个责任中心的经营业绩时必须综合考核两个指标的结果。对于可控的间接费用，各责任中心还应将其划分为固定费用与变动费用两部分分别进行考核。责任中心的成本考核应以可控成本作为重点，编制各该责任中心的业绩报告，据此可使各责任中心负责人全面了解与其有关的成本。

【例 15.10】 根据例 15.9 计算两个指标的结果，进行业绩评价。

从指标的计算可以看出：A 责任中心目标成本完成情况较好，目标成本节约额为 33 000 元，目标成本节约率为 11%，均完成预算；B 责任中心目标成本完成情况较差，目标成本超支额 12 000 元，目标成本超支率为 6.98%，均未完成预算；C 责任中心既不超支也不节约，正好完成预算。

根据这一计算结果，如果没有其他环境影响，则可得出结论：A 责任中心的成本控制是有效的，业绩是好的；B 责任中心的成本控制较差，业绩也较差；C 责任中心一般。

二、成本考核的基本方法

(一)传统成本考核方法

1. 传统成本考核方法的内容

传统成本考核指标主要是可比产品成本计划完成情况指标。这里可比产品是指本企业以前已经正式生产过的，有历史成本资料的产品。这一指标具体又分为可比产品成本降低额和可比产品成本降低率。

可比产品成本降低额 = 本期实际成本 - 可比产品上期实际成本

可比产品成本降低率 = 可比产品成本降低额/可比产品上期实际成本 ×100%

2. 传统成本考核方法评价

(1)缺乏全面性。

在多数企业中,可比产品都占到企业全部产品的半数以上,长期以来,我国就形成了以可比产品成本降低率作为成本考核的主要指标。但是,在企业产品结构中,除了可比产品,还有不可比产品,即企业在以前年度从未生产过,在本年度新投产的产品。随着市场经济的发展,企业产品日趋多元化,不能再仅以可比产品成本计划完成情况为指标了。

(2)缺乏准确性。

由于各企业上年度单位产品成本水平不同,求得的可比产品成本降低率就不能在同行业间进行比较,降低率大的企业并不意味着它的成本水平比其他企业先进。

(3)缺乏公正性。

传统成本考核指标只是侧重在可比产品成本计划完成情况,对企业产品成本进行分析考核,现代企业的规模发展日益壮大。分权管理、部门化已成为其管理的基本模式,需要企业对每一个责任中心成本情况进行考核,传统考核方法只反映了整体的情况,无法具体考核相关的责任中心成本,缺乏公正性。

(二)现代成本考核方法

1. 现代成本考核方法的内容

成本考核要求责任者对所控制的成本负责任,同时与奖惩制度结合,即现代企业应实行目标责任成本制,主要是围绕责任成本设立成本考核指标,其主要内容包括行业内部考核指标和企业内部责任成本考核指标。

其中,行业内部考核指标主要有两项:一是成本降低率 =(标准成本 - 实际总成本)/标准总成本 ×100%;二是销售收入成本率 = 报告期销售成本总额/报告期销售收入总额 ×100%。

企业内部责任成本指标主要包括:

责任成本差异率 = 责任成本差异额/标准责任成本总额 ×100%

和　　责任成本降低率 = 本期责任成本降低额/上期责任成本总额 ×100%

2. 现代成本考核方法评价

成本计划的实现归根到底要靠全体员工积极性的充分发挥,而目标成本考核的一个主要内容就是要对每个环节、每个人在降低成本方面所做的贡献给予充分的肯定,并根据贡献的大小给予相应的奖励。在企业内部核算责任成本,这样可以改变过去以产品成本为考核中心的做法,以企业内部各经济单位的责任成本为中心建立考核体系,建立并推行责任成本制度,为成本考核提供更直接的依据。

三、责任成本考核

（一）责任中心的含义与特征

1. 责任中心的含义

随着社会经济的飞速发展、商业竞争的日趋激烈，企业的规模发展日益壮大。为了提高企业的经营效率和市场竞争力，分权管理已成为现代企业管理的基本模式。

分权管理的主要表现形式是部门化。在分权管理的企业中，各个部门管理者在其经营活动范围内有充分的决策权，同时，企业经营管理的责任也随着经营决策权的下放一起层层落实到各级管理部门，使各级管理部门在充分享有经营决策权的同时，也对其经营管理的有效性承担经济责任。责任中心也叫责任单位，是指承担一定经济责任，并享有一定权利的企业内部责任单位。

2. 责任中心的特征

根据责任中心承担的责任与权利，责任中心有如下几个特征：

(1)责任中心是一个责、权、利相结合的实体，这是责任中心的基本特征。

(2)责任中心具有承担责任的条件。

(3)责任中心的责任和权利应具有可控性。

(4)责任中心有一定经营业务和财务收支活动。

(5)责任中心的建立要便于进行责任会计核算。

（二）责任中心的类型

根据责任中心的权限范围及业务活动的特点不同，责任中心可分为成本中心、利润中心和投资中心。每一类责任中心均对应着不同的决策权力及不同的业绩评价方法。

1. 成本中心

成本中心是指有权发生并控制成本的单位。成本中心一般不会产生收入，通常只计量考核发生的成本，它是成本发生的区域，它只能控制成本，即只对成本负责。成本中心的适用范围很广，上层有总会计师为首的厂部成本中心，中层有以科室、车间领导为首的成本中心，基层有班组或个人的成本中心。责任中心，不论层次高低，所负责任大小，都有成本发生。

2. 利润中心

利润中心是指既对成本负责又对收入和利润负责的责任中心，它有独立或相对独立的收入和生产经营决策权。利润中心有两种形式：一是自然利润中心，它是自然形成的，具有全面的产品销售权、价格制定权、材料采购权及生产决策权，直接对外提供劳务或销售产品以取得收入；二是人为利润中心，它是人为设定的，有部分经营权，能自主决定产品品种、产量、方法、人员调配及资金使用等。

3. 投资中心

投资中心是指既对成本、收入和利润负责，又对投资效果负责的责任中心。投资中心是最高层次的责任中心，它拥有最大的决策权，因此也承担最大的责任。

（三）成本中心的责任成本考核

成本考核重点是对成本中心的责任成本的考核。

1. 成本中心的特点

（1）成本中心只考评成本费用，不考评收益和投资。一般情况下，成本中心并不能形成真正意义上的收入，所以只需要衡量投入，而不能衡量产出，这是其首要特点。

（2）成本中心只考评可控成本。为了正确计算责任成本，必须先将成本按已确定的经济责权分管范围分为可控成本和不可控成本。划分可控成本和不可控成本，是计算责任成本的先决条件。所谓可控成本和不可控成本是相对而言的，是指产品在生产过程中所发生的耗费能否为特定的责任中心所控制。可控成本应符合三个条件：能在事前知道将发生什么耗费；能在事中发生偏差时加以调节；能在事后计量其耗费。三者都具备则为可控成本，缺一则为不可控成本。

2. 责任成本考核

责任成本是以各责任中心为成本费用的归集对象，将各责任中心为生产各种产品所发生的料工费归集起来，形成责任成本。责任成本是成本中心考核和控制的主要内容。成本中心当期发生的所有可控成本之和就是其责任成本。

成本中心考核和控制主要使用的指标包括预算成本节约额与预算成本节约率。

计算公式为

$$预算成本节约额 = 实际产量预算责任成本 - 实际责任成本$$

$$预算成本节约率 = 预算成本节约额/实际产量预算责任成本 \times 100\%$$

【例 15.11】　车间成本中心，生产 A 产品，预算产量为 1 000 件，单位成本 100 元，实际产量为 1 200 件，实际单位成本 90 元。要求：计算预算成本节约额和预算成本节约率。

$$预算成本节约额 = 1\ 200 \times 100 - 1\ 200 \times 90 = 12\ 000（元）$$

$$预算成本节约率 = 12\ 000/(1\ 200 \times 100) \times 100\% = 10\%$$

结果表明，该成本中心的成本节约额为 12 000 元，成本节约率为 10%。

实际工作中，成本中心的责任成本考核评价通常是以责任预算为依据，通过编制责任成本报告，来反映各责任成本中心责任预算的实际执行情况，剖析差异形成的原因和责任。

成本中心的责任成本的考核，涉及责任成本报告、差异调查和奖惩等问题。

（1）责任成本报告。

责任成本的考核就是考核各成本中心所承担的各项成本指标是否完成了任务，主要以各成本中心的责任成本报告提供的资料作为考核的依据。责任成本报告是各责任成本单位在一定时期成本预算执行情况的系统概括和总结。其目的是将责任中心的实际成本与限额比较，以判别成本控制业绩。

责任成本报告目的在于:一是形成一个正式的报告制度,使人们知道他们的业绩将被衡量、报告和考核,会使他们的行为与没有考核时大不一样。这就如同学生对于考试课与非考试课花费的精力不同类似。当人们明确知道考核标准并肯定知道面临考核时,会尽力为达到标准而努力;二是显示过去工作的状况,提供改进工作的线索,指明方向;三是向各级主管部门报告下属的业绩,为他们采取措施纠正偏差和实施奖惩提供依据。

责任成本报告应填列预算数、实际数及计算的差异数。实际成本的资料,它回答"完成了多少"。实际资料可以通过账簿系统提供,也可以在责任中心设置兼职核算员,在账簿系统之外搜集加工。控制目标的资料,它回答"应该完成多少"。控制目标可以是目标成本,也可以是标准成本,一般都要按实际业务量进行调整。两者之间的差异和原因,它回答"完成得好不好,是谁的责任"。

一份良好的责任成本报告应满足的要求:报告的内容应与其责任范围一致;报告的信息要适合使用人的需要;报告的时间要符合控制的要求;报告的列示要简明、清晰、实用。某公司装配车间(成本中心)的责任成本报告见表15.11。

表15.11　某公司装配车间责任成本报告

2013年度　　金额单位:元

摘要	预算数	实际数	差异
下属单位转来的责任成本			
A工段	14 000	14 800	+800
B工段	12 000	11 900	-100
小计	26 000	26 700	+700
本车间的可控成本			
间接人工	1 800	1 820	+20
管理人员工资	3 200	3 140	-60
设备折旧费	2 000	2 000	0
机物料	900	1 080	+180
…			
小计	9 400	9 710	+310
本车间的责任成本合计	35 400	36 410	+1 010

(2)差异调查。

责任成本报告将使人们注意到偏离目标的表现,但它只是指出问题的线索。只有通过调查研究,找到原因,分清责任,才能采取纠正行动,收到降低成本的实效。发生偏差的原因很多,可以分为三类:第一,执行人的原因,包括过错、没经验、技术水平低、责任心差、不协作等;第二,目标不合理,包括原来制定的目标过高或过低,或者情况变化使目标不再适用等;第三,实际成本核算有问题,包括数据的记录、加工和汇总有错误,故意造假等。只有通过调查研究,才能找到具体原因,并针对原因采取纠正行动。

(3)奖励与惩罚。

奖励是对超额完成目标成本行为的回报,是表示赞许的一种方式。目前奖励的方式主要是奖金,也会涉及加薪和提升等。奖励的原则是:奖励的对象必须是符合企业目标、值得提倡的行为;要让职工事先知道成本达到何种水平将会得到何种奖励;避免奖励华而不实的行为和侥幸取得好成绩的人;奖励要尽可能前后一致。

惩罚是对不符合期望的行为的回报。惩罚的作用在于维持企业运转所要求的最低标准,包括产量、质量、成本、安全、出勤、接受上级领导等。如果达不到最低要求,企业将无法正常运转。达不到成本要求的惩罚手段主要是批评和扣发奖金,有时涉及降级、停止提升和免职等。惩罚的目的是避免类似的行为重复出现,包括被惩罚人的行为和企业里其他人的行为。惩罚的原则是:在调查研究的基础上,尽快采取行动,拖延会减弱惩罚的效力;预先要有警告,只有重犯者和违反尽人皆知准则的人才受惩罚;惩罚要一视同仁,前后一致。

本章小结

成本分析与成本考核是现代成本管理的重要内容,是成本控制效果的具体反映。开展成本分析与成本考核,有利于了解企业成本计划完成情况,分析影响成本升降的因素,督促企业降低成本以及考评企业成本管理工作绩效。

成本分析方法是完成成本分析目标的重要手段。通常采用的方法有比较分析法、比率分析法、连环替代法等。成本分析内容包括全部商品成本计划完成情况分析、可比产品成本降低任务完成情况分析、主要产品单位成本分析,企业应从不同方面寻找影响产品成本变动的具体原因,以便对症下药,不断降低成本。

成本考核需先编制和修订责任成本的预算,然后确定成本考核的指标,最后根据考核结果评价。

复习思考题

1. 什么是成本分析与成本考核?影响产品成本的因素有哪些?
2. 成本分析的内容和基本方法有哪些?
3. 连环替代分析法的分析程序及其运用时应注意的问题有哪些?

4. 如何对全部商品产品成本进行分析？应注意哪些问题？
5. 可比产品成本降低任务完成情况如何分析？可比产品成本降低额与降低率如何计算？
6. 成本考核的基本方法有哪些？
7. 责任中心的含义及特征是什么？对各责任中心的特点及考核指标如何？

第十六章

Chapter 16

成本会计创新专题

【学习要点与目标】

通过本章学习，理解适时生产制度、作业成本法、战略成本会计与质量成本会计的概念、特点及其内容，明确其与传统成本会计的区别，实施成本会计创新制度对企业的影响。重点掌握作业成本法的计算原理、价值链、成本动因和计算程序。

【本章简介】

自产生以来，成本会计经历了不断完善与创新，并逐渐深入到企业的各个生产环节和各项活动。前面各章在说明各种成本计算方法时，侧重将产品作为成本计算的对象。随着经营环境的变化，管理活动对成本信息的要求在不断加大。管理者可以根据管理活动的要求，计算发生在企业某个部门的成本和费用支出，也可以计算某项特定活动的成本，如用于质量管理的成本等。本章就成本会计创新的内容进行了归纳，着重就适时生产制度、作业成本法、战略成本会计与质量成本会计的内容进行介绍。

第一节　适时生产制度

适时生产制度简称JIT(Just-in-Time Production System)，是一种由需求带动生产的制度。这种制度产生于20世纪70年代，最先是日本丰田汽车公司推行的一种生产管理制度，随后在西方经济发达国家也得到广泛应用。其主要特点是：企业生产以顾客需求为起点，由后向前逐步推移来安排生产任务。上一生产步骤生产什么产品，生产多少，对产品质量要求和交货时间等，只能根据下一生产步骤提出的具体要求而定，至于原材料及零部件，只有当某一步骤需要时，采购部门才能购进，即适时生产制度要求企业生产管理各个环节密切配合，原材料、零部件产成品要保质保量并适时送到下一生产步骤或销售环节。适时生产制度的目的是使原材料、零部件、产成品等各类存货保持在最低的水平，尽可能实现“零库存”，以降低存货成本。

一、适时生产制度的特点

(一)拉动式的生产方式

反观适合生产制度,它是一种由后向前拉动式的生产制度。企业要根据顾客订货所提出的有关产品数量、质量和交货时间等特定要求作为组织生产的出发点,这里的顾客,可能是最终的购买者,也可能是同一企业中的另一车间或下道工序。在适时生产制度中,最明显的特征是存货少,有可能实现“零存货”。这就要求企业生产出来的产品能保质、保量地满足顾客的需要,并按约定日期“适时”送到顾客手中,而无须建立产成品库存储备;生产的各道工序、各个环节之间紧密地协调配合,生产的前阶段按生产的后阶段进一步加工的要求,保质、保量地生产在产品、半成品,并“适时”地送达后一加工阶段,直接投入生产,而无须建立半成品库存储备;原材料、外购零部件的供应能“适时”到达生产现场,直接交付使用,而无须建立原材料、外购件的库存储备。

(二)分设“制造单元”,满足生产需求

在适时生产制度下,当企业生产多种产品时,依各类产品所需的机器设备汇集为一个生产中心。因此,若有 *N* 种产品,理论上应设置 *N* 个生产中心,不过,由于生产场所的限制可将类似的产品归由同一生产中心来生产。在适时生产制度下,每一个生产中心类似于一个小工厂。各个生产中心有人称之为“制造单元”,制造单元内的工人能够操作与维修该单元的各类机器,即工人是“通才”,因此,某种产品的直接人工难以辨认。所以,在 JIT 环境下,要使用不同的成本会计方法来进行成本核算。

(三)使用看板技术,追踪成本流程

在适合生产过程中利用了看板技术。所谓看板,是一种指示卡,用来记载生产数量、时间、次序、搬运量、搬运目的地以及放置场所等资料。看板与传统生产制度下的工作单不同,工作单由前一道工序传送到下一道工序,而看板则反其道,由下一道工序传到上一道工序,即下一道工序所需的在产品、半成品的种类和数量通过看板到上一道工序来提领,而上一道工序根据看板上的要求来向下一道工序发送在产品、半成品。在 JIT 环境中,使用传统的成本科技惯例无法追踪成本流程。传统的成本会计追踪的成本流程是从原材料的采购、生产到销售为止。而在 JIT 环境中存在许多看板和设备调整费用,在这种情况下,传统的成本会计惯例行不通。

二、实施 JIT 的基本要求

（一）全员参与

全员参与是企业实施 JIT 成功的基础，如果把 JIT 比作金字塔，全体员工就是金字塔的基石。要充分发挥全体员工参与实施 JIT 的主动性和创造性，还要把授权、建立团队、物质与精神奖励等手段结合起来。

（二）全面质量管理

全面质量管理的概念在 20 世纪 60 年代就已提出，因此比 JIT 概念要早，但当它与 JIT 结合在一起时，才进一步显示出它的重要性和迫切性。因为在 JIT 要求生产经营的各个环节尽量实现“零存货”的情况下，原材料、外购零部件的供应和在产品、半成品的生产如果不在每一个环节上把好质量关，使之尽量做到“零缺陷”，残次品的出现将引起整个生产秩序的混乱，在各有关方面产生连锁性的不良后果，所造成的损失和浪费是无法估量的。所以说，全面质量管理是实施 JIT 的一个基本要求。

（三）均衡化生产

所谓均衡化生产，是指企业采购、制造以及配送的整个过程都与市场需求相符合。采用均衡化意味着最终供货与需求相适应，同时从需求开始进行拉动，总装配线在向前工序领取零部件时应均衡地使用各种零部件，生产各种产品。为此在制订生产计划时就必须加以考虑，然后将其体现于产品生产顺序计划之中。

三、实施 JIT 的益处

企业为什么要实施 JIT，最根本的原因是市场的激烈竞争，是为了获得更高的市场占有率。具体地说，企业实施 JIT 有下列益处：

（一）显著改善产品质量

JIT 的首要目标是获得百分之百的优质产品。通过生产、库存和销售等环节的竞争优势，不断提高产品质量，从而给消费者提供更优质更廉价的产品。

（二）缩短生产周期

JIT 使生产流程简化，并通过按需生产、采用制造单元等手段，使生产周期大大缩短。JIT 根据市场需求安排生产，采用特定的制造单元，大大节约了成本和缩短了生产和销售周期。

(三)降低存货以减少资金占用

JIT 认为,到处"找东西、堆东西、卸东西,这种不带来附加价值的工作必须停止"。各道工序如果能做到后道工序需要时再生产,则将减少不必要的库存。存货减少不是 JIT 的根本目标,而是实施 JIT 的结果。

(四)降低企业总成本

由于实施 JIT 导致存货大大减少,因此使存货的投资成本、过时与陈旧损失储备等大大减少,从而进一步降低了企业总成本。

(五)提高市场占有率,增强竞争实力

JIT 使产品质量得到了明显改善,降低了成本,使产品在市场上更具有竞争力,最终提高了产品在市场上的占有率。

(六)提高生产效率,不断适应市场变化

大量大批生产的弊病就是不能抓住瞬息万变的市场需求变化,从而影响整个时期的生产效率。那种认为小量小批生产会耽误时间,浪费工效的思想是错误的。在每时每刻都受到更新的产品出现的威胁下,少量适时生产能随时把握市场变化,及时扭转生产经营方向。

第二节 作业成本法

一、作业成本法的产生

作业成本法(Activity Based Costing ,ABC)也称 ABC,是一种以作业为基础,通过对所有作业活动进行动态追踪,根据各项作业费用的消耗情况将成本进行合理分配的一种成本计算方法,它是对传统成本计算方法的创新。

1971 年,乔治·斯托布斯教授出版了具有重大影响的《作业成本计算和投入生产产出会计》一书,这是一本理论上和学术上探讨"作业成本计算"最宝贵的文献之一。斯托布斯认为,"作业会计"是一种和决策有用性目标相联系的会计模式。尽管理论界对此冷淡态度,但在作业会计理论框架形成中占有重要的地位。

到了 20 世纪 80 年代,高新制造技术蓬勃发展并广泛应用于各类制造企业,使得传统成本会计的缺陷暴露无遗。芝加哥大学的青年学者罗宾·库伯和哈佛大学教授罗伯特. S. 卡普兰合作从 1988 年开始在《成本管理》杂志上先后发表四篇有关作业成本法的文章,对作业成本法的定义、运行程序、成本动因的选择、成本库的建立等问题做了深入的分析和探讨。

目前，作业成本会计的应用已由最初的美国、加拿大、英国，迅速传到亚洲、美洲以及欧洲国家。在行业领域方面，也由最初的制造业扩展到商品批发、零售业、金融、保险机构、医疗卫生等公用部门，以及会计师事务所、咨询类社会中介机构等。

二、作业成本法的相关基本概念

作业成本法是一种以“成本驱动因素”理论为基本依据，根据产品或企业经营过程中发生和形成的产品与作业、作业链与价值链的关系，对成本发生的动因加以分析，选择“作业”为成本计算对象，归集和分配生产制造费用的一种成本核算方法的成本管理制度。

作业成本法涉及下列概念：作业与作业链、价值链、成本动因等。

（一）作业与作业链

作业从广义上说是指产品制造过程中的一系列经济活动。这些经济活动事项，有的会发生成本，有的不会发生成本；有的会创造附加价值，有的不会创造附加价值。因为作业成本计算的目的在于计算产品成本，因此，狭义的作业应当指会发生成本的经济活动。作业有三个基本特征：首先，作业是投入产出因果连动的实体；其次，作业贯穿于公司经营的全过程，构成包括企业内部和连接企业外部的作业链；最后，作业是可量化的基准。

作业链是指企业为了满足顾客需要而建立的、一系列前后有序的作业集合体。作业链如图 16.1 所示。

研究与开发 ⟶ 设计 ⟶ 生产 ⟶ 营销 ⟶ 配送 ⟶ 售后服务

图 16.1　企业简化的作业链示意图

（二）价值链

价值链与作业链紧密相关。在作业链上存在这样一种关系：资源→作业→产品，即作业耗用资源，产品耗用作业。每完成一项作业就要消耗一定量的资源，同时又有一定价值的产出转移到下一项作业。照此逐步结转，直至最后形成产品交送顾客。作业的转移同时伴随着价值的转移，最终产品是一系列作业的结果，同时也表现为全部有关作业的价值的集合。因此，价值在作业链上各作业之间的转移就形成一条价值链。

对价值链的分析，可以从产品环节一直追查到产品设计环节，其目的在于两个方面：第一是筛选作业，即发现和消除对价值链无所贡献的作业。第二是改善作业，即提高作业环节的工作效率。可见，对价值链进行分析，可以为企业改善成本管理指明方向，是企业挖掘成本潜力、加强全面质量管理、减少资源浪费的有效途径。

（三）成本动因

成本动因也称为成本驱动因素，是决定执行作业所需的工作量和工作耗费的因素。成本动因通常选择作业活动耗用资源的计量标准来进行度量。如研究开发费用的支出与研究计划的数量、研究计划上所费的工时或者研究计划的技术复杂性相关,那么它们就是研究开发费用的成本动因。

按作业成本法的原理可将成本动因分为资源动因和作业动因两类。资源动因是衡量资源耗费量与作业之间关系的某种计量标准,它反映了消耗资源的动因,是资源费用归集到作业的依据;作业动因是作业发生的原因,就是将作业成本库中的成本分配到成本对象的依据,也是将资源消耗与最终产出沟通的中介。

三、作业成本法的计算原理和计算程序

作业成本计算涉及两个阶段的费用分配过程:第一阶段,把资源消耗所发生的费用归集到作业中心去,最终计算出产品成本。用作业成本法计算产品成本时,不是一步把资源越过作业分配到产品,而是通过作业链分析,找出相应的作业和作业链,寻找出作业与资源、产品与作业的关系,进而恰当地进行成本分摊。

与传统的完全成本核算方法相比,作业成本法增加了作业层次,把间接成本的一次分配变为两次分配,将单一的数量分配标准改变为按照实价消耗情况确定的多种成本动因的分配标准,因而能够非常精细地核算产品成本,能够比较真实地反映产品和作业对于企业资源的实际消耗情况。作业成本法的合法步骤可以归纳如下:

第一步,确认和计量各类资源耗费,将资源耗费归集到各资源库。

这一步骤只是价值归集的过程。直接将耗费价值计入作业既无必要也无可能,因此资源耗费价值总是在一个比作业更大的范围内按资源种类归集。其基础工作是建立资源价值计量标准,正确计量企业各类资源价值,如人力资源、物力资源、财力资源、信息资源、技术资源等。各种价值的正确计量是真实核算成本的基础。

第二步,确定资源动因,建立作业成本库。

根据作业划分原则,确定各项作业,作业确定后,一般不得轻易变动。这样在对资源库价值进行分配时,面临的已是确定的作业。该步骤要贯彻作业成本计算的基本规则,作业量的多少决定着资源的耗用量,其高低与最终产品的产出量没有直接关系。这种资源耗用量与作业量的关系一般被描述为资源动因,资源动因反映了作业对资源的消耗方式、原因和状况,是把资源库价值分配到作业成本库的依据。

第三步,资源价值库分配到作业成本库,确定各项作业成本。

作业量的多少决定了资源的耗用量,资源的耗用量和最终的产出量没有直接关系。如某项资源耗费如直观地确定为某一特定产品所消耗,则直接计入该特定产品成本。如某项作业可以从发生领域上划分为作业消耗,则可以直接计入各作业成本库。

第四步,确定作业动因。

作业动因是作业成本和产品或劳务联系的中介。选择作业动因要考虑作业动因的数据是

否易于获得,作业成本计算中最难的部分是确定和选择合适的成本动因。原因之一是作业动因并不是很明显。

四、作业成本会计与传统成本计算方法的比较

(一)作业成本法与传统成本法的联系

(1)作业成本会计与传统成本计算方法都属于成本计算系统。他们的功能都是将企业一定期间所发生的与生产有关的资源耗用信息加工整理为企业成本信息,最终输出给管理者。

(2)他们都要计算最终产品成本。传统成本计算方法是将各项费用在各成本计算对象之间进行分配,计算出产品成本,而作业成本会计是将各项费用先在各作业中心之间分配,再按照各种产品耗用作业的数量把各作业成本计入各种产品成本,计算出产品成本。

(3)对直接费用的确认和分配相同。二者都依据收益性原则,对发生的直接费用予以确认。

(二)作业成本法与传统成本法的区别

1. 成本计算对象不同

传统成本计算方法都是以企业最终产出的各种产品作为成本计算对象。作业成本会计不仅关注产品成本,而且更多关注产品成本产生的原因及其形成的全过程。

2. 对费用经济内容的认识不同

在传统成本计算方法下,产品成本是指产品的制造成本,只包括与生产产品直接相关的费用。作业成本会计只强调费用的合理性、有效性,而不论费用是否与生产产品有直接关联,因此,与产品生产没有直接关系的一些合理、有效的费用同样要计入产品成本。

3. 间接费用归集和分配的理论基础不同

传统成本计算方法的理论基础是:企业的产品按照其耗费的生产时间或按照其产量线性地消耗各项间接费用。作业成本会计的理论基础是"成本驱动因素论",因此,在作业成本会计中发生的成本按作业的消耗量进行分配。

4. 成本计算的侧重点不同

传统成本计算方法以产品为成本计算对象。成本计算过程中侧重点放在了能构成产品成本的直接材料和直接人工成本上。作业成本会计以作业为成本计算对象,是以作业成本为侧重点。

第三节　战略成本管理

一、战略成本管理的定义

"战略"一词源于军事科学，它是同"战术"相对应的概念。近代西方军事学家把战略定义为"在地图上进行战争的艺术"，而把"在地面上实际调动军队和作战的艺术"称为战术。我国《辞海》对战略的解释为："对战争全局的策划与指导。"将"战略"观念应用到企业管理，便形成了企业战略管理。"战略管理"一词最初是由美国学者 Ansoff 在其 1976 年所著的《从战略计划走向战略管理》一书中提出的。他认为，战略管理是"企业的高层领导为了保证企业持续经营和不断发展，根据对企业内部条件和外部环境的分析，对企业的全部生产经营活动进行的根本性和长远性的谋划和指导"。战略管理致力于对研究与开发、市场营销、生产作业、财务与会计和计算机信息系统等进行整合。它一般从分析企业内部条件和外部环境入手，明确企业当前所处的竞争地位，进而明确战略目标，决定企业在相当长的时期内的发展道路。

为适应企业战略管理的需要，一方面将成本管理导入企业战略管理并与之相融合；另一方面，在成本管理中引入战略管理思想，实现战略意义上的功能扩展，从而形成了战略管理成本。它是在考虑企业竞争地位的同时进行成本管理，强调成本管理要与企业的整体发展战略相一致，服从服务于企业的整体发展战略。战略管理成本从战略的高度根据企业内外部环境的变化对更广泛的成本实施管理，管理人员运用专门方法提供企业本身及其竞争对手的分析资料，提供从材料的采购、产品生产及销售、顾客服务等一系列作业活动有关的、准确的、与决策相关的成本信息，并进行分析与考核，帮助管理者形成和评价企业战略，以有利于企业建立和保持长久的竞争优势。战略成本管理是对传统成本管理的发展，是企业进行战略管理系统的重要子系统之一。

二、战略成本管理的特点

与传统成本管理相比较，战略成本管理具有如下特点：

(一)全局性

战略成本管理以企业全局为对象，综合考虑企业的内部和条件外部管理环境，并根据企业的总体发展战略而制定。因此，企业的战略成本管理作为企业战略管理组成部分之一，必须服从、服务于企业的总体发展战略，与企业的总体发展战略相一致。

(二)外向性

战略成本管理将成本管理的触角伸向企业外部，扩充成本管理在时间和空间上的范围。

时间上，将传统的只注重产品生产阶段的成本管理扩展到对整个产品生命周期的成本管理；空间上，将企业内部成本管理向前延伸至供应商，向后延伸至销售商或者消费者。

（三）竞争性

战略成本管理是在考虑企业竞争优势基础上进行的成本管理，重点关注企业的成本行为。对于企业竞争地位和竞争优势的影响，在帮助企业决策者正确确定企业竞争战略的同时，辅以与之相对应的成本管理战略。

（四）全面性

战略成本管理开阔了成本管理的视野，丰富并发展了传统成本管理的内容，它不再停留于生产过程中的成本控制，而将重心转向更为广阔的研究领域，更着眼于产品的研发、设计、采购、售后服务过程中的成本控制，因而战略成本管理深入到企业的研发、供应、生产、营销及售后服务等部门，关注技术关联、采购关联、生产关联、财务关联、销售关联中的成本，以全面、细致地分析和控制各部门内部及部门之间的成本。

三、战略成本管理的主要内容

（一）竞争战略分析

竞争战略分析是战略成本管理分析的起点。只有明确了目标市场，选择了竞争战略，才能有针对性地进行成本管理。因为不同的竞争战略要求的成本管理目标不同，而成本管理的首要任务就是要确定一定时期内的成本管理目标。

根据迈克尔·波特的竞争理论，企业的竞争战略主要有成本领先战略、差异化战略、重点集中战略。

1. 成本领先战略

成本领先战略，是指企业通过加强内部成本控制，在研究开发、生产、销售、服务和广告等领域内把成本降低到最低限度，成为行业中的成本领先者的战略。在这种战略指导下，企业的目标是要成为其产业中的低成本厂商，也就是在提供的产品的功能、质量差别不大的条件下，努力降低成本来取得的竞争优势。

企业在考虑战略的实施条件时应考虑：①实施战略所需要的资源与技能；②组织落实的必要条件。但是，由于竞争对手会开发出更低成本的生产方法，或采取模仿的方法，以及顾客需求不断改变，对战略实施的效果会有影响。

2. 差异化战略

差异化战略，是指企业提供与众不同的产品和服务，满足顾客特殊需求，形成竞争优势的战略。企业采用这种竞争战略主要是依靠产品和服务的特色,防御行业中的竞争对手,获得超水平的利润。如在设计和品牌形象、技术特点、售后服务等方面,独树一帜,具有特色。

实施差异化战略不代表可以忽视对成本的管理,与成本领先战略的区别在于对成本管理的重点有所不同,它必须取得相对于竞争者的成本等价或者近似价,在不影响差异化的领域内降低成本。从战略成本管理角度,我们可以发现企业可以通过分子整个价值链的各个环节的活动来创造差异化。

3. 重点集中战略

重点集中战略,是指企业把经营战略的重点放在一个特定目标市场上,为特定地区或特定购买群体提供特殊的产品和服务。一般采用这种战略的企业,基本上是特殊差别化企业或特殊的成本领先企业。企业实施重点集中战略,尽管能在其目标细分市场上保持一定的竞争优势,获得较高的市场份额,但份额的总体水平较低。企业应在获得能力与销售量之间权衡利弊得失,在产品差异化与成本水平之间比较并加以取舍。

实施重点集中战略的关键是选好战略目标,即在确认购买群体之间需求存在差异;其企业目标市场上没有其他竞争对手;在企业目标市场上在市场容量、成长速度、获利能力、竞争强度方面具有吸引力;本企业资源实力有限的情况下,企业尽可能选择竞争对手最薄弱的目标和最不易受替代产品冲击的目标。

(二)竞争对手分析

在进行企业的战略规划时,了解竞争对手是从事外部环境分析的重要内容。分析竞争对手,就是要收集竞争对手的各种信息,分析其各项成本资料,了解其优势和劣势所在。通过对竞争对手的成本进行分析,可以了解企业与最佳业绩者之间的成本差异,知道企业在市场竞争中所处的相对位置,指出成本改进的目标,获得改进成本管理的途径。在进行成本分析时,可以采用拆卸分析法将竞争对手的产品化整为零,分解为各个零部件,以了解其产品的功能和设计特点,推测产品的生产过程,估计产品的成本结构。在竞争对手的成本结构被确定下来后,企业可以将其成本信息作为衡量自身业绩,改进自身工作的标杆。

(三)战略成本动因分析

成本总是因为一定的原因而发生的。成本动因是指引起成本发生的原因,是引起成本的驱动因素。根据影响范围和程度的不同,成本动因分为作业成本动因和战略成本动因。前者包括材料移动次数、订单数量、生产准备次数等客观、被动的成本动因;后者包括生产规模、经营范围、工厂布局、生产能力利用等影响更大的成本动因,它们从战略上对企业的产品成本产生影响。

执行性成本动因是实施企业发展战略时的公共因素,它们决定企业的作业程序,反映企业资源的运用情况,包括员工的向心力、全面质量管理、生产能力利用模式、产品设计、工厂布局、企业内部部门之间及上下游企业间的联系等。执行性成本动因是在结构性成本动因决定以后才成立,并多属非量化的。在企业选择了竞争战略,确定了企业规模、经营范围等与经济结构有关的事项后,主要通过影响执行性成本动因来降低成本。

第四节　质量成本会计

质量是最受各行业管理当局关注的问题之一。质量是企业的生命,企业要在激烈的国际国内竞争中谋生存、求发展,必须把质量问题放在首位。各国政府为加强该国产品在国际市场上的竞争力,也纷纷设立各种质量奖励办法。实施质量成本管理,包括对质量成本的预测、决策、规划、控制、核算、分析和考核等一系列工作。目的在于探索企业适宜的质量成本,发挥质量体系的有效性,提高企业的经济效益和社会效益。

一、质量成本的含义

质量成本是将产品的质量与成本有机结合起来,使技术与经济融为一体的现代成本概念。它产生于20世纪50年代的美国,在60年代得到推广应用,并迅速风靡世界各地。20世纪80年代传入我国,在我国的一些企业中得到了成功的应用,取得了良好的效果。质量成本一般由以下五大类构成:

(一)预防成本

预防成本指为保证产品质量达到一定水平而发生的各种费用,如质量规划费用、工序控制费用、质量信息设备的设计和研制费用、质量培训费用、产品设计鉴定费用、质量体系的管理费用、质量情报费用和质量奖励费用等。

(二)检验成本

检验成本又称“鉴定费用”,是指为评估和检查产品质量而发生的费用,如进货检验费、工序检验费、产品试验费、产品检验费、检验费、检验设备的维护和保养费用等。

(三)内部失败成本

内部失败成本又称为内部故障成本、内部差错成本等,它是指产品出厂前,因不符合规定的质量要求所发生的费用。这类成本一般与企业的废次品数量成正比。内部失败成本又可细分为废品损失、返修成本、停工损失、事故分析处理费用、产品降级损失。

(四)外部失败成本

外部失败成本是指产品出厂后因未达到规定的质量要求,所发生的各种费用或损失。此类成本又可细分为诉讼费用、赔偿费用、退货费用、保修费用、产品降价损失。

（五）外部质量保证成本

外部质量保证成本是指企业为证明和检验其产品的质量保证能力，符合顾客提出的特殊和附加的质量保证要求而发生的费用。外部质量保证成本又可细分为质量保证措施费、产品质量保证试验费、质量评定费。

二、质量成本的分析

质量成本分析是将本期实际发生的质量成本，通过核算所提供的信息，与预算目标、基期数值及其他相关指标进行比对，了解其发展动态，总结经验教训，探求和实现方案优化，以提高企业的经济效益和社会效益。为此，需要编制"质量成本报告"，然后据以对质量成本预算的执行情况进行分析研究。这一报告一般由各成本控制中心根据管理需要定期或不定期编制。质量分析就是利用质量成本报告，结合有关资料，发现企业质量管理存在的主要问题，以进一步提出改进措施，加强企业全面质量管理。分析的内容主要包括：

（一）质量成本目标的完成情况

质量成本目标的完成情况主要指实际质量成本完成预算的情况，它是将总的质量成本及其各构成因素的实际数值与预算目标值进行对比，计算其增减额和完成率：

增减额＝实际值－目标值

完成率＝目标值/实际值

（二）质量成本与基期值的对比分析

它是将总的质量成本及其各构成因素的实际数值与基期值进行对比，计算其增减额和增减率：

增减额＝实际值－基期值

增减率＝增减额/基期值

（三）质量成本构成分析

质量成本构成分析，主要指各质量成本要素占总质量成本的比率。

（四）质量成本相关比率分析

将质量总成本及其各构成因素的实际值与产品产值、销售收入、产品成本、利润总额等有关指标的实际值进行对比，如

销售收入的质量成本率＝质量成本/销售收入

（五）质量成本趋势分析

它是将质量总成本或其构成因素的实际值，以及以上各项对比指标值，按时间先后在同一坐标系中描点，做质量成本的趋势线，以了解质量成本的发展变化趋势，从而制定相应的措施，使之向更有利的方向发展。

在分析过程中，如果发现内、外部的质量损失大于质量总成本的70%，预防费用小于质量总成本的10%时，即显示该企业产品质量水平过低，今后质量成本管理的重点应放在加强预防性控制方面，积极探索提高产品质量的有效措施。若质量损失小于质量总成本的40%，检验费用大于质量总成本的50%时，反映该企业产品质量水平偏高，今后质量成本管理的重点则应放在巩固工序控制的成效方面。对检验费用应加强调查研究，放宽检验标准，减少检验程序，并对最佳质量成本决策进行复审。如果质量损失接近质量总成本的50%，预防费用接近质量总成本的10%时，即反映该企业产品的质量水平适当，今后质量成本管理的重点应放在维持并控制在现有的质量水平上。

总之，通过事前质量成本决策，日常的质量成本控制，以及事后的质量成本核算与分析几个环节来加强质量成本管理，就能使会计工作更好地为企业的全面质量管理服务，最终必能改进产品质量，降低产品生命周期成本，提高企业和全社会的经济效益。

本章小结

适时生产制度（JIT）是一种由需求带动生产的制度。这种制度产生于20世纪70年代，最先是日本丰田汽车公司推行的一种生产管理制度，传统的成本会计追踪的成本流程是从原材料的采购、生产到销售为止。而在JIT环境中存在许多看法和设备调整费用，在这种情况下，传统的成本会计惯例行不通。

作业成本法是一种以“成本驱动因素”理论为基本依据，根据产品或企业经营过程中发生和形成的产品与作业、作业链与价值链的关系，对成本发生的动因加以分析，选择“作业”为成本计算对象，归集和分配生产制造费用的成本核算方法和成本管理制度。

战略成本管理是在企业的成本管理中引入战略管理思想，从战略的角度来规划和控制影响企业成本高低的各个环节，强调成本管理要与企业的整体发展战略相一致，服从服务与企业的整体发展战略。

质量成本是将产品的质量与成本相结合，使技术与经济融为一体的一个成本概念。质量成本管理强调在提高质量和控制成本时要对两者进行适当权衡，力争以最低的质量成本实现最佳的产品质量。

复习思考题

1. 什么是适时生产制度？有何特点？实施适时生产制度会给企业带来什么益处？

2. 适时生产制度的基本要求有哪些?

3. 什么是作业成本计算法?作业成本计算法内容如何?其与传统成本计算方法有何区别?

4. 什么是战略成本管理?其主要内容和特点如何?作业管理的主要特点是什么?

5. 什么质量成本 ?其构成如何?如何进行质量成本的分析?

参考文献

[1] 财政部会计资格评价中心.初级会计实务[M] 北京:中国财政经济出版社,2013.

[2] 财政部会计资格评价中心.财务管理 [M].北京:中国财政经济出版社,2013.

[3] 王志红.成本会计[M].北京:清华大学出版社,2010.

[4] 张林,冯美玉.成本会计[M].北京:人民邮电大学出版社,2011.

[5] 万寿义,任月君.成本会计[M].3版.大连:东北财经大学出版社,2013.

[6] 万寿义,任月君,李日昱. 成本会计学习题与案例[M].2版.大连:东北财经大学出版社,2010.

[7] 罗绍德.成本会计学 [M].北京:经济科学出版社,2007.

[8] 刘永泽,陈立军.中级财务会计[M].2版.大连:东北财经大学出版社,2009.

[9] 王仲兵.成本会计学 [M].大连:东北财经大学出版社,2010.

[10] 李敏. 成本会计学 [M].上海:上海财经大学出版社,2011.

[11] 程明娥.成本会计[M].北京:清华大学出版社,2009.

[12] 财政部.企业会计准则第9号——职工薪酬[M].北京:中国财政经济出版社,2006.

[13] 中国注册会计师协会.会计[M].北京:中国财政经济出版社,2013.

[14] 于福生,黎来芳.成本会计学[M].北京:中国人民大学出版社,2009.

[15] 欧阳清,万寿义.成本会计[M].大连:东北财经大学出版社,2010.

[16] 狄为.新编成本会计学[M].北京:化学工业出版社,2012.

[17] 徐纪敏,刘玉凤.成本会计[M].北京:化学工业出版社,2010.

[18] 袁长明,韩明圆.成本会计学 [M].东营:中国石油大学出版社,2010.

[19] 鲁亮升.成本会计 [M].大连:东北财经大学出版社,2010.

[20] 丁元霖.成本会计[M].上海:立信会计出版社,2007

[21] 赵桂娟,王伶.成本会计学 [M].北京:机械工业出版社,2012.

[22] 崔国萍.成本管理会计 [M].北京:机械工业出版社,2014.

[23] 熊晴海.成本会计[M].北京:北京大学出版社,2013.

读者反馈表

尊敬的读者：

您好！感谢您多年来对哈尔滨工业大学出版社的支持与厚爱！为了更好地满足您的需要，提供更好的服务，希望您对本书提出宝贵意见，将下表填好后，寄回我社或登录我社网站（http://hitpress.hit.edu.cn）进行填写。谢谢！您可享有的权益：

☆ 免费获得我社的最新图书书目　　☆ 可参加不定期的促销活动

☆ 解答阅读中遇到的问题　　☆ 购买此系列图书可优惠

读者信息

姓名＿＿＿＿＿＿　□先生　□女士　年龄＿＿＿＿　学历＿＿＿＿

工作单位＿＿＿＿＿＿＿＿＿＿＿＿＿＿＿＿　职务＿＿＿＿＿＿

E-mail ＿＿＿＿＿＿＿＿＿＿＿＿＿＿＿＿　邮编＿＿＿＿＿＿

通讯地址＿＿＿＿＿＿＿＿＿＿＿＿＿＿＿＿＿＿＿＿

购书名称＿＿＿＿＿＿＿＿＿＿＿＿＿＿＿　购书地点＿＿＿＿＿＿＿＿＿＿＿＿＿＿

1. 您对本书的评价

内容质量　□很好　□较好　□一般　□较差

封面设计　□很好　□一般　□较差

编排　□利于阅读　□一般　□较差

本书定价　□偏高　□合适　□偏低

2. 在您获取专业知识和专业信息的主要渠道中，排在前三位的是：

①＿＿＿＿＿＿　②＿＿＿＿＿＿　③＿＿＿＿＿＿

A. 网络 B. 期刊 C. 图书 D. 报纸 E. 电视 F. 会议 G. 内部交流 H. 其他：＿＿＿＿＿

3. 您认为编写最好的专业图书（国内外）

书名	著作者	出版社	出版日期	定价

4. 您是否愿意与我们合作，参与编写、编译、翻译图书？

＿＿＿＿＿＿＿＿＿＿＿＿＿＿＿＿＿＿＿＿＿＿＿＿＿＿＿＿＿＿

5. 您还需要阅读哪些图书？

＿＿＿＿＿＿＿＿＿＿＿＿＿＿＿＿＿＿＿＿＿＿＿＿＿＿＿＿＿＿

网址：http://hitpress.hit.edu.cn

技术支持与课件下载：网站课件下载区

服务邮箱 wenbinzh@hit.edu.cn　duyanwell@163.com

邮购电话 0451－86281013　0451－86418760

组稿编辑及联系方式　赵文斌（0451－86281226）　杜燕（0451－86281408）

回寄地址：黑龙江省哈尔滨市南岗区复华四道街10号　哈尔滨工业大学出版社

邮编：150006　传真 0451－86414049